U1002238

城市轨道交通站场与线路

主　编　李兆飞　杨旭丽
副主编　黄　勇
参　编　杨　柳

中国建材工业出版社

图书在版编目（CIP）数据

城市轨道交通站场与线路 / 李兆飞，杨旭丽主编
. —北京：中国建材工业出版社，2020.8（2024.1 重印）
ISBN 978-7-5160-2372-3

Ⅰ.①城… Ⅱ.①李… ②杨… Ⅲ.①城市铁路—轨道交通—铁路线路—职业教育—教材 ②城市铁路—轨道交通—铁路车站—职业教育—教材 Ⅳ. ①U239.5

中国版本图书馆CIP数据核字（2020）第152144号

内容提要

本书通过 7 个项目下的 45 个任务，从站场（城市轨道交通车站、城市轨道交通车辆基地）与线路（轨道结构、轨道几何形位、道岔、无缝线路、铁路线路检查与维护）两个方面进行了专业技术概括。根据“城市轨道交通”的特点要求，本书在内容选取上，优选了紧扣“城市轨道”这一主题特色，尽量区别于普铁、高铁站场与线路知识。同时，考虑相关知识的关联性和对学生专业知识面的拓宽需要，在部分任务中补充了“案例学习”，作为相关专业知识学习的延伸。

本书可作为职业院校城市轨道交通运营管理专业及相关专业的教学用书，也可作为从事城市轨道交通行业职工的参考资料和培训用书。

城市轨道交通站场与线路
Chengshi Guidao Jiaotong Zhanchang yu Xianlu
李兆飞　杨旭丽　主编

出版发行：中国建材工业出版社
地　　址：北京市海淀区三里河路11号
邮　　编：100831
经　　销：全国各地新华书店
印　　刷：北京印刷集团有限责任公司
开　　本：787 mm × 1092 mm　1/16
印　　张：15.5
字　　数：350千字
版　　次：2020年8月第1版
印　　次：2024年1月第3次
定　　价：49.00元

本社网址：www.jccbs.com，微信公众号：zgjcgycbs
请选用正版图书，采购、销售盗版图书属违法行为
版权专有，盗版必究。本社法律顾问：北京天驰君泰律师事务所，张杰律师
举报信箱：zhangjie@tiantailaw.com　　举报电话：（010）57811389
本书如有印装质量问题，由我社市场营销部负责调换，联系电话：（010）57811387

前 言

城市轨道交通站场与线路包含站场与线路两个方面。本书在结构上分为两个部分。

第一部分是站场部分，主要介绍两个内容：车站【项目一城市轨道交通车站】与车辆基地【项目二城市轨道交通车辆基地】。车站是城市轨道运营的外部联系（对外服务）的窗口，车站提供服务有乘客乘降、换乘和候车、接发列车。车辆基地是轨道交通运营内部保障的专业基础设施。车辆基地主要完成车辆停放及日常保养、车辆的检修、列车救援、设备维修、物资、设备的采购、储存、供应、技术培训等任务。

第二部分是线路部分，由项目三至项目七组成。由线路主要部件组成【项目三轨道结构】、线路技术条件【项目四轨道几何形位】、关键部件【项目五道岔】、最新线路技术应用【项目六无缝线路】、线路检查与维护【项目七】等方面详细讲述线路的专业知识。

本书的主要特色是根据城市轨道交通运营企业车站站务员的真实工作任务，进行项目任务的任务书下达，相关任务的知识准备、任务引导、任务实施及任务评价等环节。通过评价环节可以检查学生的工作任务技能掌握程度，促进学生完成每个阶段的工作任务，达到职业岗位的基本技能要求。

本书的编写得到了湖南都市职业学院、广州铁路职业技术学院、湖南铁道职业技术学院领导与老师的大力支持，还得到了湖南铁道职业技术学院机车教研室提供的校本讲义资料，在此特别感谢。

编　者

目录

项目一 城市轨道交通车站

项目背景

城市轨道交通车站按功能分，可分为终点站、中间站、折返站、换乘站和通勤停靠站。

城市轨道交通是集线路、车辆、供电、通信信号、自动售检票、运营管理等专业工种于一体的综合系统；新工艺、新技术在城市轨道交通各个专业得到充分地运用。城市轨道交通相关职业是新的职业工种，所以，对从业职工的岗前培训、岗位培训及技能考核，是城市轨道交通职业教育的重要任务。

城市轨道交通综合系统包含低压配电和照明系统、火灾报警系统、车站机电设备监控系统、环境控制系统、给水排水系统、电梯系统、屏蔽门系统和门禁系统。

项目任务书

城市轨道交通车站项目任务书，见表 1–1。

表 1–1　城市轨道交通车站项目任务书

<table>
<tr><td>名称</td><td colspan="2">城市轨道交通车站</td></tr>
<tr><td rowspan="2">学习目标</td><td>知识目标</td><td>1. 了解城市轨道交通车站的类型
2. 掌握城市轨道交通车站的组成部分及各组成部分的功能
3. 掌握城市轨道交通车站主体平面布局设计
4. 掌握城市轨道交通枢纽的内涵
5. 了解城市轨道交通规划的主要内容
6. 了解轨道交通与对外交通方式及接运系统的衔接布局方法
7. 掌握各种换乘方式的特点
8. 了解换乘方案选择时考虑的因素</td></tr>
<tr><td>技能目标</td><td>1. 能正确复述城市轨道交通车站的类型
2. 能正确复述城市轨道交通车站的组成部分及各组成部分的功能
3. 能正确复述城市轨道交通车站主体平面布局设计</td></tr>
</table>

续表

<table>
<tr><td>名称</td><td colspan="2">城市轨道交通车站</td></tr>
<tr><td rowspan="2">学习目标</td><td>技能目标</td><td>4. 能正确复述城市轨道交通枢纽的内涵
5. 能正确复述城市轨道交通规划的主要内容
6. 能正确复述轨道交通与对外交通方式及接运系统的衔接布局方法
7. 能正确复述各种换乘方式的特点
8. 能正确复述换乘方案选择时考虑的因素</td></tr>
<tr><td>素质目标</td><td>1. 具有良好的社会公德、职业道德和专业基本素质
2. 具有强烈的法律意识、安全环境保护意识、安全与自我保护意识
3. 具有沟通协调能力、语言表达能力、班组管理能力
4. 培养团结协作、热情有礼、认真细心、沉着冷静、遇乱不惊的职业素养</td></tr>
<tr><td>学习内容</td><td colspan="2">知识准备：收集国内外城市轨道交通站场与线路情况资料
任务一　车站分类及组成
工作任务一　车站分类
工作任务二　车站组成
任务二　车站平面布局与设计
工作任务一　车站总平面布局设计的步骤
工作任务二　车站建筑层次空间布局
工作任务三　出入口及通道设计
工作任务四　站厅层布局
工作任务五　站台层布局
工作任务六　车站客流的流线设计
任务三　换乘站
工作任务一　换乘方式
工作任务二　换乘方案选择
任务四　城市轨道交通枢纽
工作任务一　轨道交通枢纽概述
工作任务二　城市轨道交通枢纽规划设计
工作任务三　城市轨道交通枢纽交通方式衔接
工作任务四　案例学习——成都市停车换乘枢纽运营方案</td></tr>
<tr><td>任务
实施要求</td><td colspan="2">1. 将授课班级学生分组，每小组 5 ～ 8 人为一个学习团队
2. 每个学习团队组织学习，进行项目任务分析、任务分配、制定团队工作任务分配表
3. 资料学习、相关知识准备完成项目的资讯环节
4. 现场教学、资源利用完成项目的实施演练环节
5. 学习团队讨论，编制项目任务知识点学习计划书
6. 学习团队现场实践，制订现场实践的实施方案
7. 学习团队按任务分配表制作项目任务的汇报演讲稿，团队派代表上台演讲
8. 制定该项目任务的评价表，考核要素，进行小组互评</td></tr>
<tr><td>任务
实施要点</td><td colspan="2">1. 教学资源收集与整理
2. 确认任务学习的重点与难点
3. 任务学习计划制订，小组任务分工，汇报 PPT 制作，小组交流演讲
4. 学习团队进行讨论，可让教师参与讨论，通过团队合作获取问题的解决
5. 能够识别安全标识，注意安全与环保意识的培养</td></tr>
<tr><td>任务拓展</td><td colspan="2">1. 会收集具有国内、外领先水平的具有代表性的城市轨道交通站场与线路的资料
2. 按“准员工”的要求来学习，结合本城市的情况，组织团队成员去现场学习
3. 能够进行城市轨道交通相关资料的查找与整理
4. 会制作任务书要求的多媒体课件（PPT）</td></tr>
</table>

续表

名称	城市轨道交通车站
任务 下发人	日期：　　年　　月　　日
任务 执行人	日期：　　年　　月　　日

任务一
车站分类及组成

任务导入

车站是客流的节点，也是乘客出行的基地。旅客上下车及相关作业都是在车站进行的，轨道交通车站也是列车到发、通过、折返、临时停车的地点。

车站是轨道交通线路的电气设备、信号设备、控制设备等集中的场所，也是运营、管理人员工作的场所。

城市轨道交通车站除具有供乘客上下车的基本功能外，还应容纳主要的技术设备和运营管理系统，从而保证城市轨道交通的安全运行。设备用房一般布置在车站的两端，其中面积最大的是环控用房。其他的主要设备用房有信号设备用房、通信设备用房、防灾报警（FAS）设备用房、设备监控（BAS）设备用房等。随着科技进步、工业发展，其自动化程度越来越高，关于车站内设备有效地管理、使用已经引起各地铁公司的重视，并已经新增了车站设备工种。

知识准备

城市轨道交通车站是城市轨道交通网络的重要组成部分，车站对于乘客是乘降、换乘和候车的场所；对于车站工作人员是开展日常工作的场所，同时是接发列车的场所。

一、车站的分类

1. 按车站与地面相对位置分类

按车站与地面相对位置分类，车站可分为地下站、地面站和高架站，如图 1–1 ～图 1–3 所示。

图 1–1　地下站

1–2　地面站

1–3　高架站

2. 按车站在线路的修建位置和担负的运营功能不同分类

按车站在线路的修建位置和担负的运营功能不同分类，车站可分为端点站、中间站、换乘站和轨道交通枢纽。

（1）设置在线路两端的是端点站。

（2）除端点站外的车站是中间站。

（3）在两条及两条以上的轨道线路交叉处的是换乘站，乘客可从一条线路换乘到另一条线路。

（4）多种交通工具集中换乘的地点是大型换乘中心或者称为轨道交通枢纽。

3. 按车站规模的大小分类

车站规模不是通过车站占地面积或建筑面积来衡量的，而是指车站达到的高峰小时客流量大小，在 2 万人次以下，属于小车站；高峰小时客流量达 2 万～ 3 万人次，属于中等车站；高峰小时客流量达 3 万人次以上，属于大型车站。

4. 按站台形式分类

（1）岛式站台车站，是指在上、下行线路中间的站台，如图 1–4、图 1–5 所示。

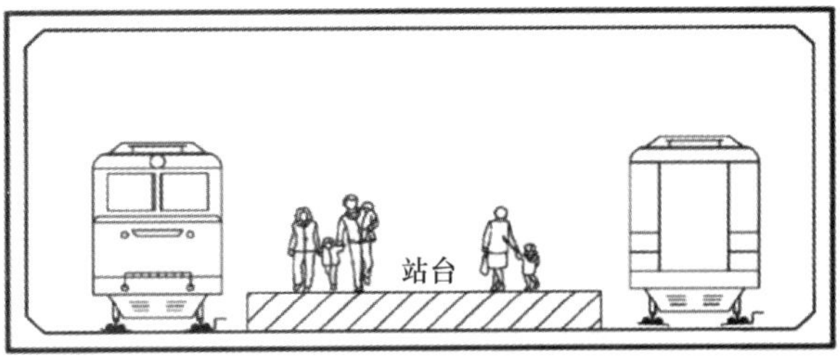

图 1–4　岛式站台车站示意图

图 1–5　岛式站台车站

（2）侧式站台车站，是指在上、下行线路两侧的站台，如图 1–6、图 1–7 所示。

（3）岛侧混合式站台车站，是指将岛式与侧式站台设置在同一站内的站台，如

图 1-8 所示。

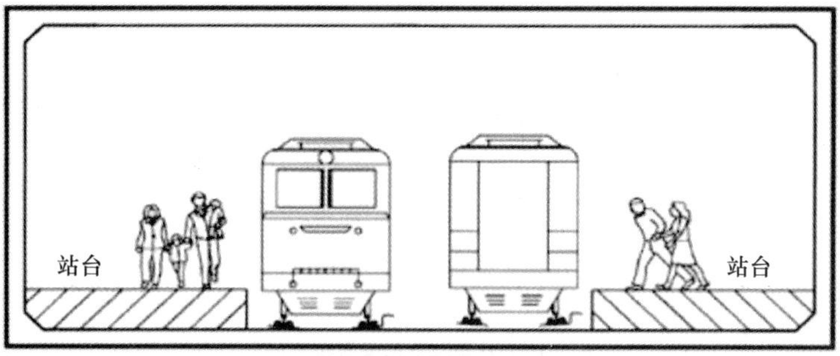

图 1-6　侧式站台车站示意图

图 1-7　侧式站台车站

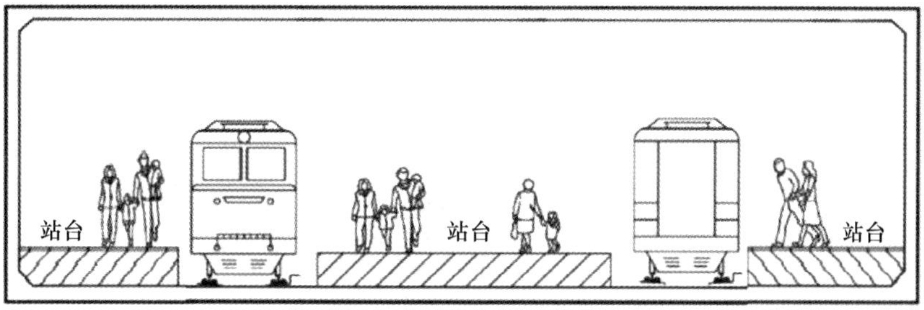

图 1-8　岛侧式混合式站台车站示意图

二、车站的组成

1. 按照车站建筑的空间位置

车站一般包括出入口及通道、风亭等其他附属建筑物和车站主体。如图 1-9 所示为一般车站组成部分示意。各部分的功能如下：

（1）出入口及通道：供乘客进、出车站的建筑设施。

（2）风亭等其他附属建筑物：风亭的作用是保证地下车站具有一个舒适的地下乘车和运营环境。除此之外，还有紧急疏散口、冷却塔等，但是不一定全部设置，不同的车站类型，如地面、地下、高架所需要的附属设施就不同。

（3）车站主体：供乘客集散、候车、换车及上下车的设施。其是地铁运营设备设置的中心和办理运营业务的地方。车站主体根据功能的不同，可分为以下两大部分：

①乘客使用空间。乘客使用空间又可分为非付费区和付费区。非付费区是乘客购票并正式进入车站前的活动区域。其一般应有较宽敞的集散空间、售检票区域。这里根据需要还可设银行、公用电话、小卖部等公用设施。付费区包括站台、楼梯和自动扶梯、导向牌等，其是为乘客候车提供服务的设施。乘客使用空间是车站设计的重点，设计时应注意人流流线的合理性，以保证乘客方便、快捷地出入车站。

②车站用房。车站用房包括运营管理用房、设备用房和辅助用房三部分。运营管理用房是车站运营管理人员使用的办公用房，主要包括车站控制室、站长室、行车值班室、票务室、警务室、广播室、会议室和公安保卫室等；设备用房是为保证列车正常运行、保证车站内良好环境条件和在灾害情况下乘客安全所需要的设备用

房，其主要包括通信、信号、自动售检票、变电、环控、屏蔽门、防灾和给水排水等设备的用房；辅助用房是为保证车站内部工作人员正常工作生活所设置的用房，其主要包括卫生间、更衣室、休息室、茶水间等。

车站用房应根据运营管理需要设置，在不同车站只配置必要房间，尽可能减少用房面积，以降低车站投资。

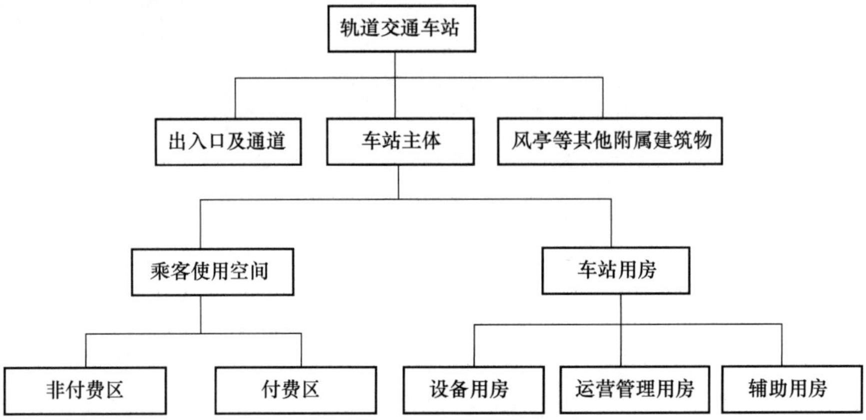

图 1-9　轨道交通车站组成部分示意

2. 按照车站的使用功能

按照车站的使用功能，大型城市轨道交通系统的车站组成包括站厅、设备区、站台。其中，站厅可分为非付费区和付费区。站厅非付费区设置售票、咨询、商业、服务设施，可以为乘客提供售票、咨询、商业等服务；站厅付费区是乘客通过闸机或免费通道进入站台候车前经过的区域，也是乘客检票、聚集、疏散的区域。设备区是车站管理用房及设备安装区域，一般分设在站厅和站台的两端。站台是乘客候车、乘降区域。车站功能分区如图 1-10 所示。

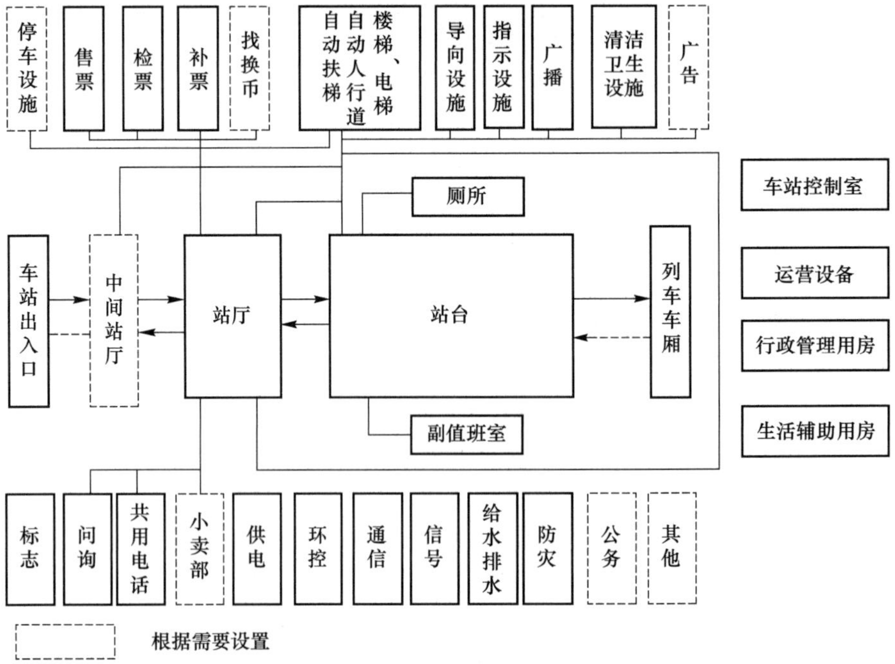

图 1-10　轨道交通车站功能分区

任务实施

工作任务一　车站的分类

制作 PPT，复述车站的分类。

工作任务二　车站的组成

制作 PPT，复述车站的组成。

任务评价

车站分类及组成评价表，见表 1-2。

表 1-2　车站分类及组成评价表

<table>
<tr><td>项目任务</td><td colspan="5">车站分类及组成</td></tr>
<tr><td>班 级</td><td></td><td>姓 名</td><td></td><td>评价时间</td><td></td></tr>
<tr><td colspan="6">考核内容</td></tr>
<tr><td>考核项目</td><td colspan="3">考核标准</td><td>分值</td><td>得分</td></tr>
<tr><td>车站的分类</td><td colspan="3">简述城市轨道交通车站的分类</td><td>15</td><td></td></tr>
<tr><td rowspan="2">车站的组成</td><td colspan="3">比较优缺点</td><td>10</td><td></td></tr>
<tr><td colspan="3">分类清晰，有依据</td><td>25</td><td></td></tr>
<tr><td rowspan="3">制作内容</td><td colspan="3">制作能清晰展示 PPT 演讲稿</td><td>15</td><td></td></tr>
<tr><td colspan="3">要求类型分析图形准确，文字流畅</td><td>15</td><td></td></tr>
<tr><td colspan="3">做到业务分析熟练、图文并茂</td><td>20</td><td></td></tr>
<tr><td colspan="6">指导教师意见：</td></tr>
<tr><td colspan="6">说明：1. 建议采用四级评分制（如 90% ～ 100%、80% ～ 90%、60% ～ 80%、< 60%）。
2. 主要采用小组互评的方式进行评价，教师最后进行参考评分。</td></tr>
</table>

任务二
车站平面布局与设计

任务导入

车站平面布置主要是根据车站所在地周围的环境条件、轨道交通运营要求、城市有关部门对车站布置的要求、车站类型等因素来确定车站中心位置及车站外轮廓范围，合理布置车辆出入口及通道、通风道等设施，同时还要处理好地铁车站出入口及通道、通风道及地面通风亭与城市建筑物道路交通地下过街道或天桥、绿地等的关系，使其相互协调。

车站平面布局与设计需要专业的设计团队进行专业化的设计。

知识准备

一、车站总平面布局设计的步骤

车站总平面布局包括车站中心的位置（站位）、车站的外轮廓的范围及出入口风亭的确定等。其是车站设计的关键环节。由于影响它的因素很多，在设计中往往很难落实，一般需要反复研究论证，才能获得好的设计方案。

为尽可能减少方案的重复，车站总平面布局的设计可按以下步骤进行。

1. 分析影响因素，确定边界条件

影响车站站位和总平面布局的因素主要有以下几个方面：

（1）周围环境。周围环境主要包括现状道路及交通条件，公交及其他交通方式站点设置，周围建筑物功能性质及基础，规划落实情况及文物古迹和可能的山地、河流等自然条件。

（2）建筑物拆迁和管线改移条件。建筑物拆迁和管线改移条件主要包括车站周围现状建筑物和地下管线的使用情况，拆迁改移条件及规划建筑物、管线方案和可能的实施时间。

（3）施工方法。不同的施工方法对车站站位和总平面布局影响很大，需要结合地质条件和周围自然状况，提出可能的施工方法，结合总平面方案统一考虑。

（4）客流来源及方向。车站的主要功能是最大限度地吸引客流，需要根据主要客流的来源和方向考虑站位和出入口通道的设置。

（5）综合开发的条件。结合城市轨道交通车站建设进行综合开发越来越引起人们的重视，尤其在寸土寸金的城市密集区，应寻求一切可能条件，使车站与其他建筑物相结合。

上述因素是确定车站总平面布局最主要的因素，哪些是作为边界条件确定下来的，哪些是应该在方案比较中进行取舍的，都要一一落实清楚，只有弄清楚这些，进行方案设计才有坚实的基础。

2. 根据功能要求构思总体方案

在构思总体方案时，首先要弄清楚车站整体的功能要求，弄清楚车站的特点与性质，才能有的放矢地进行总体方案设计。

不同的车站，除提供乘客上下车场所这一相同的功能外，各有其特点，大致可分为以下几种具有某种典型功能的车站：

（1）以换乘为主要功能的车站。主要考虑乘客的换乘条件，以尽可能减少换乘距离为主要因素进行设计，并留有足够的换乘能力。

（2）接运大型客流集散点的车站。要考虑突发性客流特点，留有足够的乘客集散空间，并创造快捷的进出站条件。

（3）有列车折返运行需要的车站。以列车在车站的运营能力为主，考虑车站辅助线的设置及由此带来的车站站位及平面布局的变化。

（4）有与建筑物开发结合要求的车站。应考虑结构的统一性，并分清楚各种客流的流向，要使进出站客流有独立的通道，并尽量减少与其他客流的交叉干扰。

（5）有其他特殊功能需要的车站。包括远期需进一步延伸的起点站、与其他交通系统的联运站等。

当然，车站的功能需要的远不止以上几种，一般是以上几种或其他功能的组合，在确定站位和布局时，对此都要加以细致的考虑。

3. 确定出入口与风亭的数量及位置

在总体构思完成、站位大致确定后，最重要的工作就是确定车站出入口和风亭的数量及位置，车站的出入口和风亭位置的确定，往往对总平面布局有很大的影响，有时甚至是决定性的影响，“有出入口才有车站”在某种意义上也反映了出入口的重要性。

出入口和风亭位置的选择应注意以下几点：

（1）单独设置的车站出入口位置一般选在城市道路两侧、交叉口及有大量人流的广场附近，出入口宜分散均匀布置，以便最大限度地吸引乘客。

（2）单独修建的地面出入口和地面通风亭，其位置应符合当地城市规划部门的规划要求，一般设在建筑红线以内。如有困难不能设在建筑红线以内时，应经过当地城市规划部门的同意，再选定其位置。地面出入口的位置不应妨碍行人通行。

（3）要考虑城市人流流向来设置出入口，不宜设在城市人流的主要集散处，以免发生堵塞。车站出入口应设在比较明显的位置，便于识别。

（4）车站出入口和地面通风亭不应设在易燃、易爆、有污染源并挥发有害物质的建筑物附近，与上述建筑物之间的防火安全距离应符合有关规范的规定。

（5）应尽可能创造条件使车站出入口、风亭与周围建筑物结合，尽可能减少用地和拆迁。

（6）车站出入口应尽可能与城市过街地道、天桥、下沉广场结合，以方便乘客，节约投资。

4. 绘制车站总平面布置图

在以上工作基础上，要根据设计的方案进行车站总平面布置图的绘制，根据设计阶段的不同，图纸内容深度也不同，它一般在1/500地形图上进行，主要应包含以下内容：

（1）车站中心的详细位置，包括线路里程、坐标等。

（2）车站主体的外轮廓尺寸，包括端点的线路里程、关键点的位置坐标等。

（3）出入口、风亭通道的位置、长度、宽度。

（4）出入口、风亭的详细位置、尺寸、坐标等。

（5）车站线路及区间的连接关系。

（6）车站周围地面建（构）筑物情况、地形条件等。

（7）与车站有关的设施情况等。

二、车站建筑层次空间布局

以地下车站为例，进站乘客从地面入口处进入车站，首先要在地下通道内行走，经过自动售票机或人工售票窗口购票，然后通过检票闸机检票，进入付费区，再经由车站的通道、楼电梯等才能到达车站的站台乘车。同样，出站乘客下车后首先进入站台，然后经由楼电梯、站厅、通道，在检票闸机进行检票后，再通过出站通道、出入口出站。根据乘客在车站内的活动过程分析，地下车站的站台层设置在车站的最底层较为合适。这样，对于地下二层的车站，底层（负二层）设置为站台层，上层（负一层）设置为站厅层，较符合乘客在车站的活动规律。两个层次的结构已能够满足运营功能的需求，当地下车站为地下三层时，增加的一个层次可以用于商业性或其他综合性开发但首先应充分满足车站的运营功能，开发层通常设置于地下一层，如图 1-11 所示。当车站为地下四层时，车站层次增加，如果条件允许，可以适当减少车站每层的使用面积，以减少工程量和建筑成本。如果由于车站的长度与宽度受客流量的影响或受设计规范约束而不能减小时，负一层、负二层可以均设置为开发层。

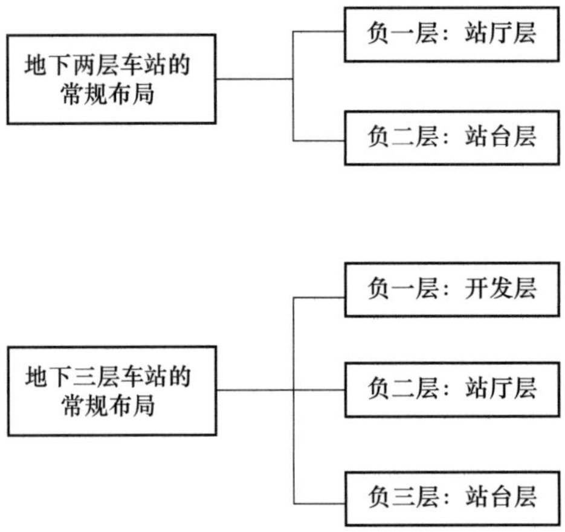

图 1-11 地下车站建筑空间布局

1. 地面车站建筑空间布局

根据客流量、线路、站址环境、城市规划及与其他交通方式衔接等条件，地面车站可设计单层或双层。地面单层车站宜为侧式站台车站，站厅布置在线路的两侧，两站厅用天桥或地下通道连接；地面双层车站的站厅宜设置在站台层的上方。

地面线路为了节省土地资源，区间上下行线路的线间距通常较小，在不设置道岔群及辅助线路的车站，站内上下行的线间距也相应缩小。在这种情况下，站台分设于上下行线路的两侧，因此，在地面车站设置侧式站台较为理想。这类车站可以设计为单层车站，站厅分别设置于上下行站台的外侧。当站外广场的客流组织和交通衔接条件较好时，也可不设置站厅，乘客可以通过地下通道或人行天桥进出站。当站址可用空间面积较小而又必须设置站厅时，站厅可以设置在站台层的上方，即采取双层车站的方案。

2. 高架车站建筑空间布局

高架车站多是因为环境及景观等因素铺设高架线路产生的。为减少高架桥的工程量，高架车站的线间距设置与布局思路和地面车站一致。为了节省车站周边的地面资源，并充分利用线路与地面之间的垂直空间，高架车站多采用双层设计，站台层在上方，站厅层在下方也可以利用高架桥下的站外广场。

高架车站站台层的布局与地面站站台层的布局非常接近，不同之处是增加了乘客登上高架桥面站台的楼梯和电梯。

3. 地下车站建筑空间布局

根据客流量与功能要求、线路及站址环境等条件，地下车站可设计成单层、双层或多层。

单层车站的站厅宜布置在车站的两端，两站厅用楼梯和通道连接；双层车站的站厅宜设于上层，站台宜设于下层，地下车站由于所处位置的特殊性在施工条件、设备安装和布置方面都较地面车站和高架车站更为复杂。车站结构的内部净空，是满足设计客流量疏散通过的必要空间，是保证各专业的设备和管线布置需要的空间。其尺寸由建筑限界、曲线半径、道床、线路安全距离、施工误差、结构变形、建筑装修吊顶限高，以及大型设备和管线安装限高等因素确定，在车站有限的空间里，供电、通风与空调、给水排水、防灾、通信、信号、自动售检票、建筑装修照明、广告牌、标志指示牌等专业要根据各自的功能要求确定相应设备的安装位置。

4. 车站建筑空间布局原则

（1）车站出入口布置。车站出入口应设置于道路两边红线以外或城市广场周边，需要具有标志性或可识别性，以利于吸引客流，方便乘客。

（2）站厅层布置。站厅层应分区明确，依据站内结构及设施配置情况对客流进行合理的组织，避免和减少进出站客流的交叉，合理布置管理、设备用房，应满足各系统的工艺要求。

（3）站台层布置。站台层需以车站上下行远期超高峰小时设计客流量来计算站台宽度，根据线路走向及换乘要求确定站台形式。根据车站需要布置设备或管理用房区。

另外，车站平面布置应考虑服务设施设备，包括电梯、售票机、空调通风设施设备等。

三、出入口及通道设计

1. 车站出入口

车站出入口是车站的门户，除功能设计需要科学先进外，还需要具备美观大方等艺术特点。出入口是地面客流与城轨车站的衔接口，也是城市轨道管理辖区的分界点。出入口一般都设有一定数量和类别的导向标志引导乘客的出行。

（1）出入口的数量。车站的出入口数量可根据进出站客流的数量及方向确定。首先，应满足进出站客流的通过能力；其次，应尽可能照顾各个方向的客流，以方便乘客进出站。

《地铁设计规范》（GB 50157—2013）规定："车站出入口的数量，应根据客运需要与疏散要求设置，浅埋车站不宜少于4个出入口。当分期修建时，初期不得少于2个。小站的出入口数量可酌减，但不得少于2个。"

（2）出入口布局原则。

①出入口宜设于道路或城市广场的项目位置，以便吸引客流、方便乘客识别和进出车站，并应设置足够的客流集散空间。

②在与地面交通衔接的站点，出入口宜设置在火车站、公共汽车站附近，便于乘客换乘，并保证有足够的集散空间。

③车站出入口宜分散均匀布置，出入口之间的距离尽可能大一些，使其能够最大限度地吸引更多乘客，方便乘客进入车站。

④车站出入口宜尽可能直接连接已建的建筑物地下室、过街道、商场、人行天桥及其他大型公共建筑。有利于资源共用，节约地面占地，实现双赢。

车站出入口的设计也需要科学定位，充分考虑乘客方便，同时，也需要考虑城市建筑的美观，应融入城市或地区的人文特色风貌，具有鲜明的标志，这样，对一些乘客的紧张情绪也可以起到一定的缓解作用。

（3）出入口平面形式。车站出入口按平面形式分为以下几种，如图1–12所示。

①一字形：施工简单，进出方便，经济。口部较宽，不宜修建在路面狭窄地区。

②L形：施工稍复杂，进出方便，较经济，不宜修建在路面狭窄地区。

③T形：施工稍复杂，造价较高，口部较窄，适合于路面狭窄地区。

④N形：环境条件所限，出入口长度较长。

⑤Y形：布置灵活，适用强，布置两个以上的出入口。

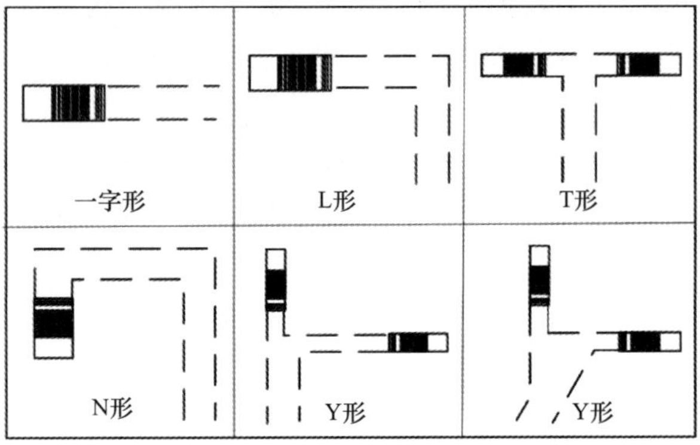

图1–12　轨道交通车站出入口平面形式

（4）出入口宽度计算。

$$B_n = \frac{mab_n}{CN} \tag{1-1}$$

式中　B_n——出入楼梯宽度；

n——出入口序号；

m——车站高峰小时客流量；

a——超高峰系数，1.2～1.4；

b_n——出入口客流不均匀系数，1.1～1.25；

C——楼梯、扶梯通过能力，见表 1-3；

N——出入口数量。

出入口的最小宽度不应小于 2.5 m。兼作城市地下过街道的车站出入口，其宽度应根据城市过街客流量加宽。车站出入口地面与站厅地面高差较大时，宜设置自动扶梯。

表 1-3　扶梯和楼梯通过能力

设备名称	通过能力 /（人 · h^{-1}）
1 m 宽自动扶梯	9 600
1 m 宽楼梯	单向下行：4 200
	单向上行：3 700
	双向混行：3 200

2. 通道设计

乘客从车站出入口到站厅层或从站厅层到站台层需要通过一定的通道，通道是联系城轨车站出入口和站厅层的纽带。无论是地下车站还是地上车站，一般从立体结构上分为三层或两层，大型换乘枢纽站分层更多，所以，车站每层之间的联系通道设计也将直接影响站内乘客流线的组织。通道的设计应以乘客流动的路线为主要考虑依据，并应遵循两个原则，即减少进出站乘客流线的交叉和最大限度地缩短乘客从出入口到站台的走行距离。

通道主要由楼梯、电梯和步行道通道构成。由于地下或高架车站一般由地下两、三层或地上两、三层组成，因此各层之间都设有楼梯、自动扶梯或垂直电梯，以方便不同需要的乘客进、出车站和乘车。

（1）楼梯。有些车站从出入口到立体一层的通道为步行楼梯，进站客流和出站客流混用，没有严格划分区域，这样，当客流较大时就容易产生进出站客流对流的情形，对客流组织不利。有些车站，既有步行楼梯也有自动扶梯。自动扶梯有效地将进出站客流分开，避免对流或拥挤。在人流量大的车站，一般步行楼梯中央设置栏杆，有效地将进出站客流引导分开，例如，北京西直门地铁站出入口，人流疏解护栏一直延伸到地面街道数十米。

车站立体一层到立体二层之间的通道应按照进出站客流流线设计，严格分流，以免客流过量或产生紧急情况时进出站客流因对流而产生事故，因而，闸机的状态设置及导向标志都应配合通道的设计。

通道坡度的设计也很重要。坡度大很容易造成乘客的疲劳感和不安全感；坡度太小会增加车站占地面积和施工的工程量。因此，应科学地设计坡度，当通道台阶数量多时，在不同段设置缓解平台，同时应尽量减少工程量和占地面积。楼梯倾角一般采取 26° ～ 34° ，其宽度单向通行不小于 1.8 m，双向通行不小于 2.4 m。

当宽度大于 3.6 m 时，应设置中间扶手，且每个梯段不宜超过 18 步。楼梯在车站发生紧急情况时，主要用于车站向外疏散乘客，所以，车站楼梯平时应保持畅通，任何物品不得堆放在楼梯处，任何人员不得滞留在楼梯处。

（2）电梯。电梯是垂直电梯、倾斜方向运行的自动扶梯、倾斜或水平方向运行的自动人行道的总称。

地铁电梯系统设计应遵循以下标准：

①自动扶梯。自动扶梯一般采取 30° 左右倾角，两台相对布置的自动扶梯工作点间距不得小于 16 m；扶梯工作点至前面影响通行的障碍物间距不得小于 8 m；扶梯与楼梯相对布置时，自动扶梯工作点至楼梯第一级踏步的间距不得小于 12 m。车站出入口若不受提升高度的限制，应设置上、下行自动扶梯。站厅层与站台层之间，一般宜设置上、下行自动扶梯，对客流量不大的车站（且高差小于 5 m 时），可用楼梯代替下行自动扶梯。当发生火灾时，车站的自动扶梯须停止运行，作为固定楼梯来疏散乘客。按照《城市快速轨道交通工程项目建设标准》（建标 104—2008），自动扶梯和步行梯的设置标准见表 1-4。

表 1-4　自动扶梯和步行梯的设置标准

提升高度 H/m	上行	下行	备用
$H \leqslant 6$	自动扶梯	—	—
$6 < H \leqslant 12$	自动扶梯	△	—
$12 < H \leqslant 19$	自动扶梯	自动扶梯	△
$H > 19$	自动扶梯	自动扶梯	自动扶梯
注：△表示重要车站也可设置自动扶梯。			

自动扶梯是由一台链式输送机和两台胶带式输送机组合而成的升降传送系统。自动扶梯主要特点是输送能力大，生产效率高；自动扶梯能逆转，满足不同需要；当停电或零件损坏时，可做步行梯用；提升高度较大；造价高。

②垂直电梯。车站垂直电梯设置在出入口、站厅层和站台层，一般是给有需要的人士使用，如伤残人士和携带大件行李的乘客或其他有特殊情况的人员。

四、站厅层布局

站厅的作用是将进出车站的乘客迅速、安全、方便地引导到站台乘车或使下车乘客迅速离开车站，因而，它是一种过渡空间。站厅是用于售票、检票，布置部分服务与控制设备的场所，其布局方式主要取决于车站的售票、检票方式（人工、半自动和自动售票、检票）。一般应使站厅有付费区和非付费区的功能区别，同时，检票、售票系统应设置在有利于乘客进、出站的地方，尽量压缩乘客在站内停留时间。一般来说，站厅内要设置售票、检票及问询等设施，在一定程度上会形成乘客聚集，因此，站厅要起到分配和组织人流的作用。站厅应有足够的面积，除考虑正常所需购票、检票及通行面积外，还需要考虑乘客做短暂停留及特殊情况下紧急疏散的情况。站厅最终面积主要由远期车站预测的客流量大小和车站的重要程度决定，目前还没有固定的计算方法，一般根据经验和类比分析确定。

大部分车站站厅层主要是为乘客提供售票、检票等服务和车站人员工作、各系统设备集中设置的场所，大致可分为公共区和设备区，如图 1-13 所示。

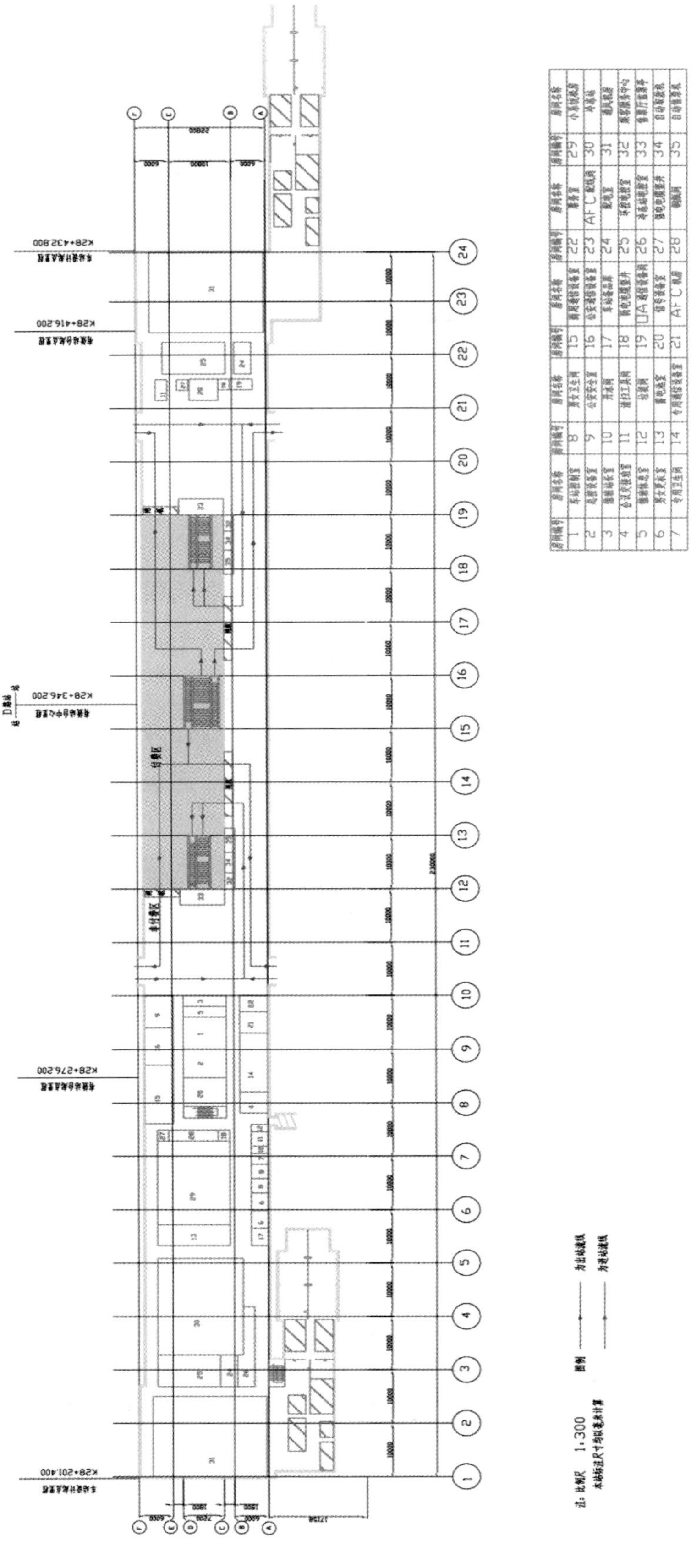

图 1-13　站厅层平面布局图

1. 站厅层公共区设计

公共区是乘客集散的区域，可以划分为付费区和非付费区。进站乘客在非付费区完成购票后通过检票设备进入付费区，到站台乘车；出站乘客通过检票设备后进到非付费区后出站。付费区内设施一般有通往站台层的楼梯、自动扶梯、补票处、换乘通道（换乘车站）；非付费区设施一般有售票、问询、公用电话等，可增设金融、邮电、服务业等机构。

非付费区内除设置必要的售票、检票系统设备外，还可以根据站厅面积大小设置一些商铺、自助银行、公共洗手间、自动售货机、公用电话等便民设备设施，布置原则以不影响乘客出入为首要条件。自动售票、检票系统设备主要设置在站厅层，按乘客进出站流向合理布置，向乘客提供购票、检验车票等服务，主要有自动售票机、自动充值机、验票机及进、出站闸机等。按照进站客流的流动路线特点，有一部分客流从入口进站后首先需要买票，所以，售票设备一般设置在站厅非付费区内。随着城市经济的不断发展，大部分城市轨道售票设备都采用自动售票机，还有一些城市的轨道车站采用人工售票设备，有些车站则是采用人工售票与自动售票相结合的设备。

人工售票处应设置在进站流线的前端，而售票室的设置不能占用通道，必须保证流线畅通的情况下尽可能将售票室设置在流线一侧。根据国家的交通习惯，车站出入口流线应为右进左出，所以，售票室也应设在入口右侧为宜。自动售票机也应同理设置。另外，售票设备的设置应考虑车站规模大小来配备。自动售票机大部分需要用零钱来购买，因此，在自动售票机旁边还应配备找零钱的机器。机器识别人民币纸币面额不宜过大，否则会造成零钱紧张而影响正常服务。考虑城市轨道车站出入口特点，每个出入口基本都双向使用，因此，自动售票机如果设置在入口进站客流一侧，虽然方便了乘客购票，但客流量大时会造成进、出站客流拥堵；另外，若售票机配置数量太多又分散，则会增加投资，造成一定程度的浪费。所以，自动售票机的放置位置及配置数量既要考虑方便入口乘客购票，也要考虑车站设备的利用率，其设置位置根据每个车站的站厅层的规模和结构，集中摆放在一个或两个区域，尽量避开直接进站上车无须购票的乘客流线和出站乘客流线。区域大小应留有余地，以满足客流高峰时期的需要。

2. 车站用房区域

各城市地铁运营公司对城市轨道车站用房的定义不尽相同。一般来说，车站用房区域包括运营管理用房、辅助用房和设备用房等。根据客流的大小，在不影响客流集散的同时可以设置商业用房。

（1）运营管理用房。运营管理用房包括站长室、会议室和公安保卫室（警务室）、车站控制室、票务室、信号值班室、站台监视亭等。在管理用房中，主要解决车站控制室与站长室的位置及消防疏散工作楼梯的位置等。车站控制室是车站运营与管理的中心，一般应设置在便于对售票、检票楼梯和自动扶梯口等部位进行监视的地方。

（2）设备用房设置。设备、管理用房基本分设置在车站两端，一端大，一端小，中间作为站厅公共区。

设备用房是安置各类设备、进行日常维修及保养设备的场所，一般可分为票务维修室、通信机械室、信号机械室、环控配电室、照明配电室、低压配电室、蓄电池室、环控机房、气瓶间、污水泵房、混合风室、风机房、电缆井、屏蔽门控制室、电梯机房、变电所控制室、动力变压器室、变电所储藏室、变电所检修室、变电所整流变压、金属封闭高压开关设备室、整流器柜及直流开关柜室等。常设设备用房见表 1–5。

表 1–5　站厅层设备用房参考表（使用面积）

房间名称		参考面积 / m^2	备注
AFC 管理室		15	靠近售检票区
环控机房	无集中供冷	1 000 ~ 1 250	为一般情况下规模，不含风道、风亭、冷却塔面积
	集中供冷	760 ~ 900	—
气瓶室		20 ~ 25	靠近被保护房间
照明配电室		8 ~ 12	每层每端各设一处
环控电控室		30 ~ 40	邻环控机房
民用通信设备室		15	尽量设在站厅层
电梯机房		6	设在最下层
污水泵房		20	卫生间下方，内设污水池
废水泵房		20 ~ 25	位于车站最低点
消防泵房		50 ~ 60	高架、地面站设，内设 72 m^3 水池

设备用房中最大的是环控机房，其中包括冷冻机房、通风机房及环控电控室。另外，车站强弱电设备应分开控制，有噪声源的设备用房应远离乘客活动区。地铁车站的环控设计基本上由以下 5 个系统组成：

①车站公共区域的环控系统，主要是站厅、站台的制冷送风（包括新风）回风系统。

②车站的排风（排烟）系统。

③站台层列车及车道产生的热量和废气的排热、排烟系统。

④车站活塞风及区间隧道发生灾变时的送风排烟系统。

⑤各管理用房的小环控系统。

（3）辅助用房。辅助用房一般包括洗手间、更衣室、休息室、备品库、垃圾间、清扫工具间等。车站站厅层一般设有公共洗手间，有条件的车站还专门设置残疾人专用洗手间。

有些车站将公用电话安装在站厅层和站台层，方便乘客使用。有些车站将公用电话安装在通道一侧。根据各城市的轨道交通设施状况不同，有些城市在大中型轨道车站内设置银行或自助银行，一般设置在站厅层，为乘客提供兑零、取款、存款、转账服务。车站运营管理、辅助用房面积参考见表 1–6。

表 1–6 车站运营管理、辅助用房面积参考表

房间名称	参考面积	备注
站长室	15.18 m^2	站厅层，靠近控制室
车站控制室（含防灾控制）	35.50 m^2	站厅层客流大的一段
警务室	12 ~ 15 $m^2 \times 2$	—
交接班室（兼会议室、用餐室）	1.2 ~ 1.5 m^2/ 人	按照一班定员计
更衣室（分男、女）	0.6 ~ 0.7 m^2/ 人	按车站全部定员计
茶水室	8 ~ 10 m^2	附洗涤池
卫生间	—	管理人员用

五、站台层布局

1. 站台选型

站台层主要是供列车停靠、乘客候车及乘降车的区域。按站台与轨道线路的位置关系，站台可分为岛式站台、侧式站台和混合式站台。

（1）岛式站台。上、下行线分布在站台的两侧。站台面积可以得到充分利用，乘客换乘方便。例如，北京市、上海市等大多数城市轨道中间站站台均属岛式车站，如图 1–4 所示。

（2）侧式站台。站台分别分布在上、下行线两侧，乘客乘降车互不干扰，不易乘错方向，站台横向扩展余地大，如图 1–6 所示。

（3）混合式站台。既有岛式站台，又有侧式站台的混合式站台，一般多为始发 / 终到站，设有道岔和信号联锁等设备。

2. 站台尺寸计算

（1）站台计算长度。站台计算长度是指远期列车编组总长度加上列车停站时误差距离。

$$L = l \cdot n + l' \quad (1\text{–}2)$$

式中 l——单节车辆长度（m）；

n——车辆编组数；

l'——列车停站误差距离，一般为 1 ～ 2 m。

对于远期列车编组在 6 ～ 8 辆的轨道交通系统，站台长度一般为 130 ～ 180 m。例如，上海明珠线车站，列车 6 节编组时长度为 139.98 m，预留 4 m，共 143.98 m。

（2）站台宽度。站台宽度根据车站远期预测高峰小时客流量、列车运行间隔时间、结构横断面形式、站台形式、楼梯及自动扶梯位置等因素计算确定。目前，我国现行的规范和标准对站台宽度还没有统一的计算方法。现介绍设计中常用的几种计算方法。

计算方法 1：

侧式站台宽度：

$$B_1 = \frac{M \cdot W}{L} + a \qquad (1\text{-}3)$$

式中　B_1——侧式站台宽度；

M——超高峰小时单向列车上下列车人数；

W——客流密度（m^2/ 人），0.75 m^2/ 人；

L——站台计算长度；

a——站台安全防护宽度，一般取 0.45 m。

岛式站台宽度：

$$B_2 = 2B_1 + C + D \qquad (1\text{-}4)$$

式中　B_2——岛式站台宽度；

B_1——侧式站台宽度；

C——柱宽；

D——楼梯、自动扶梯宽。

计算方法 2：

$$A = N \cdot W \cdot \beta \cdot P_{车} P_{上下车} \qquad (1\text{-}5)$$

式中　A——站台总面积；

N——列车车厢数；

W——客流密度，0.75 m^2/ 人；

β——超高峰系数；

$P_{车}$——每节车的定员数；

$P_{上下车}$——上下乘客所占比例，每个取 20% ～ 50%。

侧式站台宽度：

$$B_1 = A/L + a + B' \qquad (1\text{-}6)$$

岛式站台宽度：

$$B_2 = 2B_1 + C + D \qquad (1\text{-}7)$$

式中　B_1——侧式站台宽度；

A——站台总面积；

B'——乘客沿站台纵向流动宽度，一般取 2 ～ 3 m；

L——站台计算长度；

a——站台安全防护宽度。

为保证车站安全运营和安全疏散的基本需要，我国《地铁设计规范》（GB 50157—2013）中规定了车站站台的最小宽度尺寸，见表 1-7。

表 1-7　车站站台最小宽度尺寸

岛式站台	8.0
岛式站台的侧站台	2.5
侧式站台（长向范围内设梯）侧站台	2.5

续表

车站站台型式		站台最小宽度
侧式站台（垂直于侧站台开通道口设梯）侧站台		3.5
站台计算长度不超过 100 m 且楼、扶梯不伸入站台计算长度	岛式站台	6.0
	侧式站台	4.0
通道或天桥		2.4
单向楼梯		1.8
双向楼梯		2.4
与上、下均设自动扶梯并列设置的楼梯（困难情况下）		1.2
消防专用楼梯		1.2
站台至轨道区的工作梯（兼疏散梯）		1.1

（3）站台高度。站台高度是指站台面距离轨面的高度。站台按高度可分为低站台和高站台，其选择需要与车型匹配。站台与车厢地板高度相同称为高站台，一般适用于流量较大、车站停车时间较短的场合。高站台对残疾人、老年人上下车也很有利。考虑到车辆满载时弹簧的挠度，高站台的设计高度一般低于车厢地板面 50 ～ 100 mm。站台比车厢地板低时称为低站台，适宜于流量不大的场合。

站台的设计要有排水措施。一般来说，站台横断面应有 2% 的坡度，地下站可设 1%的坡度。

（4）轨道中心到站台边缘距离。根据车辆类型确定的建筑限界给定了从轨道中心到站台边缘的距离，实际设计时还要考虑 10 mm 左右的施工误差。若轻轨车体宽度为 2.6 m，则轨道中心线至站台边缘的距离可选定为 1.4 m。

如前所述，站台应布置在平直线段上。特殊情况下需要设置在曲线上时，轨道中心到站台边缘距离 L 可按下式确定：

$$L = L_1 + E + 0.8C \tag{1-8}$$

式中　L_1——轨道中心到建筑限界边的距离加 10 mm 的施工误差；

E——曲线总加宽；

C——线路超高值。

3. 站台设备设施设置

站台可分为公共区和设备区。一般两端为设备区；中间为公共区。站台层平面布局如图 1-14 所示。设备区也设有设备用房和一些管理用房，见表 1-8。

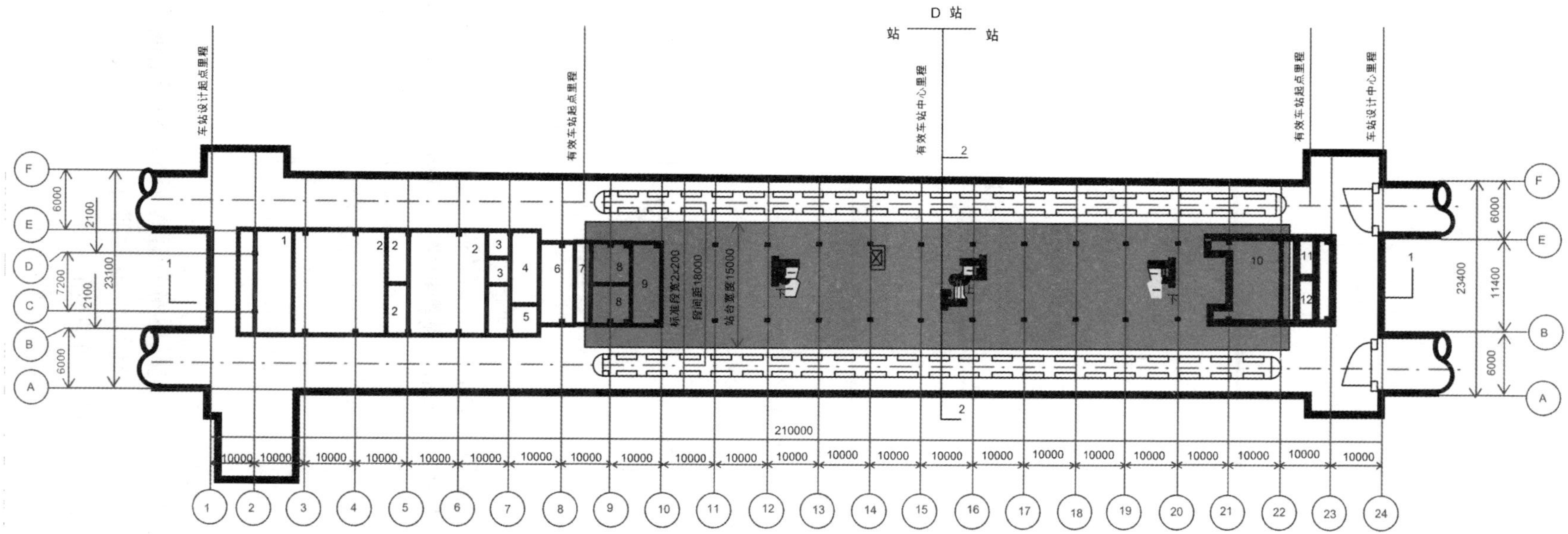

说明：
1. 除本图尺寸段高程以m计外，其余均以mm计。
2. 本图比例为1：300。

房间编号	房间名称	房间编号	房间名称	房间编号	房间名称
1	隧道柜室	5	照明配电室	9	安全门设备室
2	牵引降压变电所	6	污水泵房车站	10	隧道柜室
3	电缆井	7	备品库	11	废水泵房
4	钢瓶间	8	公共卫生间	12	照明配电室

图 1-14　站台平面布局图

表 1-8 站台层用房参考表（使用面积）

房间名称		参考面积 / m^2	备注
降压变电所		220 ~ 280	尽量设在站台层
牵引降压混合变电所		380 ~ 480	尽量设在站台层
蓄电池室		15 ~ 25	宜设在站台层
电缆井		5	按需要定个数
通信设备室		20 ~ 30	尽量设在站台层
通信电源设备室		15 ~ 25	临近通信设备室
信号设备室	联锁站	50 ~ 65	尽量设在站台层（与车站控制室同一端）
	无联锁站	20 ~ 30	—
信号电源设备室		15 ~ 20	联锁站设，邻信号设备室
屏蔽门设备及控制室		15 ~ 20	设在站台层
工务用房		15 ~ 20	设在有道岔站台层

公共区的功能是供乘客上、下车和候车之用，主要有站台监控亭、乘客座椅、公用电话、紧急停车按钮等设备设施。站台还设有立柱、屏蔽门或安全护栏等。

（1）立柱。站台立柱是站房建筑的一部分，根据车站规模的大小其设置数量也不尽相同。立柱位置设置应考虑不能占用乘客通道，尽量避免遮挡乘客或工作人员的视线，同时，车站可以很好地利用立柱的表面积来完成其他功能，如悬挂宣传牌、导向标志、广告等。根据站台宽度不同，有的车站设置双排立柱，有些车站设置单排立柱。

（2）安全护栏、屏蔽门、安全门。安全护栏或屏蔽门都是为了保证乘客在站台上乘降安全需要而设置的。针对轨道运输车站站台高的特点，为有效防止乘客乘降前后在站台边沿掉入轨道的事故发生，车站应设置护栏或屏蔽门。目前深圳地铁车站全部装备了屏蔽门，广州地铁新线车站修建时安装了屏蔽门，旧线改造施工时车站也全部设有屏蔽门，北京新建 5 号线车站已全部设置屏蔽门，而上海地铁车站地面部分有些车站设置有安全护栏。

安全护栏和屏蔽门的设置根据车站具体情况而定。屏蔽门相对护栏造价要高，但安全程度也高，适合在大量地铁车站设置。同时，屏蔽门能节约车站空调能源，降低列车噪声，为乘客提供良好的候车环境。

安全护栏虽然造价低，视线也较开阔，但存在安全隐患，适合在轻轨或地铁地面部分车站设置。由于目前国内各城市轨道交通的设备大部分采用进口设备，而各城市进口设备的来源各有不同，因此在屏蔽门和护栏的技术装备方面还存在一定差异。屏蔽门的安装虽然在维护上有一定的投入，但其安全效益是长远的，其位置设置应与列车停靠时车厢门相对应，做到列车停稳时门对门位置准确无误，否则会对乘客的上下车造成极大的不便。

在动力供电系统中，降压变电所一般每个车站设置一个，有时也可几个车站合设一个；也可将降压（动力）变压器附设在某个牵引变电所之中，构成牵引与动力混合变电所。

六、车站客流的流线设计

流线，是指车站内乘客的流动过程和流动路线。这些流线具体反映着乘客对于车站站房各类设施的设置及布局的基本要求，对其组织得是否合理，不但影响车站的作业安全、效率及能力，同时直接关系到对乘客服务质量的高低。

设计快捷、简明、方便、流畅的乘客流线是城市轨道车站建设的方针和目标之一。

车站站房内各类设施的设置应以合理组织各种流线，力求减少乘客的走行距离，方便乘客办理各种旅行手续及经济合理、节约用地为原则。

在城市轨道车站，乘客流线主要有进站乘客流线、出站乘客流线和中转乘客流线三种。乘客流线如图 1-15 所示。

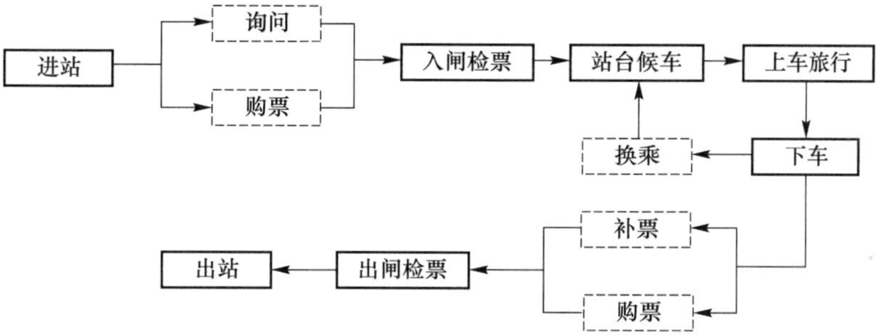

图 1-15　轨道交通车站乘客流线

1. 进站乘客流线

进站乘客流线按照其流动过程，可以分为以下两种主要类型：

（1）通过站房直接上车的乘客流线。通过站房直接上车的乘客流线主要包括绝大多数持城市一卡通或储值票等直接通过闸机结算费用的乘客。这类乘客大部分属当地居民上班族，在上下班时间出现出行高峰。

（2）进入车站购票上车的乘客流线。进入车站购票上车的乘客主要是不经常乘坐城轨出行的当地居民或从其他交通工具换乘过来的外地乘客，一般这类乘客流线在节假日或周末比较集中。

2. 出站乘客流线

出站乘客流线比进站乘客流线简单，乘客办理手续少，使用站房时间短。一般情况下，终到乘客一般经过闸机出站，票卡有问题的需要到票务中心处理或者补票出站。

3. 换乘乘客流线

在一些综合型枢纽站或城市轨道线路间换乘车站，存在大量的中转换乘乘客，其流动过程形成了换乘乘客流线。

4. 流线组织原则

通过以上分析可知，车站内各种乘客流线均有其特定的内在需求，这些需求均需要通过合理设置与布局乘客站房的各类设备设施来予以满足。为了尽可能满足其需求，在考虑乘客站房各类设施设备的设置与布局时，一般应遵循以下两个原则：

（1）避免各种流线相互交叉干扰。具体来讲，在对站房流线设计组织中，应该力求将各种乘客流线分开，尤其是将进站乘客流线与出站乘客流线分开，进出站乘客流线与中转乘客流线分开设计组织。

（2）最大限度地缩短乘客走行距离，避免流线迂回。一般来说，对于进、出站乘客流线中流量最大的普通乘客流线，应该首先保证其流动路线最简捷、通畅，流程距离最短。对于流量不大的其他乘客流线，也应根据其特点、需要，尽量缩短其流线距离，避免迂回。

通常，上述各种流线特点的满足及流线组织原则的实现都要依赖于乘客站房内各种服务用房及设施的合理设置与布局。如站房出入口、楼扶梯、售票、检票设备的布置等。

任务实施

工作任务一　车站总平面布局设计的步骤

制作 PPT，复述车站总平面布局设计的步骤。

工作任务二　车站建筑层次空间布局

制作 PPT，复述车站建筑层次空间布局。

工作任务三　出入口及通道设计

制作 PPT，复述出入口及通道设计。

工作任务四　站厅层布局

制作 PPT，复述站厅层布局。

工作任务五　站台层布局

制作 PPT，复述站台层布局。

工作任务六　车站客流的流线设计

制作 PPT，复述车站客流的流线设计。

任务评价

车站平面布局与设计评价表，见表 1-9。

表 1-9　车站平面布局与设计评价表

项目任务	车站平面布局与设计		
班 级		姓 名		评价时间	
考核内容			
考核项目	考核标准	分值	得分
车站总平面布局设计的步骤、车站建筑层次空间布局	简述车站总平面布局设计的步骤 简述车站建筑层次空间布局	15	
出入口及通道设计、站厅层、站台层布局、车站客流的流线设计	比较优缺点	10	
	分类清晰，有依据	25	
制作内容	制作能清晰展示 PPT 演讲稿	15	
	要求类型分析图形准确，文字流畅	15	
	做到业务分析熟练、图文并茂	20	
指导教师意见：			
说明：1. 建议采用四级评分制（如 90% ～ 100%、80% ～ 90%、60% ～ 80%、<60%）。 2. 主要采用小组互评的方式进行评价，教师最后进行参考评分。			

任务三　换乘站

任务导入

在轨道交通线网中，两条或多条线路构成的交叉点，即换乘站，作为轨道交通网络的“锚固点”，对全网运转效率和整体效益的发挥具有举足轻重的作用，在线网设计中有着特殊重要的地位及作用。随着国内轨道交通线网的加快建设和逐步形成，换乘站已经成为网络中最为突出的矛盾点，良好的换乘不但关系到轨道交通的服务水平，而且关系到城市公共交通的吸引力，把握好换乘站的规划与设计显得尤为重要，同时是轨道交通投资、建设、设计和运营等各方关注的焦点。

从日常的线网运营现象看，线路之间的交叉点的个数、位置，决定着线网的形态，影响着线网中各换乘站客流量的大小、乘客的换乘地点、出行时间及方便程度，从而影响整个线网的运输效率。而且，市民对减少换乘时间、提高出行质量的要求，换乘问题逐渐凸显并得到重视。

知识准备

一、换乘方式

根据乘客换乘的客流组织方式，车站换乘方式可分为站台直接换乘、站厅换乘、通道换乘、站外换乘和组合式换乘。

1. 站台直接换乘

站台直接换乘有同站台换乘和上下层站台换乘两种方式。同站台换乘一般适用于两条平行交织的线路，且采用岛式站台的设计，两条不同线路的车辆分别停靠同一站台的两侧，乘客换乘时，由岛式站台的一侧下车，穿越站台至另一侧上车，即完成了转线换乘，这种换乘方式对乘客十分方便，是应该积极寻求的一种换乘方式。但这种车站往往要花费较大的工程投资，由于这种换乘方式要求两条线具有足够长的重合段，近期需要将车站预留线及区间交叉预留处理好，工程量大，线路交叉复杂，施工难度大，因此，尽量选用在建设期相近或同步建设的两条线的换乘站上。

同站台换乘要求站台能够满足换乘高峰客流量的需要，乘客无须换乘行走，换乘时间最短，但换乘方向受限。双岛式站台通过同一个站厅能实现四个方向的换乘，单岛式站台每一层只能实现两个方向的换乘，其余换乘方向的乘客仍然要通过站厅或自动扶梯、楼梯进行换乘，换乘时间相应增加。在所有换乘方式中同站台换乘的换乘能力最大，适用于优势方向换乘客流较大的情形。这种换乘方式的主要制约因素时站台的宽度和列车的行车间隔。前者关系到站台的容量；后者关系到站台出清速度的快慢。北京地铁 4 号线与北京地铁 9 号线的换乘站国家图书馆站就属于同站台换乘，4 号线与 9 号线站台位于同一层面，为地下双岛式车站，如图 1-16 所示。

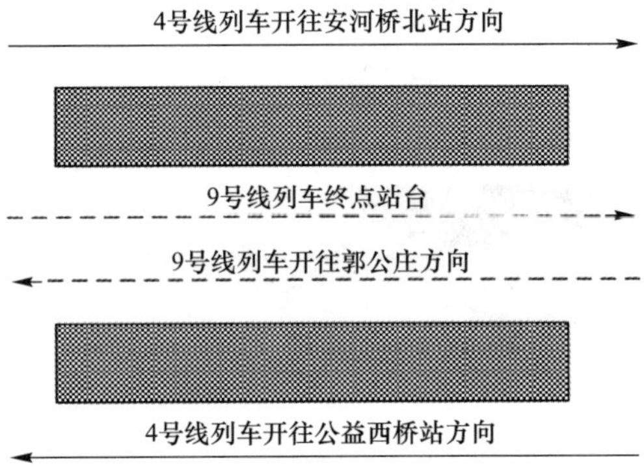

图 1-16 国家图书馆站同站台换乘示意

上下层站台换乘是指乘客由一个站台通过楼梯或自动扶梯到另一站台直接换乘。根据地铁线路交叉的情况及两车站的位置，可形成站台与站台的十字换乘、T 形换乘、L 形换乘和平行换乘的模式，如图 1-17 和图 1-18 所示。

上下层站台换乘方式的关键是楼梯或自动扶梯的宽度。该宽度往往受岛式站台总宽度的限制，使其通行能力不能满足乘客流量的需要。这种换乘方式要求换乘楼梯或自动扶梯应有足够的宽度，以免高峰客流时发生乘客拥挤，发生安全事故。同时要注意上、下楼的客流组织，避免进、出站客流与换乘客流的交叉紊乱。在所有换乘方式中，这种换乘方式的换乘能力最小，其制约因素时自动扶梯（楼梯）的运量。在上下层站台配置的组合中，线路的交叉点越少，则换乘能力越小。在实践中，通过增加站台宽度以扩大交叉处面积，是提高上下层站台换乘能力的基本途径。这种换乘方式的结点要求一次做成，预留线路的限界净空及线路位置受到制约，这就要求预留线要有必要的研究设计深度，避免预留工作做得不尽合理。

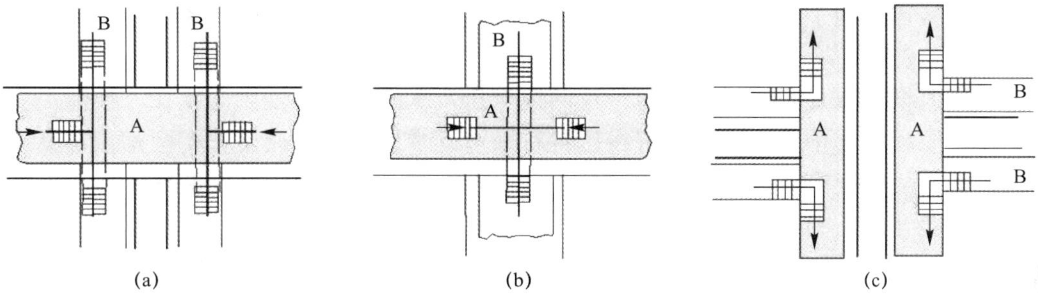

图 1–17 城市轨道交通车站十字换乘模式

（a）十字岛侧换乘；（b）十字岛岛换乘；（c）十字侧侧换乘

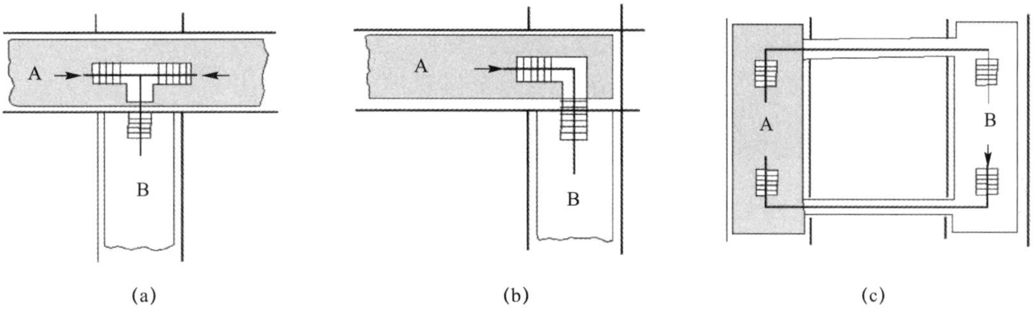

图 1–18 城市轨道交通车站 T 形、L 形、平行换乘模式

（a）T 形换乘；（b）L 形换乘；（c）平行换乘

2. 站厅换乘

站厅换乘是指乘客由一个车站的站台通过楼梯或自动扶梯到达另一个车站的站厅或两站共用的站厅，再由这一站厅通到另一个车站的站台的换乘方式。站厅换乘一般用于相交车站的换乘，乘客下车后，无论是出站还是换乘，都必须经过站厅，再根据导向标志出站或进入另一个站台继续乘车。由于下车客流到站厅分流，减少了站台上人流交织，乘客行进速度快，在站台上的滞留时间减少，同时可减少楼梯等升降设备的总数量，增加站台有效使用面积，有利于控制站台宽度规模。但换乘距离比站台直接换乘要长。若在换乘过程中需要进出收费区，检票口的能力可能成为限制因素。

与前两种方式比，站厅换乘方式中乘客换乘线路必须先上（或下），再下（或上），换乘总高度落差大。若是站台与站厅之间是自动扶梯连接，可改善换乘条件。这种换乘方式有利于各条线路分期修建、后期形成。

图 1–19 长春轨道交通 3、4 号线临河街站换乘通道

3. 通道换乘

通道换乘是指在两个或几个单独设置车站之间设置联络通道等换乘设施，方便乘客完成换乘，如图 1–19 所示。当两线交叉处的车站结构完全脱开，车站站台相距有些距离或受地形条件限制不能直接设计通过站厅进行换乘时，可以考虑在两个车站之间设置单独的换乘通道来为乘客提供换乘途径。通道可直接连接两个站台，这种方式换乘距离较近，换乘时间较短；通道还可连接两个站厅收费区，换乘距离相对较远，换乘时间较长。

通道换乘方式布置较为灵活，对两线交角及车站位置有较大适应性，预留工程少，甚至可以不预留，容许预留线位置将来可以少许移动。通道宽度按换乘客流量的需要设计。换乘条件取决于通道长度，一般不宜超过 100 m。换乘通道一般应尽可能设置在车站的中部，并避免和出入站乘客交叉。由于受各种因素影响，换乘通道一般都较长，这样使得乘客的换乘距离和时间都比前两种换乘方式要长，要注意尽可能减少通道长度。通道换乘有利于两条线工程分期实施，预留工程最少，后期线路位置调整的灵活性大。

4. 站外换乘

站外换乘是指乘客在车站付费区以外进行换乘，实际上是没有专用换乘设施的换乘方式。这种换乘方式是乘客在车站付费区以外进行换乘，主要用于下列情况：

（1）高架线与地下线之间的换乘，因条件所迫，不能采用付费区内换乘的方式。

（2）两线交叉处无车站或两车站相距较远。

（3）规划不周，已建线未做换乘预留，增建换乘设施十分困难。此种换乘方式往往是客观条件不允许或线网规划不当造成的。乘客换乘路线可分割为出站行走、站外行走和进站行走，在所有换乘方式中，站外换乘所需的换乘时间和换乘距离最长，再加上在站外与其他人流交织及步行距离长，给乘客的换乘带来很大不便，应尽量避免。

5. 组合式换乘

在换乘方式的实际应用中，往往采用两种或几种换乘方式组合，以达到完善换乘条件，方便乘客使用，降低工程造价的目的。例如，同站台换乘方式辅以站厅或通道换乘方式，可使所有的换乘方向都能换乘；站厅换乘方式辅以通道换乘方式，可以减少预留的工程量。组合式换乘可以进一步提升换乘通过能力，同时具有比较大的灵活性，工程实施比较方便。

6. 换乘方式分析

（1）换乘时间。换乘时间主要取决于换乘走行距离。一般来说，各种换乘方式的换乘时间，按同站台换乘、上下层站台换乘、站厅换乘、通道换乘和站外换乘依次增加。同站台换乘时，在列车共线运行区段的换乘站，乘客在同一站台的同一侧换乘，无换乘走行；在两线平行交织的共用换乘站，乘客在同一站台的另一侧换乘，换乘距离小于站台宽度；因此，同站台换乘的换乘时间最短。但应指出，双岛式站台只能实现两个换乘方向的客流在同站台换乘；单岛式站台每一层均只能实现两个换乘方向的客流在同站台换乘。其余换乘方向的乘客，仍然需要通过站厅（双岛式、岛侧式）或自动扶梯、楼梯（单岛式）进行换乘，换乘时间相应增加。

上下层站台换乘时，乘客换乘走行路线为下车站台—自动扶梯、楼梯—站厅收费区—自动扶梯、楼梯—上车站台。在各种换乘方式中，站厅换乘的换乘距离与换乘时间大体居中。

通道换乘时，换乘距离取决于两线车站连接的情况，连接站台的通道换乘与连接站厅收费区的通道换乘比较，后者的换乘距离较远，因而换乘时间也较长。

为提高服务水平，缩短换乘时间，换乘通道长度不宜超过 100 m。站外换乘时，乘客换乘走行包括出站走行、站外走行和进站走行。换乘距离与换乘时间均是各种换乘方式中最长的。站外换乘大多数情况是线网规划阶段没有考虑换乘问题。没有站内换乘设施会给乘客带来极大不便，应尽量避免。

（2）换乘能力。换乘能力是指换乘设施在单位时间内能够通过的换乘客流量。换乘能力不足会产生客流拥挤、滞留，导致换乘时间延长和乘客抱怨，甚至还会引发不安全因素。

换乘能力的制约因素是站台、自动扶梯（楼梯）、通道与检票口等设施设备的能力，并且通常是受限于它们中能力最小的设施或设备。

在各站内换乘方式中，同站台换乘的能力最大，适用于优势方向换乘客流较大的情形。对同站台换乘而言，制约其换乘能力的主要因素是站台宽度与列车间隔。前者关系到站台的容量；后者关系到站台出清快慢。因此，站台加宽还应考虑列车运行间隔。

同站台换乘除前面已经提及的双岛式和单岛式外，还可以考虑采用相邻两站均为单岛式的换乘方案，即两条线路平行运行一个区间（含两个车站），两个车站的站台均采用上下层结构，从而将换乘客流疏解到相邻的两个车站，如图 1-20 所示。

该换乘方案的能力更大，适用于换乘客流量很大，并且各个换乘方向客流量比较接近的情形。

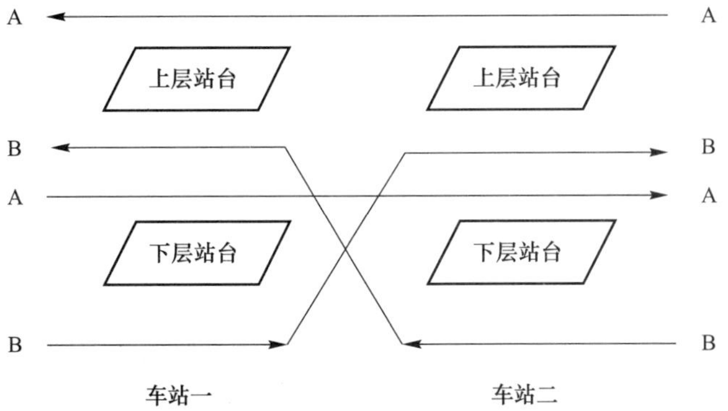

图 1-20　相邻两站上下层均为单岛式换乘示意

在各站内换乘方式中，上下层站台换乘的能力最小。上下层站台换乘通过自动扶梯（楼梯）进行，换乘能力的瓶颈因素是自动扶梯（楼梯），而站台宽度、长度往往又限制了自动扶梯（楼梯）的数量与宽度。对各种上下层站台配置组合而言，交叉口点越少（如十字交叉），换乘能力就越小；反之亦然。在实践中，通过增加站台宽度来扩大交叉处面积，是提高上下层站台换乘能力的基本途径。

在平面换乘的情况下，通道换乘与站厅换乘的能力居中。通道宽度可根据换乘客流状况进行加宽，从而提高通道换乘的能力。在垂直换乘的情况下，自动扶梯（楼梯）的能力往往限制了通道换乘能力与站厅换乘能力的最终实现。另外，如果在换乘过程中需要进出收费区，则检票口的能力也有可能成为限制因素。

总的来说，轨道交通换乘方式与线路走向、车站埋深、换乘客流量、地面环境、施工技术水平，以及经济发展水平等因素密切相关。应在远期换乘客流量预测的基础上，因地制宜地选择能充分满足换乘需求而又经济合理的方式，各种换乘方式的功能特点及优缺点见表 1-10。

表 1-10　换乘方式比较

<table>
<tr><th colspan="3">换乘方式</th><th>功能特点</th><th>优缺点</th></tr>
<tr><td>站台直接换乘</td><td colspan="2">同站台换乘</td><td>某些方向在同一站台平面内换乘，其他方向需通过通道、楼梯或站厅换乘</td><td>换乘直接、换乘量大部分客流换乘距离较大</td></tr>
<tr><td rowspan="4">上下层站换乘</td><td rowspan="3">十字形站</td><td>岛岛式</td><td rowspan="2">通过一次上下楼梯和自动扶梯，在站台与站台之间直接换乘</td><td>一点换乘，换乘量小</td></tr>
<tr><td>岛侧式</td><td>两点换乘，换乘量中</td></tr>
<tr><td>侧侧式</td><td></td><td>四点换乘，换乘量大</td></tr>
<tr><td colspan="2">T 形 、L 形换乘</td><td></td><td>相对十字换乘，步行距离长</td></tr>
<tr><td colspan="3">站厅换乘</td><td>通过各线共用站厅换乘，或将各站厅相互连通进行换乘，乘客需各上、下一次楼梯</td><td>客流组织简单，换乘速度快，但引导标志设置重要</td></tr>
<tr><td colspan="3">通道换乘</td><td>通过专用的通道进行换乘</td><td>换乘间接，步行距离长，换乘能力有限，但布置灵活</td></tr>
<tr><td colspan="3">站外换乘</td><td>没有设置专用换乘设施，在付费区以外进行的换乘，乘客需增加一次进出站手续</td><td>步行距离更长，各种客流混合，由线网规划的系统缺陷造成</td></tr>
<tr><td colspan="3">混合换乘</td><td>同站台换乘、结点换乘、站厅换乘以及通道换乘中两种或两种以上方式的组合</td><td>保证所有方向的换乘得以实现</td></tr>
</table>

二、换乘方案选择

不同的换乘方式具有不同的功能特点，并具有各自的优缺点，其使用的条件也不同，针对具体情况采用合适的换乘方式能够极大地提高轨道交通的运输效率和服务水平，提高整个城市的功能水平和内在形象。

换乘方式的选择首先要定换乘点，再定线路与车站位置（包括车站形式），同时选择车站换乘方式，最终进行车站设计时，确定换乘结构形式。这就是三阶段：规划、工程可行性、设计的实施程序。换乘方案选择时要以满足换乘客流功能需要为第一位，除应满足换乘时间短、换乘能力大等基本功能外，还应考虑客流组织、工程实施等因素。

1. 客流组织

换乘站客流特性反映的是客流整体表现出来的特性。换乘站的客流，既有进出站客流，又有换乘客流。换乘站的客流组织，往往是客流组织与地铁运营的重点和难点，具有如下特性：

（1）高集中性。换乘站除具有普通车站的进、出站客流外，还汇集有相交线路甚至全网多座车站之间的交换客流，由此造成换乘站客流集中，往往是普通车站客流量的数倍。

（2）多方向和多路径性。由于进、出站客流，换乘客流具有不同的出行目的、出行方向，即对应不同的出行路径，必然导致存在多股客流的交织，形成多个冲突点。适宜的换乘方式和合理的设施设备布局应有利于减少客流交织，同时需要加强信息引导。

（3）主导性。在换乘站的客流构成中，通常换乘客流占主导，而在某一时段的多种换乘方向中，同样存在主导换乘方向。因此，在车站设计和管理中应突出对主导客流的关注。

（4）方向不均衡性。同一时段、不同换乘方向的客流量会存在较大差异。例如，外围线路与城区线路相接的换乘站，早高峰以进城方向为主，两方向比例可高达几十比一；而在晚高峰则相反。这种方向的不均衡性会影响设施的利用率，因此，当采用通道换乘时，双向组织较单向组织更有利于均衡通道利用；相应地，岛式站台与侧式站台相比，其对客流的调解能力更强。

（5）时间不均衡性。高峰小时客流需求是影响换乘站的系统规模、设施设备能力等关键参数选取的主要依据，因此，对高峰小时系数的把握十分重要。不同区域、不同功能类型的车站高峰系数不同，一般外围区高于中心区，通勤服务类型高于生活服务类型。

（6）短时冲击性。轨道交通客流的到达并非连续均衡，而是随列车的到达呈现脉冲式的分布规律，也就是在短时间内对换乘设施会产生冲击作用。这种冲击作用形成对换乘能力的最大考验，直接承受这种冲击作用的设施往往位于换乘设施的端部。由于短时冲击的存在，使得一批客流到达时，易在设施前形成拥堵和客流排队，当拥堵人数较多时，将会带来较大的安全隐患。

鉴于换乘站客流的特性，在进行换乘设计时，应注意通过调整设施布局、设置导向标志等措施，避免或减少换乘客流与进、出站客流的交叉干扰。例如，采用上下层站台换乘时，除自动扶梯（楼梯）的高差应小一些，通过能力配置应大一些外，还应使换乘客流与出站客流的交叉干扰小一些；采用通道换乘时，通道设计应考虑避免或减少双方向换乘客流的交叉干扰，以及换乘客流与进、出站客流的交叉干扰。

2. 工程实施

缩短换乘时间和提高换乘能力的要求，通常会使换乘设施复杂且施工难度增加。

（1）同站台换乘，两条线路在换乘站相邻区间平行交织。由于线路交叉，需要对线路的曲线、坡道进行特殊处理，工程量相应增加，施工比较复杂，因此需要在线网规划时就统筹考虑。在两线建设分期实施时，为降低施工难度，应将共用换乘站及相邻区间的预留工程处理好。上下层站台换乘，换乘设施布局紧凑，比较容易实现，对线路在区间的走向要求不高。

（2）站厅换乘，两条线路共用站厅收费区。由于上下层站台、自动扶梯（楼梯）布局的不同，换乘设施设计有较多的变化。一般来说，工程量低于同站台换乘、高于通道换乘。在两线建设分期实施时，需要处理好工程预留接口。

（3）通道换乘，两条线路无法共用换乘站时采用，两线车站的相对位置有一定调整余地。通道换乘布置灵活、施工方便，两线分期建设时，预留工程较少。

从降低施工难度、有利分期建设考虑，一般应避免 4 条线路在一个换乘点交汇，同时，应控制上下层次不超过两个站台层。对 3 线换乘站，应尽可能形成 3 个两两相交的换乘节点。

3. 其他考虑因素

其他考虑因素主要由工程投资、施工技术水平、线形是否顺直、地下管线与障碍物、对道路交通影响、轨道交通与其他交通方式的换乘等。为保证换乘设计方案的实现，要求轨道交通线网规划保持稳定、换乘站周边规划用地严格控制。

换乘方案选择是一个多目标函数问题，需要综合考虑线路衔接方式、站位布置形式、站台形式及其组合、换乘时间、换乘能力、工程实施和投资费用等多方面因素。从换乘时间的角度考虑，同站台换乘和十字换乘的换乘时间比较短，但是否适用还需进一步分析。在换乘客流量不大或各个换乘方向的客流比较均衡时，采用同站台换乘并不是最理想的；由于受自动扶梯（楼梯）能力的限制，十字换乘难以适应换乘客流量较大的情形。而对通道换乘，虽然换乘走行距离较长，但若在通道内设置自动人行道则能缩短换乘时间，当然这会引起换乘相关费用的增加。因此，在工程实施具有可行性，其他条件不成为限制因素的前提下，应优先考虑换乘能力能够适应远期换乘客流需求、换乘时间与投资费用相对较少的换乘方案。

任务实施

工作任务一　换乘方式

制作 PPT，复述换乘方式。

工作任务二　换乘方案选择

制作 PPT，复述换乘方案选择。

任务评价

换乘站评价表，见表 1-11。

表 1-11　换乘站评价表

<table>
<tr><td>项目任务</td><td colspan="5">换乘站</td></tr>
<tr><td>班级</td><td></td><td>姓名</td><td></td><td>评价时间</td><td></td></tr>
<tr><td colspan="6">考核内容</td></tr>
<tr><td colspan="2">考核项目</td><td colspan="2">考核标准</td><td>分值</td><td>得分</td></tr>
<tr><td colspan="2">换乘方式</td><td colspan="2">简述换乘方式
简述换乘方案选择</td><td>15</td><td></td></tr>
<tr><td colspan="2" rowspan="2">换乘方案选择</td><td colspan="2">比较优缺点</td><td>10</td><td></td></tr>
<tr><td colspan="2">分类清晰，有依据</td><td>25</td><td></td></tr>
<tr><td colspan="2" rowspan="3">制作内容</td><td colspan="2">制作能清晰展示 PPT 演讲稿</td><td>15</td><td></td></tr>
<tr><td colspan="2">要求类型分析图形准确，文字流畅</td><td>15</td><td></td></tr>
<tr><td colspan="2">做到业务分析熟练、图文并茂</td><td>20</td><td></td></tr>
<tr><td colspan="6">指导教师意见：</td></tr>
<tr><td colspan="6">说明：1. 建议采用四级评分制（如 90% ～ 100%、80% ～ 90%、60% ～ 80%、<60%）。
2. 主要采用小组互评的方式进行评价，教师最后进行参考评分。</td></tr>
</table>

任务四 城市轨道交通枢纽

任务导入

城市轨道交通枢纽是指城市客、货流集散、转运的地方，可以分为城市客运枢纽和城市货运枢纽。城市客运枢纽是乘客集散、转换交通方式和线路的场所。客运交通枢纽的含义很广泛，干道交叉口，公共交通线路的站点站及有多条线路、不同交通方式的换乘地点，都可称为客运交通枢纽。合理规划、设计城市客运枢纽，是改善公交系统、解决出行换乘、提高公交服务和运营效率的重要环节。

知识准备

一、轨道交通枢纽概述

1. 轨道交通枢纽内涵及系统特性

（1）轨道交通枢纽的内涵。“轨道交通枢纽”的界定如下：轨道交通枢纽是城市综合客运交通体系的重要组成部分，是由城市轨道交通和其他若干种客运交通方式所连接的固定设备（固定位置或固定换乘设施）和活动设备组成的整体，共同完成旅客运输的中转和集散服务。它决定着城市轨道交通及与之相衔接的其他客运交通方式所共同组成的客运交通网络相邻路径的运输特点，是连接城市对外客运和市内客运、私人交通和公共交通及公共交通内部转换的重要环节。轨道交通枢纽的基本内涵如下：

①拓扑形式：轨道交通枢纽是轨道交通运输网络上的一个节点，它连通着至少一条轨道交通线路和至少一种其他的客运交通方式，客流要以该节点作为到达地、始发地或中转地。节点的特性反映了城市轨道交通枢纽的交通功能。

②空间形式：轨道交通枢纽依附于城市某一土地开发区域（如城市中心区、商贸区、大型居住区、工业区、卫星城镇等），是一个设施集中，有着多样化的建筑和开放空间的场所区域。

（2）轨道交通枢纽的系统特性。由系统科学理论可知，系统就是由两个或两个以上相互区别又相互联系的要素有机结合起来实现某一特定功能的综合整体。轨道交通枢纽是位于轨道交通线路与其他客运交通方式的交汇处，是实现城市客运过程所必需的各项设备的综合整体，完成居民出行中转和集散服务的功能。从系统和轨道交通枢纽的基本定义角度来看，轨道交通枢纽是一个由多个要素组成的完成特定功能的系统，它不仅具有系统的一般特征，同时，还具有区别于其他系统的特性。

轨道交通枢纽的系统特性表现在以下几个方面：

①功能与目标的统一性。轨道交通枢纽由轨道交通和其他多种客运交通方式的多种运输设备组成。每一种客运交通方式或客运设备在轨道交通枢纽中具有不尽相同的功能和作用，但作为一个系统整体，它们具有统一的功能和目标。轨道交通枢纽的基本功能是完成枢纽内乘客的中转换乘和集散，确保出行全过程的实现和连续性。

②构成和结构的复杂性。轨道交通枢纽连接着多种客运交通方式或多条轨道交通线路，每一种客运交通方式或线路又由为实现其运输过程的多种运输设备按一定布局原则和技术要求统一配置而成。为实现各种客运交通方式或不同线路之间的相互协调。所有客运交通方式和线路的运输设备的布局与配置须统筹安排，由此构成了轨道交通枢纽结构的复杂性。轨道交通枢纽系统具有由多个多级子系统构成的多级递阶的复杂结构。

（3）轨道交通枢纽与其外部环境具有十分密切而复杂的联系，表现在如下几个方面：

①轨道交通枢纽是城市轨道交通系统的子系统。而城市轨道交通属于城市公共交通范畴，因此，轨道交通枢纽以城市轨道交通系统和城市公共交通系统为其外部环境。

②就城市综合客运交通体系而言，它由线系统和点系统两类子系统群构成，轨道交通枢纽属于点系统，以城市综合客运交通体系为其外部环境。

③就某一个具体的轨道交通枢纽而言，它可能衔接了城市对外客运交通枢纽，又以城市对外客运交通系统及其枢纽为其外部环境。

④轨道交通枢纽又是它所依托的城市用地区域系统的一个了系统，以城市区域的社会、经济系统为其外部环境。轨道交通枢纽与其外部环境的关系如图 1–21 所示。

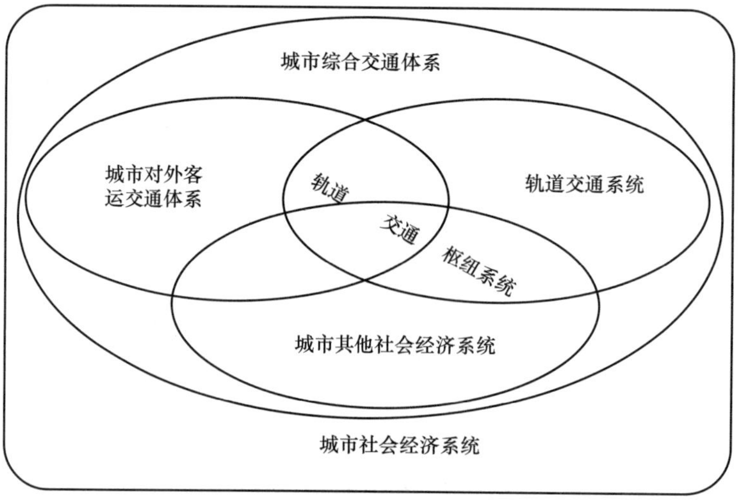

图 1–21　轨道交通枢纽与其外部环境的关系

（4）轨道交通枢纽的各个子系统发展不平衡性和技术差异性。由于枢纽内各种客运交通方式形成过程及发展不尽相同和平衡，各种客运交通方式的运行过程和技术设备配置各有特点，决定了枢纽内各子系统之间存在一定的技术差异性。在具体的分析和规划、实施过程中应以区别对待。

（5）轨道交通枢纽具有一定的自适应性和自组织性。当城市交通运输网络和城市社会经济系统等外部环境发生变化，需要改变和调整轨道交通枢纽的功能及目标时，轨道交通枢纽的自身结构及特征可进行相应的改变。例如，城市客运交通网络个别区段客流负荷过大，从而导致客流本身进行调整，自动寻找负荷较小方向，保证向稳定状态的过渡。

（6）轨 交通枢纽内各子系统之间、要素之间的相互协调具有非常重要的意义。

综上所述，轨道交通枢纽本身是一个复杂的系统，具有诸多系统特性。在进行轨道交通枢纽规划与设计时，必须将其视作一个客观系统对象，结合其特性，运用系统分析的理论与方法进行研究。

2. 轨道交通枢纽的作用和意义

换乘枢纽的建立，使乘客既能安全地换乘，又能迅速地出入车站；同时，将车辆进出换乘枢纽对道路交通的影响减少到最低限度。如果公共交通在道路使用权上的优先是公共交通在“行”方面的优先，换乘枢纽则体现了公共交通在“停”和“换乘”方面的优先。

轨道交通枢纽集中了多种城市客运交通方式，它的基本功能是将一个或几个方向的客运交通方式的客流分送到另一个或几个方向和客运交通方式，同时，为枢纽所在区域的经济发展和居民工作生活提供运输服务。其作用和意义体现在以下几个方面：

（1）不同性质客流转换集散的场所。轨道交通枢纽是轨道交通与其他客运交通方式的汇集点，是大宗客流中转、换乘与集散的场所，是多种客运交通方式衔接和联运的基地。其布局决定了不同客运方式之间联运转换点的分布，因而，对大宗客流的运输路径、运输效率、转运速度有着决定性的影响，在城市居民生活工作出行全过程中起着重要的作用。同时，轨道交通枢纽是城市公共交通在运营上最重要的依托点，它对周围地区产生强大的吸引力，必将吸引更多的客流，有利于轨道交通运输效益的发挥。轨道交通枢纽内各种客流的转换方向如图 1–22 所示。

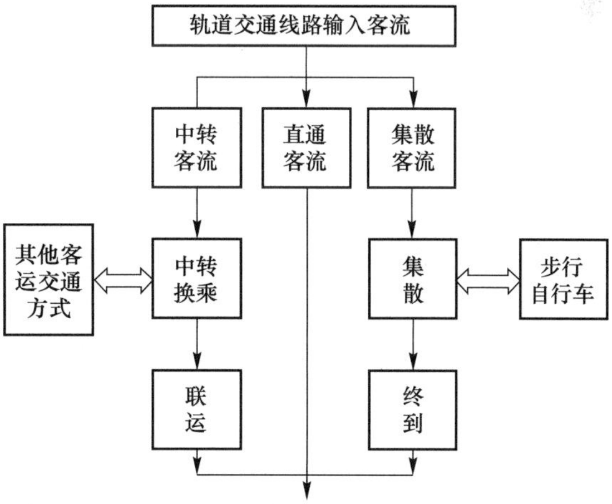

图 1–22　轨道交通枢纽内各种客流的转换方向

（2）城市客运整体化的关键。整体化是城市客运交通的发展趋势。整体化的客运系统是一种多模式、多层次、主体化、综合性的城市公共客运交通系统。其主要由大运量交通（高速铁路、市郊铁路、地铁）、中运量交通（轻轨、有轨电车、无轨电车、公共汽车）、小运量交通（小公共汽车、出租汽车）组成。整体化的公交系统想要在运能上适应不同层次客运的需要，就必须以合理的轨道交通枢纽为中介，使高、中、低速，大、中、小运量交通方式在时空上互相搭配。整体化客运系统在运营上的统一调度，运行时间的统一编排，衔接换乘的高效率，也必须在轨道交通枢纽这个重要环节上才能得以完成。总之，各种交通方式衔接密切、换乘方便，是产生客运交通整体效应的前提条件，综合换乘是城市客运整体化的关键。

（3）城市公共交通优先发展战略的保障。公交优先的内容主要表现在交通工程、交通政策和经济政策三个方面。在交通工程方面，主要是为公共交通设计优先通行和换乘方便的相关道路设施。只有确保城市轨道交通枢纽与周围线网衔接的顺畅性、舒适性才能提高整个公共交通系统的服务水平，真正实现公共交通优先发展战略。

（4）优化城市布局的重要途径。交通可达性是影响城市空间布局的重要因素。各种不同的交通方式，形成具有各自特点的区位可达性分布，对应着一定的空间分布形态。如果不同交通方式之间缺乏应有的衔接，各自区位可达性的简单叠合不仅不能提高，反而有可能因相互影响而降低。轨道交通速度快、运量大的特点能够显著提高沿线特别是车站附近用地的可达性，轨道交通枢纽通过协调轨道交通与其他各种客运方式之间的关系，可以使各种客运方式的区位可达性得以相互补充，使城市交通可达性普遍提高。同时，也使各区位之间的交通可达性差异缩小，使人口分布趋于均衡，由此带动我国传统的核心城市的疏解，并且激活城市外围用地，促进土地的集约开发，诱导城市人口和就业的重新分布，促进城市空间形态的优化。

（5）控制居民出行时耗的重要手段。城市轨道交通速度快，能够缩短居民出行的在途时间，但是需要其他客运方式的衔接和接运。如果在城市中设置若干个接近区域开发中心的轨道交通换乘枢纽站，就可以成为最好的组织城市居民出行活动的地方。居民只要到达某几个换乘枢纽站后，就能通过换乘，利用轨道交通或其他的直达车或大站快车方便地到达全市其他各地，从而缩短乘客的出行时耗。这样，大城市的用地虽不断扩大，居民的出行时耗仍能被控制在许可的范围内。

（6）促进城市经济发展的重要因素。轨道交通枢纽站也是车流经过最频繁、人流活动最集中的地方，在其附近设置居住区、商业区或城市的副中心，可促使该地区的房地产业大为增值，金融贸易得到很大发展。例如，随着上海市地铁 1 号线的开通运行，1993—1994 年，梅垅、田林和康健地铁口附近地区房价涨幅在 150％以上，远远超过上海市区的平均涨幅。

二、城市轨道交通枢纽规划设计

轨道交通的客流量一般比较大，特别是在客流高峰期，需要足够运能的其他交通进行接运。若与其他交通的设计衔接不合理等，都将难以满足轨道交通客流的需要。

轨道交通枢纽是城市道线网、城市轨道网及常规公交网、交通控制与管理系统等多重网络系统重叠下，城市居民出行活动在土地使用上的集中体现。

1. 轨道交通枢纽规划设计的影响因素

（1）城市居民出行的目的。城市居民出行目的的不同决定了轨道交通枢纽换乘功能存在的必要性，尤其是在使用公共交通的出行中，出行目的各不同决定了乘客对轨道交通服务的特定换乘要求。轨道交通运营的特点也决定了线路之间不可避免的要求设置换乘站，并需要其他客运方式为其集结和疏散客流。因此，换乘和衔接的需要是轨道交通区别于其他客运方式特别是私人交通方式的一个重要特征，也是其他方式客流向其转换的必要手段。

（2）城市各种交通网络的容量。不同的城市规模和职能，有着不同的对外交通和市内交通网络的容量，城市结构又影响着整个交通网络，特别是轨道网络的结构，这两者决定了城市整个换乘系统的负荷和分流形式，从而决定了作为换乘系统节点的轨道枢纽的容量和它们所负担的换乘量是否匹配，以及其功能是否能够有效发挥。

（3）土地使用性质和道路条件。土地使用性质不同导致居民点、就业岗位不同和交通产生点、吸引点分布不同，对枢纽的最初形式和布局起着决定性的作用；城市道路决定了人流和其他客运方式交通工具的经由，从而影响了轨道枢纽的设施布局，并限定了枢纽外围的交通条件，决定了枢纽内部的交通组织和外部联系能否正常运行。

（4）枢纽内相衔接的客运方式。各种客运方式由于运输能力和适宜的运输距离不同，有其各自不同的适用范围。如何衔接好各种客运方式，适应城市不同分区的交通需求，充分发挥各方式的适应性，决定了轨道枢纽的设计原则和目标，也决定了其建筑形式和规模的确定。

（5）轨道枢纽的集散客流量和换乘客流量。枢纽集散和换乘客流量的大小是确定枢纽设施规模及其优化配置的基本依据。换乘客流的流向决定了枢纽内部交通流线组织设计的模式。

（6）换乘步行距离和时间。换乘步行距离和时间主要由枢纽的空间布局决定，它对乘客的出行心理及选择换乘方式具有重要的影响，是衡量换乘连续性、通畅性、枢纽规划紧凑性的第一指标。

（7）商业战略。在轨道枢纽规划建设的同时，进行商业开发，有利于回收资金提高经济效益，但对其开发的性质、规模应具体分析、严格控制。因为商业服务必然引起人流停滞，并吸引更多的人流，从而可能影响枢纽换乘功能的发挥，因此，要做好必要的客流预测和规划。

2. 轨道交通枢纽的规划原则与内容

（1）规划原则。城市轨道交通系统枢纽规划设计应遵循以下原则：

①网络化的原则。城市轨道交通枢纽不是独立存在的，它的正常运转依靠周边的城市交通网络的支持，两者之间是相互制约的互动关系。在设计一座城市轨道交通枢纽时，应该对该区域的交通状况及发展有一个全面、系统的认识，并以此为基础对枢纽进行合理的功能定位。在枢纽和城市道路的接口处往往会出现“瓶颈现

象”，而某一点的矛盾将殃及整个枢纽正常功能的发挥。

由此可以看出，单独去搞好某一个建筑的单体设计，其生命力是十分有限的，只有建立起一个系统的交通网络的概念，才是搞好城市轨道交通枢纽设计的前提和基础。

②城市化的原则。城市轨道交通枢纽是解决城市交通问题的建筑，但在其发挥交通运输功能的同时，往往对城市的整体结构和城市空间的完整性及连续性产生一定的负面影响。因此，在城市轨道交通枢纽（所有类似的交通建筑）的设计中必须引入城市化设计的观念，不能让城市活动终止于建筑之外，而应该渗透于建筑之中，使城市轨道交通枢纽成为城市的一个有机的组成部分。

③发展的原则。任何建筑都会随着实际需求的变化而改变自身的功能定位，城市轨道交通枢纽建筑尤其如此。“交通”本身就是一个动态的概念，它是随着社会的发展而变化的。作为城市交通体系中一个有机的组成部分，一座城市轨道交通枢纽必须具备对这种变化的适应能力。同时，随着商业文化的冲击，城市轨道交通枢纽建筑也不可能是单纯的交通建筑，它必然是适应市场需求的集诸多城市内容于一身的综合体。

④环保的原则。在城市轨道交通枢纽之中容纳的不光是人，还有公交车、出租车、地铁等交通工具。这些交通工具所产生的噪声、震动、废气等对城市环境和建筑的空间质量有严重的负面影响，这些都是设计中需要重点解决的问题。同时，城市轨道交通枢纽作为一种对城市发展有着重要影响的建筑形式，其环保的意义远不局限于一座建筑的范畴。只有建立起一套环保的交通体系，才可能产生环保的城市轨道交通枢纽建筑。

⑤人性化的原则。建筑的发展从始至终都贯穿对人性的理解与思考。前面 4 项设计原则归根结底体现于“以人为本”的设计理念，人性化的设计原则是城市轨道交通枢纽设计的根本原则。城市轨道交通枢纽是人使用的建筑，而非交通工具的建筑，因而，建筑的空间也必须是人性化的空间。要将“以人为本”的设计理念落实在实践之中，就需要切实地分析和掌握人在城市轨道交通枢纽中的活动规律，并将它体现在城市轨道交通枢纽设计的各环节之中。

（2）轨道交通枢纽规划设计的主要内容和工作程序。

①轨道交通枢纽规划设计的主要内容。

a．进行轨道枢纽集散客流量和换乘分布客流量的预测；

b．根据枢纽所在用地区域土地的开发性质、集散客流量的大小及相衔接的客运方式种类和线路数等因素确定轨道枢纽的规模和等级；

c．建立先进的规划设计理念；

d．枢纽内各种设施资源的需求分析和优化配置；

e．轨道线路之间换乘布局模式的选择；

f．轨道交通与对外客运方式的衔接规划设计；

g．轨道交通的接运系统规划设计；

h．轨道枢纽内的交通组织设计与服务水平评估。

②枢纽规划设计的工作程序如图 1–23 所示。

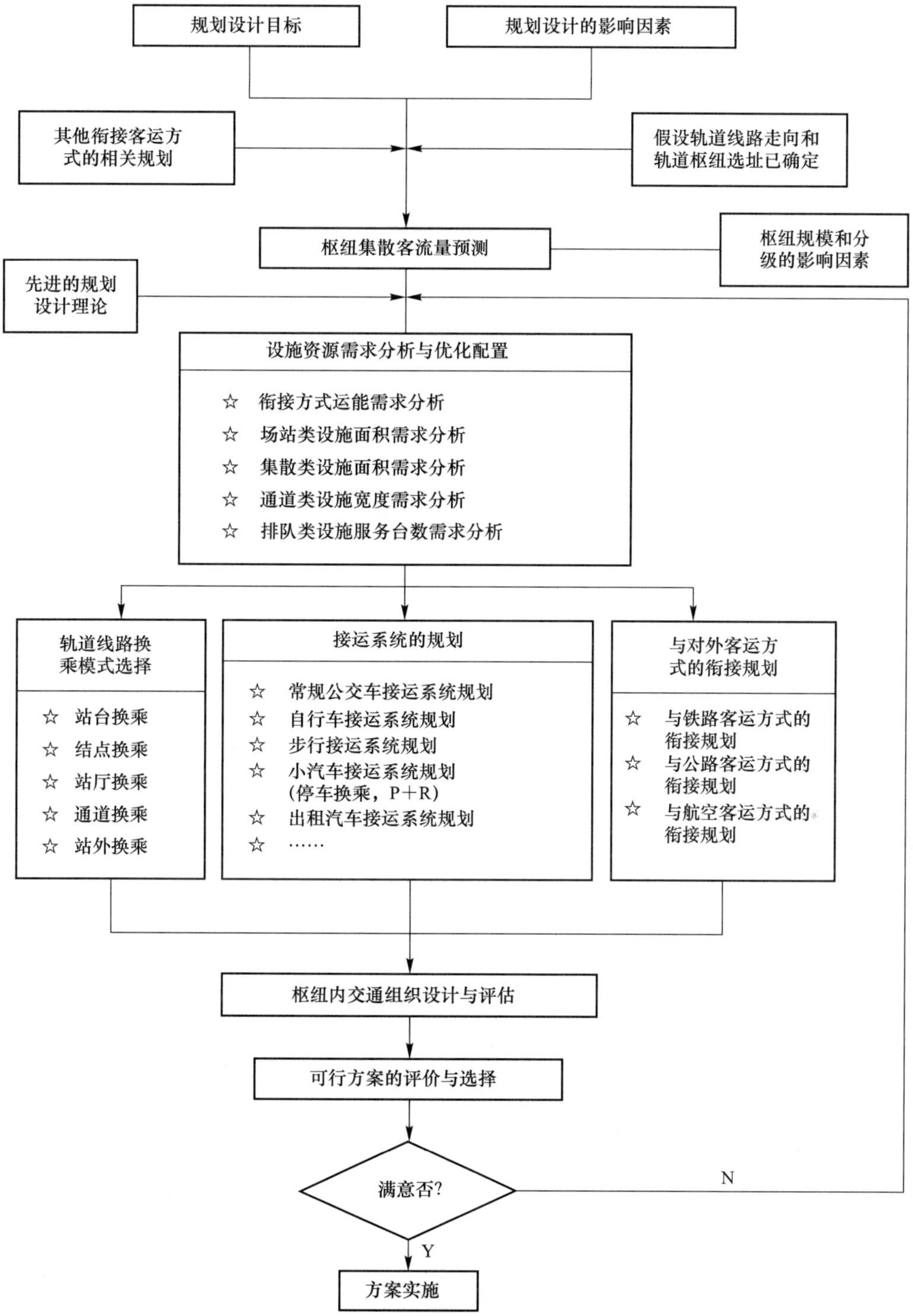

图 1-23　枢纽规划设计的工作流程

三、城市轨道交通枢纽交通方式衔接

轨道交通枢纽集多种交通方式于一体，做好轨道交通与其他交通方式的良好衔接工作是构筑一体化的客运集散中心的关键。

1. 轨道交通与对外交通方式的衔接

轨道交通与对外交通方式的衔接是指轨道交通与铁路、航空、公路等的换乘。轨道交通线路延伸至城市对外交通的车站或港区，轨道交通车站与铁路客站、机场、机场、长途汽车站、港口等形成换乘枢纽，充分发挥轨道交通的大运量、快速集散乘客的功能，完成接运换乘。轨道交通与对外交通的协调衔接对推进城市大公交一体化、发展综合交通运输、提高城市交通的整体效益，以及各类客运方式之间的换乘效率和通达性、从根本上改善市区交通拥挤具有重要的现实意义。

（1）与铁路客运的衔接。轨道交通与铁路客运的衔接规划内容主要包括轨道交通线网与市郊铁路线的衔接及轨道车站与铁路客运站的衔接布局两部分。

①轨道交通线网与市郊铁路线的衔接。城市轨道交通与市郊铁路是两个不同层次的轨道交通系统，市郊铁路具有站距大、速度快、运量大的特点，是连接中心城市与卫星城或郊区重镇的地区性交通工具，是城市轨道交通的外延和补充。由于城市轨道交通和市郊铁路属于不同性质的轨道交通系统，其服务对象和区域都不同，所以在线网布置上，要有所侧重。

轨道交通线网与市郊铁路线的衔接主要有以下两种方式：

a．市郊铁路深入市区，在市区内形成贯通线向外辐射，在市区内设若干站点与城市轨道交通衔接，如巴黎 A、B、C 线等。

b．利用原有铁路开行市郊列车，市郊列车一般不深入市区，起点、终点设在市区边缘，在起点、终点车站上与城市轨道交通进行换乘衔接。我国大部分城市的市郊列车属于此种情形。

以上两种做法各有利弊，取决于城市的发展和经济实力。一般来说，第一种做法，对市区居民出行和换乘比较方便，但投资较大；第二种做法，完全利用既有铁路，投资小，但要处理好在车站的衔接换乘关系。

②轨道车站与铁路客运站的衔接布局模式。地面铁路车站往往是一座城市的门户，它一般具有历史悠久、周围各种设施齐全、客流聚集量较大、进一步开发的空间有限等特点。城市轨道交通与地面铁路衔接时，要充分考虑到这一特点进行总体规划设计，一般有以下几种做法：

a．在既有火车站站前广场地下单独建设城市轨道交通车站，利用出入口通道与铁路车站衔接，这是目前国内普遍的一种做法。根据线路走向可分为两种形式：一种是城市轨道交通车站与地面铁路车站平行布置，如目前北京火车北站；另一种是两车站交叉布置，即城市轨道交通车站与地面铁路车站正交或斜交，线路穿越铁路站场。一般来说，前一种形式有利于与既有的火车站衔接；后一种形式为线路的延伸创造了更好的条件。以上两种形式的优点是利用了火车站站前广场空间，明挖施工时不造成大规模的拆迁和改造，相对施工难度较小，但也要充分注意到施工期对车站客流的影响，在客流聚集比较大、广场规模容量有限时，要考虑分流措施。这两种形式的客流换乘条件一般，规划设计时要尽可能使城市轨道交通车站及进、出站通道靠近地面铁路出入口，有条件时应设独立通道进行换乘。

b．在地面或高架修建城市轨道交通车站，进行客流的统一组织规划。城市轨道交通车站设于地面或高架时，一般会对火车站周围环境造成比较大的影响，在既有铁路车站处设置时，不仅会带来较大的拆迁，其换乘客流也不宜组织，应慎重对待。在火车站周围单独修建城市轨道交通地面或高架车站时，必须考虑景观问题，其通常的方法是将轨道交通车站置于地面铁路车站一侧或在广场前道路上与地面铁路车站平行布置，换乘客流一般通过地面或天桥疏散后进入地面铁路车站。

c．在新建或改建的火车站中，将城市轨道交通车站统一考虑，形成综合性交通建筑，方便乘客换乘。这种方法是最好的一种客流衔接换乘方法，目前在我国新建的铁路车站中已逐步被采用。如北京西客站，将整个地铁车站设于铁路站房下进行合建，地下一层为综合换乘大厅，地面铁路客流可直接通过换乘厅进入地铁车站，对乘客十分方便。在进行这种建筑规划设计时，最佳方式是实现两种交通方式在站台的直接换乘，但目前由于体制、票制等原因，还难以做到这一点。

轨道交通车站与铁路客运站的衔接主要有以下四种布局模式：

a．在铁路客运站的站前广场地下单独修建轨道交通车站，站厅通道的出入口直接设置在站前广场，再通过站前广场与客运站衔接。这是目前国内最普遍的一种做法，如上海地铁 2 号线一期终点龙东路站（地下 1 层站台层、地面站厅），通过站前广场与浦东铁路客运站（规划中）候车大厅进行换乘，如图 1–24 所示。

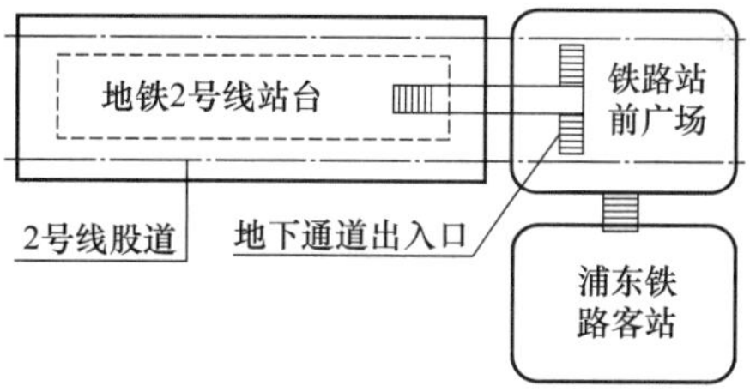

图 1–24　地铁 2 号线与浦东客站衔接示意

b．轨道车站的出口通道直接通到客运站的站厅层，乘客出站后就能进入客运站的候车室或售票室。广州地铁 1 号线与广州东站的衔接采用这种模式。

c．由轨道车站的站厅层直接引出通道至铁路客运站的月台下，并通过楼梯或自动扶梯与各月台相连，乘客可以通过此通道在轨道交通与铁路客运之间直接换乘，只是换乘步行距离较长。如上海地铁1号线（地下两层）与铁路新客站的衔接就采用此种模式，如图 1–25 所示。此种模式适合于同步实施。

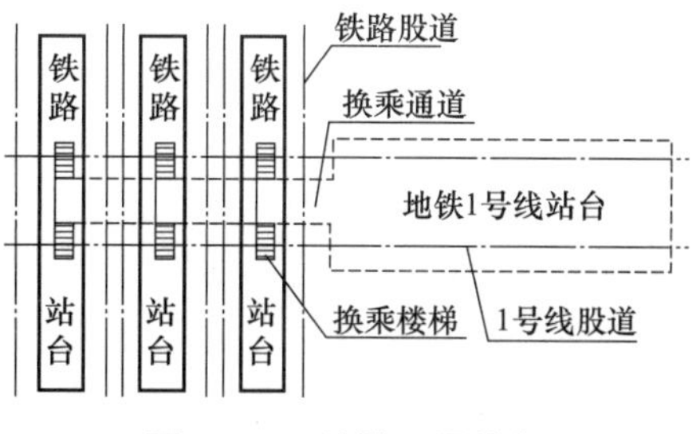

图 1–25　地铁 1 号线与新客站衔接示意

d．轨道交通与铁路客运联合设站，对换乘乘客来说，这是最好的衔接布局模式。这种模式根据两者站台的设置方式又可分为两种情形：

一种情形是两者的站台平行地设置在同一平面内，再通过设置在另一层的共用站厅或者连接两者站台的通道进行换乘；另一种情形是轨道车站直接修建在铁路客运站的站台或站房下，乘客通过轨道车站的站厅就能在两者之间换乘，北京西客站与轨道车站的衔接采用这种情形。联合设站的最佳衔接方式是实现两种客运方式同站台换乘，但需在管理体制、票制等方面做出很大的改进。

（2）与航空客运的衔接。由于使用航空客运方式的旅客对进出机场区的交通方式要求较高，大量以商务出行为目的的旅客更倾向于采用速度和自由度较高的交通工具，而较少考虑出行成本，通常主要以出租车和私车接送。但随着机场区的综合开发和航空客运量的增大，这种衔接方式将有所改变，公共交通的衔接变得越来越重要，尤其是客运量大的机场，轨道交通已成为其主要衔接方式。

轨道交通与航空客运衔接规划的主要内容是轨道车站与航站的衔接布局。布局的首要原则是应尽量提高航空出行乘客的市内出行速度，减少两者衔接换乘的时间，保证整个出行过程的连续性。其布局模式主要有以下三种：

①轨道车站位于机场范围以外，在航站和车站之间提供固定的公交服务。如美国波士顿洛根国际机场，高速运输系统（MBTA）在机场外设站，由航站内公共汽车与之衔接。这种模式除非有非常好的连续性，否则是难以产生足够的吸引力。

②轨道车站与机场航站楼接近，再通过专用换乘通道设施衔接。这种类型最为常见，如阿姆斯特丹的斯契福尔机场、日本大阪的关西机场。

③轨道车站直接与航站楼相结合，乘客通过设置在站台上的楼梯或自动扶梯就可进入航站楼。如美国亚特兰大国际机场的 MARTA 轻轨站，直接穿入航站建筑，使得旅客能够迅速接近机场。又如东京成田机场，京成线快速列车直接到达航站楼，并在航站楼地层设置车站，从航站楼的一层出入口通过分布在多处的自动扶梯即可直达。在有足够的室内疏散空间的情况下，采取第三种模式最为有利。如果采用第二种模式，要为步行进出航站提供自动步道，保证整个过程的连续性。

（3）与公路客运的衔接。轨道交通与公路客运衔接规划的主要内容是轨道车站与公路客运站的衔接布局。相对于铁路客运站来说，公路客运站的集散客流量较小，疏散其集结的客流已不是轨道交通与公路客运衔接的主要功能，进行两者衔接布局的主要目的如下：

①通过两者的协调衔接实现城市与区域的便利连接，满足经济发展对公路运输的需求，提高公路客运出行乘客的整体出行速度。

②通过两者的协调衔接实现“截流”，即将大量的外来交通流和过境交通流拦截在城市边缘区，减少外来交通对城市内部交通的干扰。

③通过两者的协调衔接并辅之以轨道交通与常规公交换乘的合理布局，替代公路客运站与市内出行目的地之间以常规公交线路的多重连接，解决由于常规公交线路重叠带来的公路客运站周边道路的交通拥挤问题。

轨道车站与公路客运站的衔接布局首先应保证两种客运方式之间换乘的通达性，避免轨道车站和公路客运站分别位于城市快速路或主干路的两侧，否则必须为之设置跨主干路或快速路的专用换乘通道设施。其主要布局模式有以下三种：

①轨道车站与公路客运站之间有一定的距离，两者之间没有设置专用的换乘设施，乘客利用城市中的一般步道设施和过街设施进行换乘。这种布局模式乘客换乘相当困难，尤其是轨道车站与公路客运站位于城市干道两侧时，换乘的通达性和安全性都很差。目前，我国城市轨道车站与公路客运站的衔接大部分都采用这种模式，如广州市地铁 1 号线坑口站与芳村客运站的衔接，两者虽然近在咫尺，但由于有花地大道的横隔，换乘相当困难。

②轨道车站与公路客运站之间采用专用的换乘通道设施衔接。如广州市地铁

1 号线坑口站与芳村客运站的衔接改善方案就采用这种模式，一条跨过花地大道的人行天桥直接将轨道车站的出口和客运站的客流集散广场连接起来。

③轨道车站的出口通道直接通至客运站的客流集散广场、售票室、候车室或上车站台处。这是最佳的衔接布局模式，但在国内尚未见到。

2. 轨道交通与其接运系统的衔接

轨道交通与接运系统的协调主要是以大运量的轨道交通为主体，以其他市内客运方式为其馈送和疏散客流。做好轨道交通与其接运系统的衔接工作，能保证现有轨道线路客流，充分发挥轨道交通的运输潜能。目前，与轨道交通接运的市内客运方式主要有步行、常规公交、自行车、小汽车等。

接运系统规划的主要目的是提高轨道交通的可及性和服务面积，保证轨道线路的客流，充分发挥其运输潜能；促进城市其他客运方式与之配合，改善居民的出行条件和缩短居民的出行时间，提高城市公共交通的服务水平。提高城市综合客运系统的运输效率，改变目前轨道交通与其他客运方式之间客流的恶性竞争，改进常规公交和轨道交通系统运营的财政状况。

轨道交通客流可分为直接吸引客流和间接吸引客流。直接吸引客流是指通过步行方式直接接运轨道交通的客流；间接吸引客流则是指通过其他非步行交通方式与轨道交通换乘的客流。轨道交通与接运交通方式的衔接规划要在合理的接运吸引范围进行，不同接运方式的吸引范围不同，其中步行接运范围为 500 m，自行车接运范围为 3 km，公交车、出租车、小汽车接运范围超过 3 km，如图 1–26 所示。

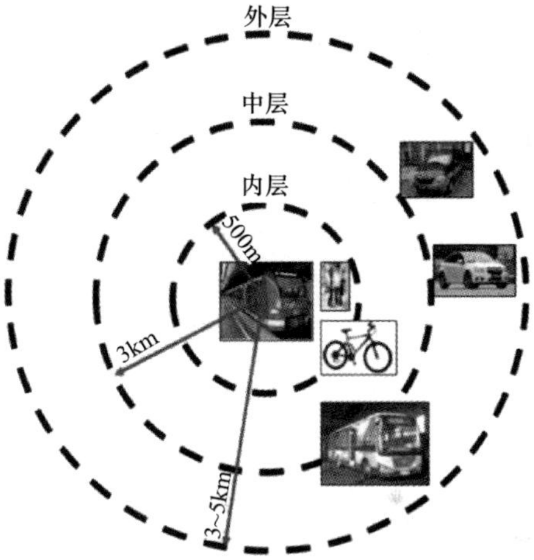

图 1–26　轨道交通与其接运交通方式的接运范围

（1）轨道交通与步行交通的衔接。步行交通是轨道交通最主要的接运方式，只有通过步行的接驳，轨道交通这种定时、定线、定站点的公共客运系统才能完成乘客“门到门”的服务。两者衔接规划布局的内容主要包括轨道枢纽合理步行区内的人行步道系统、过街设施和人车分离设施的规划设计、导向指示标志设置及步行线路组织设计等。轨道枢纽的建设会改变其合理步行区内的土地利用性质，大大提高其开发强度，特别是位于中心区的枢纽，周围云集了商业娱乐中心、写字楼等公共建筑。在这种开发强度高、人流量大的地域，应按照“以人为本”的基本指导思想，建立起以枢纽为中心，以独立人行步道为主干，具有良好导向标志的城市公共空间体系。这种城市公共空间体系意味着枢纽周围的人行设施不再仅仅是单一要素（如独立设置的过街天桥或地下通道）的布置，而是要构成彼此连续的线形关系，采取“并联”和“串联”的方法，将枢纽与周围的公共建筑紧密地结合起来，从而形成包容枢纽流动人群相关活动的便捷的、富有生气的立体空间网络，实现枢纽步行交通流的“不停顿流动”。同时为了保证出行者的安全，枢纽周边行人过街横道线和中央安全岛、人车分离设施及导向指示标志系统的设置也应纳入该公共空间体系的设计。

（2）轨道交通与常规公交的衔接。常规公交具有较大的弹性，更改线路和站点比较容易，接运能力又相对于其他个体化的交通方式大，因此，其是轨道交通最合适的接运方式。轨道交通与常规公交的衔接布局是指连接轨道车站的常规公交线网布局、车辆配备、运营组织，以及车站附近常规公交换乘站场布局等综合特征。两者衔接的内涵主要体现在常规公交线网和换乘站场的布局模式两个方面。

①与常规公交线网的衔接。城市轨道交通线路与常规公交线网的关系应定位为主干与支流的关系。城市轨道交通以解决城市主要客流走廊、主要干道的中远距离客流为主，平均运距一般为 6 ～ 10 km，这样可以发挥其大运量、快速、准时、舒适的系统特征。常规公交运能低，但机动灵活，是解决中、短途交通的主力，应更多地考虑其网络覆盖范围，为区内出行提供方便条件。协调地面公交与轨道交通方式的一般做法如下：

a．在轨道交通沿线取消大的重合段长的地面常规公共交通线路，将其改设置在轨道交通线服务半径以外的地区。

b．将轨道交通线路两端的地面常规公共交通线路的终点尽可能地汇集在轨道交通终点，组成换乘站。

c．改变地面常规公共交通线路，尽量做到与轨道交通车站交汇，以方便换乘。

d．在局部客流大的轨道交通线的某一段上，保留一部分公共汽车线，起分流作用，但重叠长度不宜超过 4 km。

e．增设以轨道交通车站为起点的地面常规公交线路，以接运轨道交通乘客。

②与常规公交车站衔接布局。轨道车站与常规公交车站的衔接布局应遵循以下原则：

a．当常规公交车辆从主要干道进出换乘枢纽时，应尽可能地提供公交优先通行的专用道、专用标志或专用信号相位，以减少其进出换乘站的时间延误。

b．常规公交停靠站和站台的数量，应由接运的线路条数、车辆配备数量、换乘候车所需时间、车辆停靠所需空间决定，并应为将来线路发展留有余地。

c．应尽可能采用地下通道或人行天桥连接轨道车站集散大厅和常规公交站台，使人流、车流在不同层面上流动，互不干扰。地道和天桥的布置应有利于换乘客流沿站台均匀分布并符合换乘客流强度要求。

d．应有清晰的换乘线路信息、明确的流向组织、畅通的换乘通道及必要数量的遮挡设施，且布置紧凑，尽量缩短换乘线路长度，以减少换乘步行时间。

轨道车站与公交场站有以下四种衔接模式：

a．常规公交车辆直接在道路旁边停靠，利用地下通道与轨道车站站厅或站台直接相连，如图 1–27 所示。

b．常规公交与轨道交通处于同一平面，常规公交停靠站和轨道车站的站台合用，并用地下通道联系两个侧式站台，如图 1–28 所示。该形式确保有一个方向换乘条件很好，而且步行距离很短。

c．轨道交通与常规公交处于同一平面，通过某一路径。使常规公交车辆到达站和轨道交通出发站同处一侧站台，而常规公交车辆出发站与轨道交通到达站同处另一侧站台，如图 1–29 所示。该形式使轨道交通与常规公交共用站台，两个方向都有很好的换乘条件。

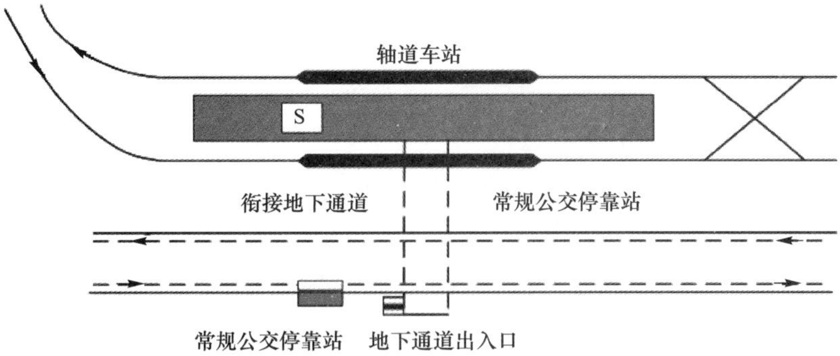

图 1-27　常规公交场站衔接分散布局模式（一）

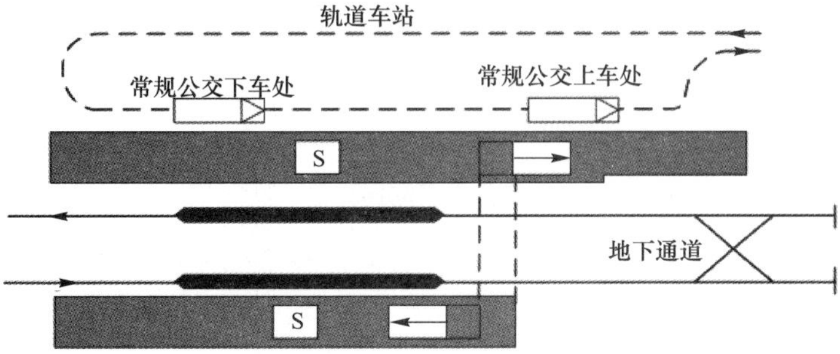

图 1-28　常规公交场站衔接分散布局模式之（二）

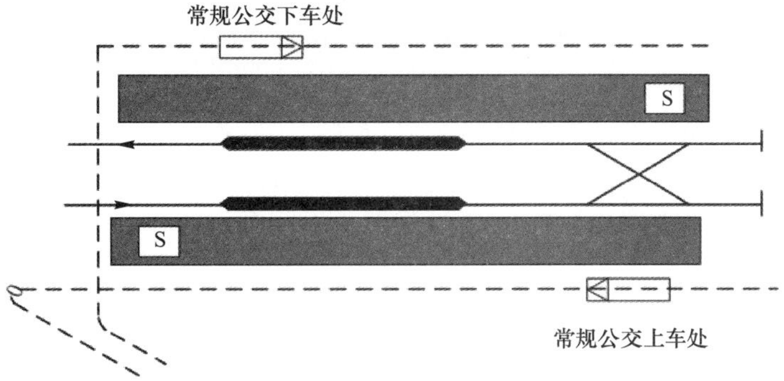

图 1-29　常规公交场站衔接分散布局模式（三）

d．集中布局模式：在繁忙的轨道车站，衔接的公交线路较多，采用上述三种分散的沿线停靠模式会因停靠站空间不足而造成拥挤，同时给周边道路交通带来阻塞。为解决以上问题，可采用集中布局模式，如图 1-30 所示。形成路外有多个站台集中在一起的换乘枢纽。为避免客流进出站对车流造成干扰，每个站台均以地下通道或人行天桥与轨道车站站厅相连。

（3）与自行车的衔接。自行车与轨道交通衔接布局规划的主要内容包括自行车衔接停车场的规划布局及轨道枢纽自行车合理交通区内行驶线路的组织设计。在进行自行车与轨道交通的衔接布局时应遵循以下原则：

①自行车的停车场地应结合车站出入口周围的用地和建筑物情况进行设置。该衔接换乘方式比较适合于城市外围区或居住区内的轨道枢纽，对于市区尤其是中心区的枢纽，由于路面空间和停放空间的不足，而不宜采用或者考虑利用地下空间设置停车场。

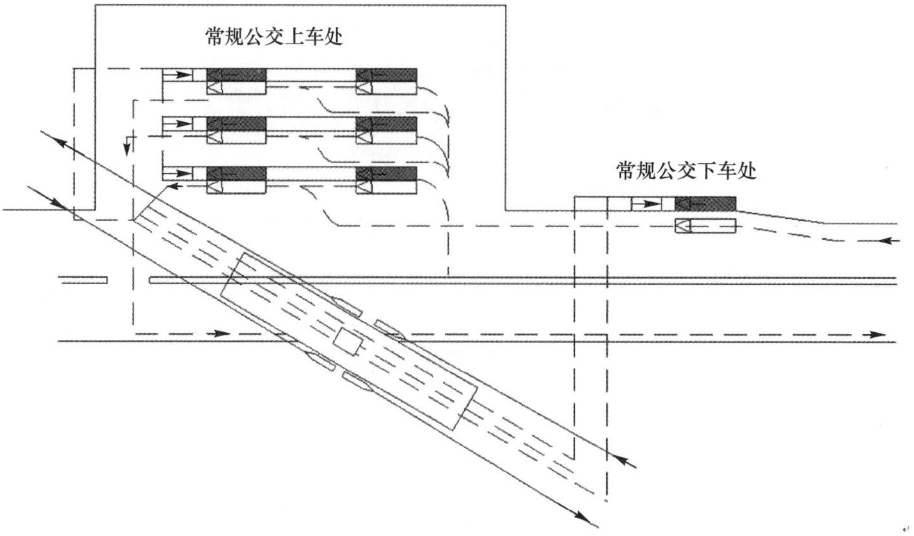

图 1–30 常规公交场站衔接集中布局模式

②采用该衔接换乘方式的枢纽，为了避免自行车的停放占用有限的城市道路空间和对行人交通、机动车交通产生影响，必须提供足够数量的自行车专用停车位。

③对于自行车换乘量较大的轨道枢纽应设置集中专用的路外停车场，且不宜相距太远，两者之间也应设有专用的衔接换乘通道。对于换乘量较小的枢纽可以采用分散停放的方式，但停放场地不宜过分地靠近车站集散大厅的出入口，以免自行车的停放影响乘客进出车站。

④停车场内必须设置必要数量的支架和遮挡设施，并安排专人管理，收费力求低或者免费。

⑤发挥自行车近距离出行的优势，控制或限制其远程出行的比重。在自行车合理交通区内组织好自行车的行驶路线，将它从主、次干道上分离出来，构成非机动车专用道系统，减少自行车对干道交通的影响，并为自行车出行乘客提供方便、安全、舒适的换乘环境。

对高架车站，可在高架结构下的地面层设置自行车停车点；对地下和地面车站，在出入口附近设置自行车停放场地。自行车停车点的规模取决于采用自行车方式换乘轨道交通的客流大小。

（4）私人小汽车的衔接。经济发展导致私人小汽车的保有量逐年增加，这将导致本就拥堵的市区更加拥堵。为减少私人汽车进入市中心，设置公共停车场、提供“停车＋换乘”（Parkand Ride，P&R）的服务十分必要。这种换乘方式在小汽车拥有率较高的国家非常普遍，即由居住点开车前往大容量轨道交通车站，再利用轨道交通前往目的地。为了满足停车换乘（开车接送）的需要，吸引居民出行由私人交通方式向公共交通方式的转变，有必要进行轨道交通停车换乘方式的衔接布局规划，其主要内容包括 P&R 停车场的规划布局与周边道路的交通组织规划设计，并必须遵循以下规划设计原则：

①轨道交通的停车换乘方式比较适合位于城市周边地区和高档居住小区的轨道枢纽；而位于中心城区的轨道枢纽，由于用地紧张，难以设置规模适当的停车场，加之

车辆进出停车场会对本已拥挤不堪的道路交通带来更大的影响，因此建议不宜采用。

②采用停车换乘方式的轨道枢纽必须提供足够规模的停车设施，停车面积的大小必须满足停车换乘的需求量。

③停车设施应力求靠近轨道车站，并与车站集散大厅之间设置规模适合的专用衔接换乘通道，避免停车换乘乘客穿越城市道路以及与其他人流混杂，以免给换乘造成不便。

④应建立适合的停车场收费政策和管理措施，停车换乘收费力求低，并对高峰时间内进入中心区的车辆收取交通拥挤费等措施，均有利于鼓励和推行“停车＋换乘”出行方式。

⑤为力求减少停车场的建造对周边用地和道路交通以及其他客运方式所造成的不良影响，必须进行车辆行驶线路的组织设计，并设置明确的行车线路指示标志。

⑥为方便车辆进出停车场，宜对周边道路的瓶颈路段和交叉口采取一些增容措施，减少乘客出行过程中的延误，缩短出行时间。

四、案例学习——成都市停车换乘枢纽运营方案

成都市停车换乘枢纽运营方案包括建设投资、运营管理与收费定价原则三个方面。

1. 成都市停车换乘枢纽建设投资

建设停车换乘枢纽所需的资金非常大，从英国温切斯特市的停车换乘停车场提案可知一个能提供 800 个泊位的停车换乘项目在当地耗资约 450 万英镑，在国内目前实施的停车换乘设施投资建设的资金规模也是非常大。所以，停车换乘枢纽的建设投资模式呈多样化，但仍以政府投资为主。一般有以下 3 种投资模式：

（1）完全由政府投资建设停车换乘枢纽，大部分的停车换乘设施都是政府财政预算支持的；

（2）政府资金为主，市场化资金为辅 ，参与投资建设的公司拥有部分利润分成或享有优先权在停车换乘设施所属区域进行商业开发；

（3）完全市场化，可以积极探索 BOT 等投资模式建设停车换乘设施，投资建设停车换乘枢纽的公司能独家在停车换乘设施所属核心区域进行商业开发。根据成都市的具体情况，建议采用第三种 BOT 投资模式建设停车换乘设施，引入市场资金，实现停车换乘设施的良性可持续发展。

2. 成都市停车换乘枢纽运营管理

停车换乘的经营主体以往大多为公共交通运营公司，如轨道、地面公共交通或城铁公司，现在应逐步向私人资本或非国有运输类或相关企业放开市场。

运营模式虽多样化，但均接受政府统一管理，一般有以下 3 种模式：

（1）政府投资建设的停车换乘停车场，由政府直属的国有公司统一管理运营。政府的行政行为通过企业化运作转换为市场行为。但一般均辅以财政性补贴运营或奖励优惠政策。由此衍生出管理承包和服务承包两种承包模式。管理承包即将停车

换乘设施的整体职能移交给专业化的管理承包商，政府规范和监督承包合同的签订和执行；服务承包是指将收费、洗车、维修等服务项目和专业服务类的非主营业务项目承包出去。

（2）由国有资产为主体的企业投资建设的停车换乘枢纽，政府赋予其特许经营权和开发经营政策（如 BOT），由企业独立运营，接受政府的监督管理，但政府负责协调各种公共交通方式的统一管理。

（3）由私人投资建设停车换乘枢纽，依据市场法规，自行经营，服从政府的统一管理。

成都市停车换乘枢纽的运营拟采用第（3）种方式，政府辅以政策优惠、税费减免、提高商用或住宅开发的土地容积率，减轻运营企业负担，提升停车换乘枢纽的活力。

3. 成都市停车换乘枢纽收费定价机制

成都市停车换乘枢纽收费定价原则主要考虑两个方面的因素：一是停车换乘枢纽的收费应有利于减少出行成本和节省出行时间，以满足大多数中等收入阶层的停车换乘出行需求；二是停车换乘枢纽的收费应与中心城区的停车收费体系相衔接，出行者选择停车换乘设施很重要的原因是停车换乘停车场的收费比中心城区便宜很多。为了增加停车换乘设施的吸引力，引导更多的小汽车出行者从经济的角度选择换乘轨道交通出行，大多数国家对于停车换乘设施都采取免费或低收费的优惠政策，一般有以下 3 类：

（1）停车免费，而换乘地铁或其他公共交通正常收费，如美国和英国；

（2）停车费用低或免费，换乘地铁或其他公共交通优惠。大多数国家鼓励使用一卡通等职能卡，以促使实现停车换乘公共交通工具的收费优惠或免费的政策，如新加坡。

（3）停车费用优惠，换乘地铁或其他公共交通免费，这种案例很少。

根据成都市小汽车出行者停车换乘选择行为分析的结论，成都市停车换乘枢纽的收费方式采用停车费用低，换乘地铁或其他公共交通优惠的收费方式，即第（2）种，在吸引大部分对出行成本敏感的小汽车通勤出行者的同时，尽量弥补运营公司的运营成本。本文结合最新的成都占道停车收费标准，制订了成都市停车换乘枢纽收费标准，见表 1–12。

表 1–12　成都市停车换乘停车场收费标准

换乘种类	停车换乘泊车收费标准		临时停车（非 P&R）收费标准	
停车时间	00 : 01 ～ 06 : 00	06 : 00 ～ 24 : 00	00 : 01 ～ 06 : 00	06 : 00 ～ 24 : 00
收费标准	15 元 / 次	8 元 / 次	6 元 /h	10 元 /h

每天 6∶00 起至当日 24∶00 停车换乘停车费按次计价 8 元 / 次，仅当三类停车场 2 h 停车收费，为大多数工薪阶层所接受。为提高通勤交通高峰时段停车换乘停车场的空余泊位数量，故在夜间停车提高一定收费比率，为 15 元 / 次。换乘优惠系统在每日 6∶00 清除乘坐地铁费率优惠标记，当优惠标记被取消后，将按照临时停车

收费标准进行计费。另为了避免社会车辆进入停车换乘停车场占用停车泊位，故对临时停车（非 P&R）的费率按照一类停车场起价收费标准计费，且无第一小时后收费折扣，白天为 10 元 /h，通宵停车位 6 元 /h。

按照此收费标准，价格能被广大工薪阶层小汽车出行者所接受，且能最大限度地满足高峰时段停车换乘泊车需求，使停车换乘枢纽发挥最大功效。以此提高公共交通分担率，促进成都市交通结构的优化，最终起到成都市中心城区交通缓堵的作用。

任务实施

工作任务一　轨道交通枢纽概述

制作 PPT，复述轨道交通枢纽概述。

工作任务二　城市轨道交通枢纽规划设计

制作 PPT，复述城市轨道交通枢纽规划设计。

工作任务三　城市轨道交通枢纽交通方式衔接

制作 PPT，复述城市轨道交通枢纽交通方式衔接。

工作任务四　案例学习——成都市停车换乘枢纽运营方案

制作 PPT，复述案例学习——成都市停车换乘枢纽运营方案。

任务评价

城市轨道交通枢纽评价表，见表 1–13。

表 1–13　城市轨道交通枢纽评价表

<table>
<tr><td>项目任务</td><td colspan="5">城市轨道交通枢纽</td></tr>
<tr><td>班 级</td><td></td><td>姓 名</td><td></td><td>评价时间</td><td></td></tr>
<tr><td colspan="6">考核内容</td></tr>
<tr><td colspan="2">考核项目</td><td colspan="2">考核标准</td><td>分值</td><td>得分</td></tr>
<tr><td colspan="2">轨道交通枢纽的基本知识</td><td colspan="2">简述轨道交通枢纽概述、规划设计、交通方式衔接</td><td>15</td><td></td></tr>
<tr><td colspan="2" rowspan="2">案例学习——成都市停车换乘枢纽运营方案</td><td colspan="2">比较优缺点</td><td>15</td><td></td></tr>
<tr><td colspan="2">分类清晰，有依据</td><td>10</td><td></td></tr>
<tr><td colspan="2" rowspan="3">制作内容</td><td colspan="2">制作能清晰展示 PPT 演讲稿</td><td>25</td><td></td></tr>
<tr><td colspan="2">要求类型分析图形准确，文字流畅</td><td>15</td><td></td></tr>
<tr><td colspan="2">做到业务分析熟练、图文并茂</td><td>20</td><td></td></tr>
<tr><td colspan="6">指导教师意见：</td></tr>
<tr><td colspan="6">说明：1. 建议采用四级评分制（如 90% ～ 100%、80% ～ 90%、60% ～ 80%、＜ 60%）。
2. 主要采用小组互评的方式进行评价，教师最后进行参考评分。</td></tr>
</table>

思维拓展

1．比较岛式站台和侧式站台的特点。

2．城市轨道交通车站由哪几部分组成？各部分的功能是什么？

3．城市轨道交通车站平面布置原则有哪些？

4．换乘的方式有哪几种及其特点有哪些？

5．站台直接换乘方式可分为哪几类？

6．站外换乘的特点有哪些以及如何避免该种换乘方式的出现？

7．换乘方案选择考虑的因素有哪些？

8．分别从拓扑形式和空间形式阐述换乘枢纽的内涵。

9．轨道交通枢纽规划设计的影响因素有哪些？

10．轨道交通车站与铁路客运站的衔接主要有哪些布局模式？

11．轨道交通停车换乘方式的衔接布局规划遵循的主要原则有哪些？

项目二
城市轨道交通车辆基地

项目背景

车辆段与综合基地，简称车辆基地，作为城市轨道交通配套系统，其主要包括车辆段、综合维修中心、物资总库和培训中心等基本部分，并辅以必要的办公、生活设施。国内有些城市的地铁，还将行车调度指挥中心、地铁公安分局或运营公司部分职能处室整合在车辆基地内。

车辆段与综合基地作为地铁系统的运用、检修、材料 / 后勤保障和培训基地，其功能应体现为整个地铁系统服务，因此，车辆段与综合基地应具备以下基本功能：

（1）车辆停放及日常保养功能。地铁车辆的停放和管理；车辆的外部洗刷、内部清扫及定期消毒；驾乘人员每日出、退勤前的技术交接；对运用车辆的日常保养（包括列检和双周检、三月检）及一般性临时故障的处理等。

（2）车辆检修功能。依据地铁车辆的检修周期，定期完成对地铁车辆的计划性修理（包括定修、架修和大修）。

（3）列车救援功能。列车发生事故（如脱轨、颠覆）或接触网中断供电时，能迅速出动救援设备起复车辆，或将列车牵引至邻近车站或地铁车辆段，并排除线路故障，恢复行车秩序。

（4）系统设备 / 设施的维护、保养和检修功能。对地铁各系统，包括供电、环控、通信、信号、防灾报警、综合监控、自动售票检票给水排水、自动扶梯等机电设备和房屋建筑、轨道、隧道、桥涵、车站等建筑设施进行维护、保养和检修等。

（5）材料物资供应功能。负责地铁系统在运营和检修过程中所需各种材料、设备器材、备品备件、劳保用品及其他物资的采购、储存、保管和供应工作。

（6）技术培训功能。负责对地铁各系统的工人、技术和管理人员进行培训。

项目任务书

城市轨道交通车辆基地项目任务书，见表 2-1。

表 2-1　城市轨道交通车辆基地项目任务书

<table>
<tr><td>名称</td><td colspan="2">城市轨道交通车辆基地</td></tr>
<tr><td>学习目标</td><td>知识目标</td><td>1. 了解车辆基地的组成及功能
2. 掌握车辆运用整备工艺及设施
3. 掌握车辆检修工艺及设施</td></tr>
<tr><td rowspan="2">学习目标</td><td>技能目标</td><td>1. 能正确复述车辆基地的组成及功能
2. 能正确复述车辆运用整备工艺及设施
3. 能正确复述车辆检修工艺及设施</td></tr>
<tr><td>素质目标</td><td>1. 具有良好的社会公德、职业道德和专业基本素质
2. 具有强烈的法律意识、安全环境保护意识、安全与自我保护意识
3. 具有沟通协调能力、语言表达能力、班组管理能力
4. 培养团结协作、热情有礼、认真细心、沉着冷静、遇乱不惊的职业素养</td></tr>
<tr><td>学习内容</td><td colspan="2">知识准备：阅读资料
任务一　车辆基地的组成及功能
工作任务一　轨道交通车辆基地的组成部分
工作任务二　轨道交通车辆基地的功能
任务二　车辆运用整备工艺及设施
工作任务一　车辆运用整备工艺流程
工作任务二　车辆运用整备设施
任务三　车辆检修工艺及设施
工作任务一　车辆检修工艺
工作任务二　检修主要设施</td></tr>
<tr><td>任务
实施要求</td><td colspan="2">1. 将授课班级学生分组，每小组 5 ～ 8 人为一个学习团队
2. 每个学习团队组织学习，进行项目任务分析、任务分配、制订团队工作任务分配表
3. 资料学习、相关知识准备完成项目的资讯环节
4. 现场教学、资源利用完成项目的实施演练环节
5. 学习团队讨论，编制项目任务知识点学习计划书
6. 学习团队现场实践，制订现场实践的实施方案
7. 学习团队按任务分配表制作项目任务的汇报演讲稿，团队派代表上台演讲
8. 制定该项目任务的评价表，考核要素，进行小组互评</td></tr>
<tr><td>任务
实施要点</td><td colspan="2">1. 教学资源收集与整理
2. 确认任务学习的重点与难点
3. 任务学习计划制订，小组任务分工，汇报 PPT 制作，小组交流演讲
4. 学习团队进行讨论，可让老师参与讨论，通过团队合作获取问题的解决
5. 能够识别安全标识，注意安全与环保意识的培养</td></tr>
<tr><td>任务拓展</td><td colspan="2">1. 会收集具有国内、外领先水平的具有代表性的城市轨道交通站场与线路的资料
2. 按“准员工”的要求来学习，结合本城市的情况，组织团队成员去现场学习
3. 能够进行城市轨道交通相关资料的查找与整理
4. 会制作任务书要求的多媒体课件（PPT）</td></tr>
<tr><td>任务
下发人</td><td colspan="2">日期：　　年　　月　　日</td></tr>
<tr><td>任务
执行人</td><td colspan="2">日期：　　年　　月　　日</td></tr>
</table>

任务一 车辆基地组成及功能

任务导入

车辆基地是城市交通系统的重要组成部分，车辆段及其基地可统称为车场。车辆基地是车辆停放及维修基地的简称，是轨道交通车辆停放、保养、修理的专门场所，使运行车辆保持良好的技术状态，确保行车安全，提高车辆的运行效益。

车辆基地主要由车辆段、停车场（库）、综合维修中心、物资总库和培训中心及其他生产、生活、办公等配套设施组成。

车辆段是铁路行车系统的重要单位之一，主要负责列车车辆（不包含机头）的运营、整备、检修等工作。车辆段同时也是城市轨道交通系统（地铁、城市轻轨）中对车辆进行运营管理、停放及维修、保养的场所。

最大的地下车辆段——北京焦化厂车辆段。北京市东南部垡头地区的焦化厂旧址将进行工业遗址保护，建设中的地铁 7 号线终点站也位于此。施工方为保护焦化厂地面风貌，7 号线建起首座“全地下”地铁车辆段，总面积达 17 万平方米的地下空间轨道密布，将成为地铁列车停放、清洗和检修的大本营。

中国最古老的车辆段——北京古城车辆段。古城车辆段是北京地铁 1 号线的一座车辆段，位于北京石景山区，原为沙石荒地。在 1 号线上的道岔位于古城站和苹果园站之间。古城车辆段是北京地铁最早的车辆段，建于 1969 年，占地约 23 hm^2。古城车辆段主要用于 1 号线列车的修理保养，以及 1 号线列车的停放。除此之外，古城车辆段还拥有与国铁京门铁路的联络线，便于调换车辆等。

知识准备

一、轨道交通车辆基地的组成部分

轨道交通车辆基地主要由车辆段、停车场（库）、综合维修中心、物资总库和培训中心及其他生产、生活、办公等配套设施组成。车辆基地布局如图 2-1 所示。国内有些城市地铁，还将行车调度指挥中心、地铁公安分局或运营公司部分职能处室整合在车辆基地内。

1. 车辆段与停车场（库）

（1）基本概念。车辆段是城市轨道交通系统中对车辆进行运用管理、停放及维修保养的场所，是地铁运营线路运用列车的编组、停放、整备、列检和进行各种定期修理，使列车各种设备经常保持良好状态，保证行车安全运行的重要管理、维修单位。

尽管“车辆段”的名称仍属外来语，但其在我国已沿用数十年，同时考虑我国铁路系统也一直沿用，因此采用“车辆段”泛指城市轨道交通车辆检修设施和运用整备设施的总称，并按功能分别称为检修车辆段（简称车辆段）和运用停车场（简称停车场），如图 2-2 所示。

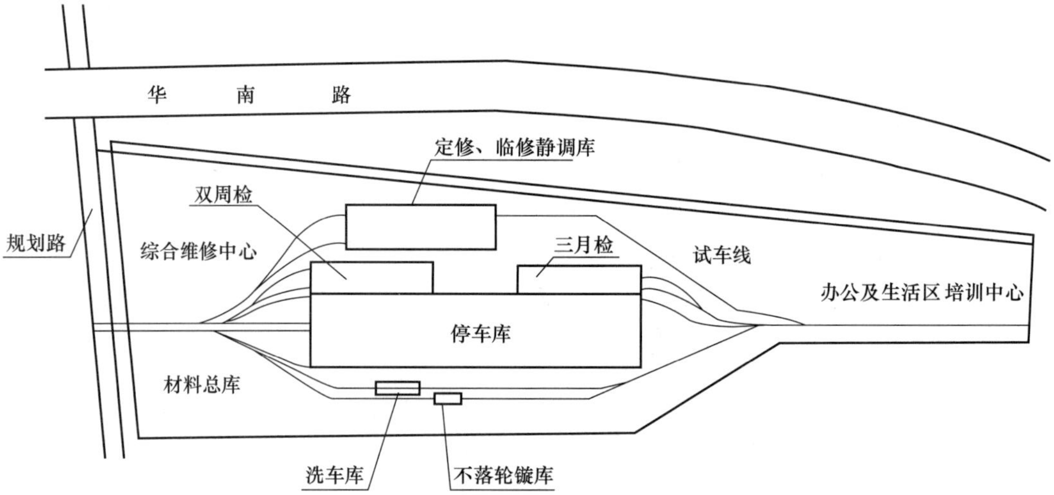

图 2-1　车辆基地布局

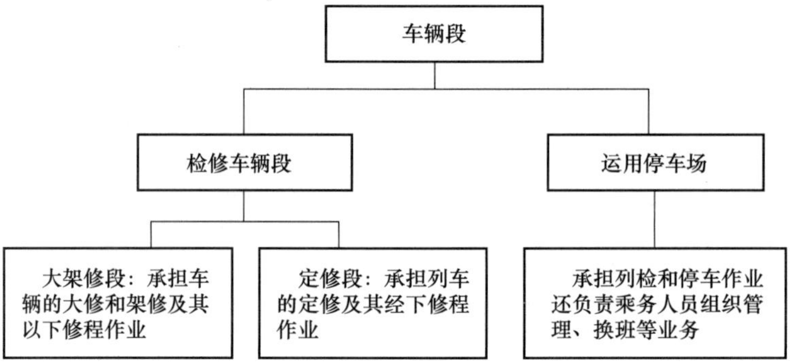

图 2-2　车辆段组成部分

为充分利用设备、便于管理、节约基建投资，通常将车辆段和停车场合并设置在一起。独立设置的停车场只是在线路太长或车辆段用地面积受限制，或运营的特殊需要等情况下才设置。为便于运营管理，独立设置的停车场应隶属于相关车辆段。

当一条线路长度超过 22 km 时，车辆段至另一端的发车空行距离将增大，运营费用也将增加。这时可在线路一端设一个车辆段，另一端适当位置设一个停车场。停车场是一种简易的车辆段，通常又称停放车辆段，它承担本线一部分车辆的技术检查、清扫洗刷、停放和运用管理。停车场（库）是车辆集中停放的场所，又是车辆编组、清扫、整备、维修和日常管理的场所。

车辆段必须配备相应修程的各种检修设备和设施，包括检修库和各种检修线路、各种辅助生产车间和设备及为车辆检修服务的各种设施，如试车线、镟轮线、给水设备、供电设备和污水处理设备等。停车场（独立设置的，下同）往往只配备停放车辆的股道和一般车辆维修整备设备，仅能完成车辆的运用管理、清洁整备、列车安全检查和月检等日常维修保养工作，还要设置管理人员、乘务员工作和活动休息的场所。简单的停车场也可不担负月检任务，其月检设施可设于相关车辆段内。两者的区别如下：

①作业范围不同。除运用管理外，车辆段必须完成车辆检修的相应修程，而停车场只承担日常维修、保养工作。

②设备和设施多少。除停车线路外，车辆段必须配备相应修程的各种检修设备和设施；而停车场往往只配备一般车辆维修整备设备。

③规模大小。车辆段设备和设施多，且与综合基地合建，占地面积大、规模大；而停车场相对规模较小。

④设置与否。一般每条线路必须设一个车辆段，而停车场只有运行线路较长时才设。

⑤隶属关系不同。车辆段是城市轨道交通的独立生产单位，而停车场隶属于相关的车辆段。

（2）车辆段的业务范围。车辆段的业务范围主要包括以下几项：

①列车的运用及在段内的编组、调车、停放、日常检查、一般故障处理和清扫洗刷。

②车辆的技术检查、月修、定修、临修（临时性故障维修）和架修。

③运营线路列检所的技术检查、一般故障处理和清扫。

④运营线路折返站乘务司机换班室的业务工作。

⑤段内设备和机具的维修工作及调车机车的日常维修工作。

⑥段内及车辆乘务人员的行政管理、技术管理及材料供应等工作。

⑦线路上的事故救援等工作。

（3）车辆段的组成。车辆段规划总体上主要分为咽喉部分、线路部分及车库部分三个部分：

①咽喉部分。咽喉部分是车辆段的线路部分及车库部分与正线的连接地段，有出入段线和很多道岔。它直接影响整个轨道交通的正常运行。咽喉部分既要注意保证行车安全、满足输送能力的需要，又要保证必要的平行作业，要尽量缩短咽喉部分长度，以节省用地。

出入段线应在车站接轨，接轨站宜选在线路的终点站，有条件时可选在折返站；出入段线应按双线双向运行设计，并避免切割正线，有条件时可结合段型布置，实现列车调头转向功能；出入段线应根据行车和信号的要求，留有必要的信号转换作业长度；停车场出入线可根据需要设计为双线或单线。

②线路部分。根据线路担负的任务不同，包括停放线路（停车线）、作业线路［列检作业线、月检线、定修线、临修线、（大）架修线］、辅助作业线路（外皮清洗线、吹扫线、油漆线、不落轮线）、试验线路（静态调试线、动态试车线）、辅助线路（调机停放线、牵出线、材料装卸线、回转线、国铁联络线、救援列车线）。具体介绍如下：

a．停车线。城市轨道交通系统不是全日运营，夜间列车须回段停放。

b．列检作业线。用于车辆的日常检查。

c．月检线。列车运行 1 ～ 2 个月，需要更换某些零部件、牵引、制动系统也要进行检查调试。这些工作需在月检线上进行，每条线都设检查坑，线间距为 6.0 m。当库形为尽端式时，月检线应按 1 列位设置；当库形为贯通式时，月检线可按两列位设置。

d．定修线。列车运行 10 万 km 后要架车进行局部分解，对一些关键部件进行检测、修理。

e．架修线。列车运行 30 万 km 后，在架修线上进行架车解体，根据检修工作量确定线路数，线间距为 7.5 m。线路长度不宜采用多列位设置，一般采用 1 列位形式，甚至可采用半列位（或一个单元）方案。

f．外皮清洗线。为保持运用列车的清洁，须设置列车外皮清洗线。外皮清洗线有尽端式和贯通式两种布置形式。以贯通式布置方式使用最为方便，但占地过长。设计中采用固定式自动洗车机的清洗线要求满足清洗库前后各 1 列位长度，且库两端应至少有一辆车长度的直线段，清洗作业时不得影响其他列车的正常作业和运行。一般情况下，列车外皮清洗线应单独设置，不宜与车辆段出入线共用。

g．不落轮线。不落轮线是保证轨道交通车辆安全运行，提高车辆运行效率的重要设备，对于列车运行过程中因摩擦产生的擦伤、偏磨等不良故障，可以在列车不解体的情况下进行全镟轮作业，从而保障列车的安全运行。不落轮线的长度应满足不落轮镟库前后各有 1 列位长度要求，避免影响其他列车的正常作业和运行。作业区段应为平直线路，以保证全镟轮精度。

h．牵出线。牵出线用于车辆段内调车作业，根据段内车库位置设 1 ～ 2 条。线路长度至少应满足 1 列位长度，并设置在方便调车作业、能与车辆段内各线路连通的位置。

i．试车线。列车经定修、架修或大修后，要求在线路上进行动态试验，检验列车维修后不同速度下的各种工况指标。试车线一般靠近检修库，便于列车上线试验。

试车线长度应根据车辆性能和技术参数及试车综合作业要求计算确定。试车线应为平直线路，困难条件下允许在线路端部设置部分曲线，其线路应满足列车试验速度的要求；试车线的其他技术标准宜与正线标准一致。

j．回转线。列车长期运行，会产生轮缘偏磨。在有条件的情况下，可在车辆段内设置回转线。利用列车在车辆段停留时间上线运行，以平衡轮对偏磨情况。回转线可根据车辆段的地形和布置特点，采用灯泡线或三角线，也可根据车辆段出入线的布置情况，采用外八字形布置方式。

k．国铁联络线。在有条件的情况下，车辆段内要求设置与国铁相连的联络线，以沟通轨道交通系统与国铁的联系，解决轨道交通系统材料、大型设备的运输及新车入段的问题。

l．调机停放线。调机停放线用于停放和检修段内配属调车机车，可根据配属的数量设置 1 ～ 2 条线路。

m．救援列车停放线。救援列车停放线用于停放救援列车，在城市轨道交通系统发生事故或灾害时进行抢救。一般设置在咽喉区附近，并有适当的场地。

n．底架清（吹）扫线。为进行列车定修及架修（或大修）作业，需设置底架清（吹）扫线。对运行后的列车底架和车下设备进行清洁，以便列车解体和检修作业。线路作业长度按 1 列位长度设计，数量则根据检修工作量确定。为了不影响周围环境。吹扫线应尽量设置在车辆段的下风方向。

o．油漆线。列车大、架修作业后一般应对车体重新喷漆，线路长度可按列位或单元长度设计，数量则根据检修工作量确定，油漆线应设置在下风方向。

p．材料装卸线。车辆段设置材料库，存放供全段使用的原材料、备品、备件、工器具等，故应设计材料装卸线引入材料库区，便于外购设备、材料、备品备件的运输。

③车库部分。车库部分包括停车库、检修库，如图 2-3 所示。

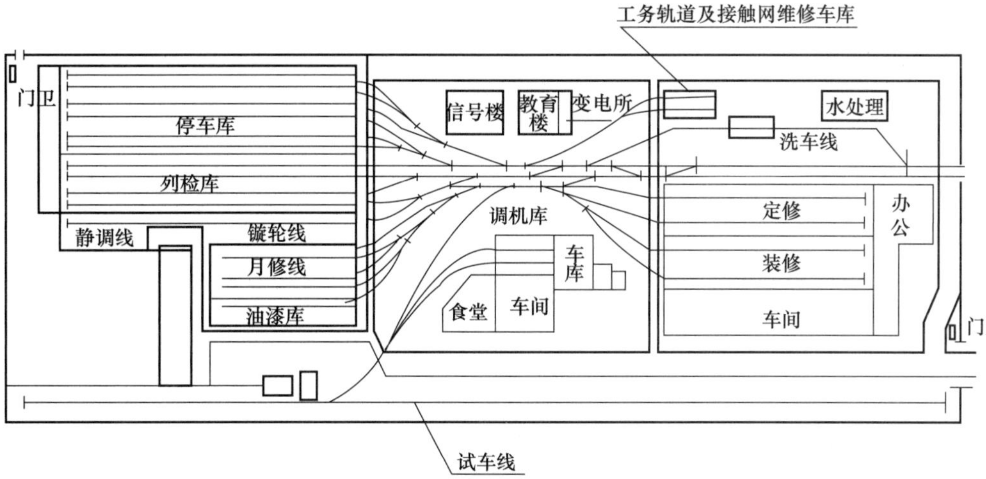

图 2-3　车辆段车库及线路

a．停车库。停车库主要用于夜间收车后车辆集中停放，以及停放备用车辆。除停放车辆外，它还是日常检修保养的场所，用于车辆编组、清扫、整备、维修和日常管理，所以设有检查坑。停车库不仅要有足够的轨道停车位，同时要配置管理人员、乘务员工作和活动休息的场所。

停车库内有检车线、停车线、洗车线、列检线。检车线用以做简单的维护保养作业；停车线专门用于停车，需配置雨棚、站台，便于简单维护保养，降低车辆的自然破损（常用封闭式车库）；洗车线设置在停车库与运行线路之间，专门用于车辆清洗，设有洗车设备、污水处理设施。列检线专门用于一般检查。

b．检修库。根据其性质，分为列检库、双月检库、定修库、架修库、大修库等。列检库完成列检作业，也可在停车库列检线完成；双月检库完成列车双月检作业；定修库完成列车定修作业；架修库完成列车架修作业；大修库完成列车大修作业。按车辆检修修程、检修内容、车辆数，设定各检修库的线路、设备容量及人员等。检修车辆停放在检修库内。

检修库内有出入库线、检修线、车体整修线、试车线、镟轮线和其他线路。出入库线是检修库与停车库以及直接与正线连接的线路；检修线设置在各检修库内用于检修；车体整修线完成分解车体、喷丸除锈、结构整修、车体组装等作业；试车线完成定修、架修、大修等修程的车辆进行试车检测；镟轮线是当轮对磨耗不对称（圆度、斜面不等）时进行镟轮作业的线路；其他线路有调车用牵出线、与铁路的联络线、内燃机车线、材料线等。

2. 综合维修中心

综合维修中心（简称维修中心）是指城市轨道交通系统中各种设备和设施的维修管理单位。其业务范围较广，涉及轨道交通线路、路基、轨道、桥梁、涵洞、隧道和房屋建筑等设施的维护与保养，以及供电、通信、信号、机电设备和自动化设备的维修保养与故障修理工作，目前，国内各城市地铁公司将维修单独成立一个分公司或部门，如北京地铁运营有限公司下设机电分公司、供电分公司、通号通信、信号分公司及线路分公司等。

（1）基本功能。综合维修中心是轨道交通系统的重要组成部分之一。一般应具有以下基本功能：

①承担全线轨道、道岔、隧道、路基等建筑及设备的日常维护和定期检修任务。

②承担全线车站建筑、站内装饰、导向标志、出入口设施、风亭等日常维护和定期检修任务。

③承担全线各种变电所、接触网、供电线路及设备的运营管理、日常维护和定期检修任务。

④承担全线各种机电系统及设备，包括环控系统、给水排水系统、电梯及自动扶梯等设备的运营管理、日常维护和定期检修任务。

⑤承担全线通信、信号系统的运营管理、日常维护和定期检修任务。

⑥承担全线车站设备监控系统（BAS）、火灾报警系统（FAS）、电力监控与数据采集（SCADA）系统等的日常维护和定期检修工作。

（2）主要作业内容。

①完成全线各种房屋建筑、车站建筑、隧道、轨道、道岔等建筑及设备的日常维护和定期检修任务。

②完成全线供电系统，如变电所、接触网、供电线路及设备的运营管理、日常维护和定期检修任务。

③完成全线各种机电系统及设备，包括环控系统、给排水系统、电梯及自动扶梯等设备的运营管理、日常维护和定期检修任务。

④完成全线通信、信号系统的运营管理、日常维护和定期检修任务。

⑤完成全线各自动化系统［包括自动售检票系统（AFC）、车站设备监控系统（BAS）、防灾报警系统（FAS）］及通用办公计算机系统（OA）的测试、维修保养工作。

（3）组成部分。综合维修中心主要由工建车间、供电车间、通号车间、机电车间和自动化车间等组成。

①工建车间承担全线轨道、桥梁、路基、隧道、车站建筑、所有地铁地面建筑等建筑物、构筑物的检查、维修、保养工作。

②供电车间承担全线变电所设备、接触网和高中压电缆线路及相关设备、电力监控设备、全线杂散电流防护设备的运营管理、巡检、维护保养、检修工作。

③通号车间承担全线通信、信号系统、列车上通信广播设备和信号设备的运营管理、巡检、维护保养、检修工作。

④机电车间承担全线各种机电系统及设备，包括环控系统空调设备、给水排水系统（水泵、电机）、屏蔽门、防淹门、自动门、电梯及自动扶梯、各种小型运输车辆、低压电气设备及线路等的运营管理、巡检、维护保养、检修工作。

⑤自动化车间承担全线各自动化系统及通用办公计算机系统的测试、维修保养工作。其中，自动化系统包括自动售检票系统（AFC）、车站设备监控系统（BAS）、防灾报警系统（FAS）、门禁、综合监控系统。

各系统设备及线路、隧道等建筑物的大修，宜结合城市轨道交通线网运营模式统筹考虑，现各城市轨道系统较多考虑社会化服务。

（4）主要工艺设备。综合维修中心主要工艺设备有接触网作业车（检修车、架线车、放线车）、接触网检测车、钢轨打磨车、钢轨检测车、轨道平板（吊）车、钢轨机械、道床机械、工务仪器及探伤设备等。

3. 物资总库

物资总库承担本线范围内运营和检修所需的各种材料、配件、设备和机具、备品备件、劳保用品，以及其他非生产性固定资产等的采购、存放、发放和管理工作。为轨道交通工程各系统的建设、运营和维修所需材料、机电设备和配件等提供储存与供应服务，并负责材料的采购、保管和发放工作。在工程建设期间可作为工程材料、设备的临时存放地。

（1）物资总库的组成部分。物资总库由机电库、特殊配件库、材料库、易燃品库、卸料线及堆场等组成。物资总库的规模应根据运营线路中的设备和材料种类、数量确定。存放量小时，也可将机电库、特殊配件库、材料库合并布置，形成综合材料库，有条件时可采用自动化立体仓库。易燃品库用于存放氧气、乙炔、氢气、油脂、化学物品等，应单独设置并分成隔间。材料库的布置宜邻近卸料线和堆场。

（2）物资总库的主要设施设备。物资总库的主要设施是各种库房、料棚和材料装卸线站；主要设备有起重运输设备、自动化立体仓储设备和普通可调式工业货架等。其中，起重运输设备已归入车辆段主要工艺设备中。

4. 培训中心

地铁培训中心是对地铁员工进行技术教育的重要基地。地铁系统是一个多专业的综合性交通系统，它不仅技术复杂，且发展很快，必须对所有职工进行定期的技术培训，不断提高全员的技术业务水平，以保证地铁系统正常运营。培训中心设有大、小教室及各种实验室、微机室、模型室、图书室、教职工办公用房等。培训中心主要设备包含计算机设备、电教设备和各种教具模型挂图。

二、轨道交通车辆基地的功能

根据运营和使用要求，轨道交通车辆基地应满足以下基本功能。

1. 车辆停放及日常保养功能

城市轨道交通车辆的停放和管理，司乘人员每日出、退勤前的技术交接，对运用车辆的日常维修保养及一般性临时故障的处理，车辆内部的清扫、外部洗刷及定期消毒等。

2. 车辆的检修功能

依据城市轨道交通车辆的检修周期，定期完成对城市轨道交通车辆的各级计划性修理。目前国内普遍采用的检修制度为四级修理制，即月检、定修、架修和厂修。

3. 列车救援功能

列车运行发生事故（如脱轨、颠覆）或电网中断供电等，能迅速出动救援设备起复车辆，或将列车迅速牵引至临近车站或车辆基地，并排除线路故障，恢复行车秩序。

4. 设备维修功能

设备维修功能包括供电、环控、通信、信号、防灾报警、综合监控等机电设备和轨道、车站等建筑设施进行维护、保养和检修等。

5. 物资、设备的采购、储存、供应功能

负责地铁系统在运营和检修过程中，所需各种材料、设备器材、备品备件、劳保用品，以及其他物资的采购、储存、保管和供应工作。

6. 技术培训功能

对城市轨道交通系统的技术干部和生产人员进行技术培训。

任务实施

工作任务一　轨道交通车辆基地的组成部分

制作 PPT，复述轨道交通车辆基地的组成部分。

工作任务二　轨道交通车辆基地的功能

制作 PPT，复述轨道交通车辆基地的功能。

任务评价

车辆基地的组成及功能评价表，见表 2-2。

表 2-2　车辆基地的组成及功能评价表

<table>
<tr><td>项目任务</td><td colspan="5">车辆基地的组成及功能</td></tr>
<tr><td>班 级</td><td></td><td>姓 名</td><td></td><td>评价时间</td><td></td></tr>
<tr><td colspan="6">考核内容</td></tr>
<tr><td>考核项目</td><td colspan="3">考核标准</td><td>分值</td><td>得分</td></tr>
<tr><td>轨道交通车辆基地的组成部分</td><td colspan="3">简述轨道交通车辆基地的组成部分</td><td>25</td><td></td></tr>
<tr><td rowspan="2">轨道交通车辆基地的功能</td><td colspan="3">比较优缺点</td><td>10</td><td></td></tr>
<tr><td colspan="3">分类清晰，有依据</td><td>15</td><td></td></tr>
<tr><td rowspan="3">制作内容</td><td colspan="3">制作能清晰展示 PPT 演讲稿</td><td>15</td><td></td></tr>
<tr><td colspan="3">要求类型分析图形准确，文字流畅</td><td>15</td><td></td></tr>
<tr><td colspan="3">做到业务分析熟练、图文并茂</td><td>20</td><td></td></tr>
<tr><td colspan="6">指导教师意见：</td></tr>
<tr><td colspan="6">说明：1. 建议采用四级评分制（如 90% ～ 100%、80% ～ 90%、60% ～ 80%、< 60%）。
2. 主要采用小组互评的方式进行评价，教师最后进行参考评分。</td></tr>
</table>

任务二　车辆运用整备工艺及设施

任务导入

车辆运用生产组织部门一般设置在车辆段或停车场内，这样有利于车辆合理使用及人员调配。

车辆段运用车间应配备停车列检库（棚）、月检库和列车清洁洗刷设备及相应线路等设施，并根据生产需要配备办公、生活房屋。

知识准备

一、车辆运用整备工艺流程

城市轨道交通系统是一个复杂的、技术密集的公共交通系统。其具有高度集中和各个环节紧密联系、协调动作的特点。而车辆运用组织系统又是这个大系统中重要的组成部分之一，它在上级运营指挥部门的统一指挥下，按运行图制订的行车计划完成日常的车辆运用工作。其工作范围包括：列车检修停放计划管理，列车行车计划的编排，按运行图要求配置列车及乘务人员；按运行图完成正线列车的运营工作，车辆的清洗、保洁，配合维修人员进行列车的保养、维修、调试等工作，车辆乘务人员及站场行车人员的行政管理、技术管理及材料供应，正线事故救援工作。

车辆运用整备（整理准备、整顿配备）工艺流程如图 2–4 所示。

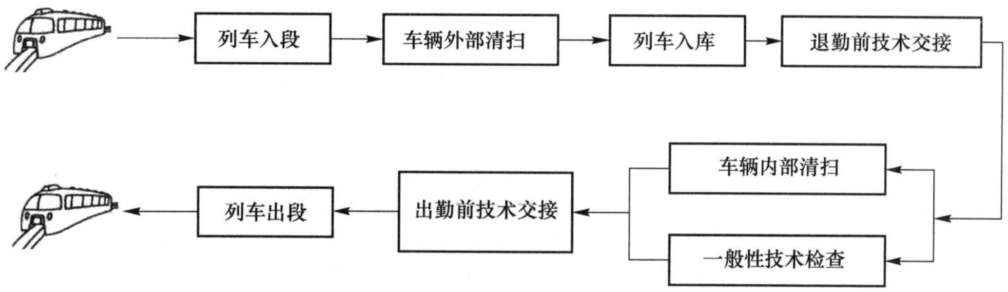

图 2–4　车辆运用整备工艺流程

二、车辆运用整备设施

车辆基地的车辆运用设施宜包括停车库、列检库、洗车库及相应线路，如停车线、列检线、洗车线等设施，并根据生产需要配备相应的辅助生产房屋，车辆通过这些设施完成日常的运用整备作业。

1. 停车列检库

列检也称日检，是指每天的日常检查，主要对与车辆行车安全相关的部件（如轮对、弹簧、转向架、受流器、车钩及缓冲装置、制动装置、车门风动开关装置、蓄电池、车体、车灯等）进行外观检查、故障修理。一般安排在列车运营结束回库以后，第二天运营出库之前，不需要另外安排停留时间。

为了方便列检作业，停车列检库中可设置坑道式或立柱式检修线，如图 2-5、图 2-6 所示。检修人员可以很方便地对车辆进行日常检查和保养。列检列位应设柱式检查坑，检查坑深为 1.4 ～ 1.5 m，宽为 1.2 m，两端设台阶，其长度根据车列长度确定。周、月检库除采用检查坑外，股道之间还宜设置高架作业平台，方便工人进出车厢和上下车顶，以满足车门、车体内装、受电弓和空调的检查保养的作业要求。

图 2-5　坑道式检修线

图 2-6　立柱式检修线

为了安全起见，高架作业平台设置与隔离开关联锁的标志灯和平台安全锁。检查坑内两侧应设置固定照明及动力和安全照明插座，照明光带宜按照列位分别进行控制，每列位照明光带宜分段联动控制，转向架部位的照度宜为车体下部照度的 2 倍；其灯具安装不应影响作业。

2. 洗车库

目前，国内车辆段和停车场一般均设置机械式洗车设备，包括洗车机、洗车线和洗车库。有的车辆基地的车辆清洗又可分为日洗和周洗两种。因而，相应也要设置日洗线和周洗线。有的停车库由于场地限制，一般停车线上前后停放两列车时，停车库的线路要安排成贯通式，即停车库线路两端都与运行正线贯通，以利于停车库内列车能灵活进出库。

洗车线（图 2-7）宜与入段线平行，方便车辆入段后直接洗刷，然后直接进入停车列检库。当地形限制时，洗车线也可尽端式布置在停车列检库的入段线侧，当洗车线尽端式布置时，也可将洗车线与不落轮镟轮线并列设置，洗车库与不落轮镟库合并，减少占地面积。洗车库两端的线路长度应各满足 1 列车的长度需要。

图 2–7　轨道交通车辆洗车线

完整的洗车程序包括预湿、预冷（热）工位，头、尾部刷洗工位，车体侧面初刷洗工位，侧面次刷洗工位，初冲洗工位，侧面精刷洗工位，终冲洗工位。采用通过式洗车工艺，可以满足车体两侧及端部的清洗。对于接触轨受电方式的车辆，洗车机还应具有清洗顶部的功能列车清洗工作的一般规定，具体如下：

（1）列车清洗工作由运转值班室指派专人负责，洗车负责人根据列车清洗需要制订列车清洗计划，列车清洗计划制订完成后，由运转值班员及时下达给信号楼行车值班员、司机、调车员及其他相关人员执行。

（2）列车清洗工作包括客室内部清洁、清扫，车身清洗 / 机洗作业。

（3）清洗工作安排在清扫线进行。清洗时需断电进行，由负责清洗工作部门负责至运转值班室办理断电手续。断电后的防护工作由负责清洗工作单位指派专人负责。

（4）列车机洗作业时，由运转值班员及时派出当值司机调车，司机动车时应确认地面调车信号机的进行信号，清洗时按相应设备操作办法执行。

3. 运营管理用房

停车列检库应根据列车日常运用、整备和列检作业的需要，配备运转值班、司机出乘、运行管理（含会议、办公、储藏、值班）、日检班组、保安值班、客室清扫、消毒、车辆车载设备检测、工具存放、售后服务部、备品贮存和工作人员更衣休息等生产、办公、生活房屋。上述房屋宜设置在车库的侧跨内或邻近地点，司机公寓宜靠近停车列检库设置。

任务实施

工作任务一　车辆运用整备工艺流程

制作 PPT，复述车辆运用整备工艺流程。

工作任务二　车辆运用整备设施

制作 PPT，复述车辆运用整备设施。

任务评价

车辆运用整备工艺及设施评价表，见表 2–3。

表 2-3　车辆运用整备工艺及设施评价表

<table>
<tr><td>项目任务</td><td colspan="5">车辆运用整备工艺及设施</td></tr>
<tr><td>班 级</td><td></td><td>姓 名</td><td></td><td>评价时间</td><td></td></tr>
<tr><td colspan="6">考核内容</td></tr>
<tr><td>考核项目</td><td colspan="3">考核标准</td><td>分值</td><td>得分</td></tr>
<tr><td>车辆运用整备工艺流程</td><td colspan="3">简述车辆运用整备工艺流程</td><td>15</td><td></td></tr>
<tr><td rowspan="2">车辆运用整备设施</td><td colspan="3">比较优缺点</td><td>10</td><td></td></tr>
<tr><td colspan="3">分类清晰，有依据</td><td>25</td><td></td></tr>
<tr><td rowspan="3">制作内容</td><td colspan="3">制作能清晰展示 PPT 演讲稿</td><td>15</td><td></td></tr>
<tr><td colspan="3">要求类型分析图形准确，文字流畅</td><td>15</td><td></td></tr>
<tr><td colspan="3">做到业务分析熟练、图文并茂</td><td>20</td><td></td></tr>
<tr><td colspan="6">指导教师意见：</td></tr>
<tr><td colspan="6">说明：1. 建议采用四级评分制（如 90% ～ 100%、80% ～ 90%、60% ～ 80%、< 60%）。
2. 主要采用小组互评的方式进行评价，教师最后进行参考评分。</td></tr>
</table>

任务三
车辆检修工艺及设施

任务导入

车辆经过一段时间运用后，各部构件会产生磨耗、变形或损坏，为了保证车辆安全地运行、车辆技术状态良好和延长使用寿命，除车辆乘务员加强日常检查和保养、维护外，还需要定期进行各种修程的检修。

知识准备

一、车辆检修工艺

检修工艺是保证检修质量，提高检修效率的手段，车辆段必须制订和完善各种检修工艺。检修工艺流程如图 2-8 所示。检修工艺应力求简明实用、通俗易懂，操作简便、安全。检修工艺一般应包括适用的质量标准，解体、检查、修理、组装、试验的操作程序和基本方法，以及所需的专用工具、量具、设备和材料等。

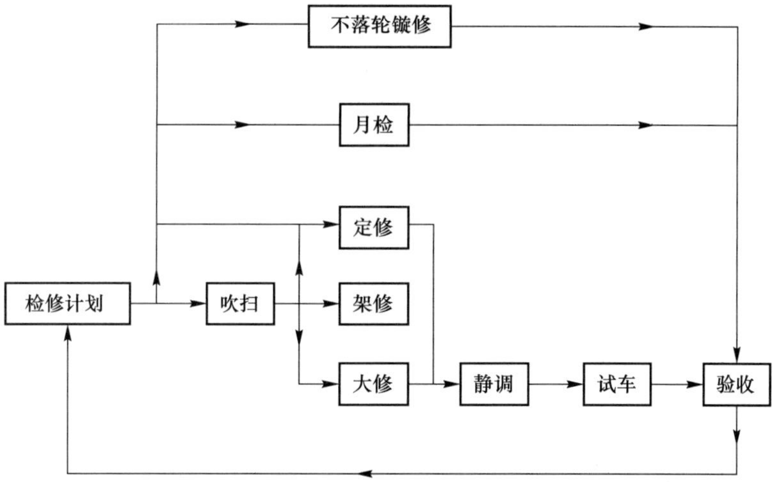

图 2-8　车辆检修工艺流程

1. 检修作业工艺流程

检修作业工艺包括厂架修、定修、月检、车辆镟轮、静调、动调（试车）等。

（1）厂架修工艺流程。车辆吹扫、冲洗→车辆由内燃机车推送入库解列→车辆预检→车辆架车→局部分解→落转向架→车辆全部（或局部）解体→各零部件送检修间分解、检查、修理、更换、组装、试验→车体全面检查、除锈、刷漆、整修→各零件组装→落车调整→喷漆→单元/联挂静调→试车线动调→交验→出库。

（2）定修工艺流程。车辆吹扫、冲洗→车辆由调机推送入库→车辆预检交接→车辆架车局部解体→全面检查、测试→蓄电池检修充电→组装测试→落车调整→送不落轮镟库镟轮→送调试库单元/联挂静调→试车线动调→交验→出库。

（3）月检工艺流程。列车整列入库→测试→全面技术检查→更换易损件→补充电或更换蓄电池→交验→出库。

（4）车辆镟轮工艺流程。待镟轮列车由调机送入镟轮线→牵引装置与列车联挂→车辆由牵引装置牵引轮对定位→轮对检测进行定位测量和磨耗测量→轮对镟修→轮对加工精度检测→其他轮对镟修→全部轮对镟修完成验交→列车由调机牵引出库。

（5）静调作业。静调作业在专门的静调库或静调线内进行，主要对列车重要部件进行低压通电检查，对车门、空调及列车控制等系统功能进行调试，各电器部件动作是否符合技术要求进行测试。

（6）动调（试车）作业。动调（试车）作业主要是在试车线上对整列车的运行性能、状态及车载通信信号设备进行检测、试验。

2. 车辆修程及检修制式

城市轨道交通车辆采用定期预防性维修，修程及其检修周期的依据是车辆及其设备、零部件的产生磨损和发生故障的规律。产生磨损和发生故障的规律与车辆的技术水平、运行条件、检修技术密切相关。

（1）车辆修程。综合国内主要城市轨道交通车辆的修程，大致可分为月检（双月检）、定修、架修和厂修（又称大修）。各种修程的检修周期及检修时间见表 2–4 。

表 2–4　各修程检修周期及检修时间

检修种类	检修周期		检修时间 / 天
	里程 / 万 km	时间 / 年	
月检	—	1 月	2/2
定修	12.5 ~ 15	1 ~ 5	8/6
架修	50 ~ 60	5 ~ 6	20/18
厂修	100 ~ 120	10 ~ 12	35/32

各种修程的主要检修内容和范围如下：

①月检。对车辆外观和一般功能进行检查，即对车辆主要部件的技术状态进行外观检查和必要试验，对危及行车安全的故障进行全面修理。

②定修。定修主要是预防性的修理，需要架车。对各大部件的技术状态和作用做较仔细检查，对检查发现的故障进行针对性修理，对车上的仪器和仪表进行校验，车辆组装后要经过静调和试车。

③架修。架修主要目标是检测和修理大型部件（如走行部、牵引电动机、传动装置等），同时，经架车对车辆各部件进行解体和全面检查、修理、试验，对计量的仪器、仪表进行校验，车体要重新油漆标记，组装后进行静调和试车。

④厂修（大修）。厂修（大修）是全面恢复性修理。要求对车辆全面解体、组装后要重新油漆、标记、静调和试车、检查、整形、修理和试验，要求完全恢复其功能。总之，厂修后的车辆基本上要达到新车出厂水平。

国外车辆的修程主要是根据预防性维修的原则，从走行千米与运行时间上考虑，对车辆的各部件进行修理的一种检修制度。例如，日本城轨交通车辆的修程主要有重要部检查和全面检查（车辆工厂），日检查、月检查（检车区）。我国内地城轨车辆的检修制度基本上沿用了传统的轨道交通车辆的检修经验，采用按运行里程和时间进行预防性“计划检修”和发生故障后的事后“故障维修”。

（2）车辆检修制式。目前，世界各国车辆的检修制式有两种：一种是架（厂）修、段修分修制；另一种是厂修、段修合修制。

①分修制。厂修、段修分修制，就是修建专门的车辆大修厂（不限于 1 个），承担全线线网各线车辆的大修任务；车辆的架修、定修及其以下的修理工作，由各线的车辆段承担。

分修制的优点是实行专业化生产，形成规模效益，有利于提高修车质量，具有一定的经济性，一般用于轨道线网规模较大的城市；缺点是在工程建设起始阶段必须同时修建车辆大修厂和车辆段，由于形成有一定规模的轨道交通线网须经几十年时间，因此大修厂在建成后相当时间内，由于车辆大修车任务不足，投资效益难以发挥。

国内目前北京采用厂修、段修分修制。

②厂修、段修合修制。厂修、段修合修制就是不设专门的车辆大修厂，车辆的大修在车辆段内进行。对于线网规模不大的城市，采用厂修、段修合修制较为经济。采用厂修、段修合修制可以避免分修制的问题。另外，由于车辆进行大修所用的大部分机械设备与车辆进行段修所用的机械设备基本相同，因此，将厂修与段修合并还可以减小机械设备的重复投资，提高设备利用率。世界大多数城市采用厂修、段修合修制。

二、检修的主要设施

为了实现车辆检修工艺要求，根据车辆段所承担的任务范围，段内宜配套建设大架修库、定临修库、静调库、吹扫库、喷漆库、部件检修试验间及相应的线路（定修线、架修线、临修线、静调线、试车线等）等。

1. 大架修库

大架修库负责车辆大修、架修作业中的架车、部件解体、解钩、车体修整（铝合金模块化车体）、部件组装、落车等检修作业。

在大架修作业中，车体与走行部分解的常用方法有架车体与吊车体两种。在吊车体方式中，库内设置专门的解体组装线，由大吨位桥式起重机配套库线上的检查地沟，实现走行部与车体之间的分解和移位。通过库内设置地下同步架车机完成走行部与车体的分解，通过室内移车台将车体移位。库内配备移动式升降平台等设备，方便检修人员上下车辆，以及车底电气箱柜的拆装作业。根据需要在库内敷设压缩空气管道、交直流电力插座（或配电箱）及低压照明插座等。

2. 定临修库

一般将定修作业与临修作业合库布置，形成定临修库。定修作业量较小时，也可将静调与定临修合库设置。

3. 喷漆库

喷漆库宜独立布置或设置在联合基地的边侧。库内设置静电喷漆设备和机械通风设备，各种电器及照明设备应满足防爆要求。

4. 不落轮镟轮设备

转向架的轮对在运行中会发生踏面的擦伤、剥离和轮缘磨耗，需要及时镟削。不落轮镟床可以在不拆卸轮对的情况下对其踏面和轮缘即时进行镟削，使同一转向架上的轮对在加工后有合适的公差配合。不落轮镟轮设备必须设置在库内，设备两端的线路长度各满足一列车的长度需要。

在车辆定修、临修、架修、大修过程中，除机加工设备、起重设备、电焊机、充电机、移动式空压机、探伤仪等标准设备外，还需要一部分专用设备，以完成车体及零部件的清洁、吹扫、干燥、修理、试验和调试等工作。

任务实施

工作任务一　车辆检修工艺

制作 PPT，复述车辆检修工艺。

工作任务二　检修主要设施

制作 PPT，复述检修主要设施。

任务评价

车辆检修工艺及设施评价表，见表 2–5。

表 2–5　车辆检修工艺及设施评价表

项目任务	车辆检修工艺及设施		
班 级		姓 名		评价时间	

考核内容			
考核项目	考核标准	分值	得分
车辆检修工艺	简述车辆检修工艺	25	
检修主要设施	比较优缺点	10	
	分类清晰，有依据	15	
制作内容	制作能清晰展示 PPT 演讲稿	15	
	要求类型分析图形准确，文字流畅	15	
	做到业务分析熟练、图文并茂	20	
指导教师意见：			

说明：1. 建议采用四级评分制（如 90% ～ 100%、80% ～ 90%、60% ～ 80%、< 60%）。
2. 主要采用小组互评的方式进行评价，教师最后进行参考评分。

思维拓展

1. 车辆基地有哪些组成部分？
2. 车辆基地的功能有哪些？
3. 车辆运用整备设施包括哪些组成部分？各自的作用是什么？
4. 车辆整备工艺及检修工艺流程有哪些？
5. 车辆检修修程有哪些？

项目三
轨道结构

项目背景

铁路轨道由道床、轨枕、钢轨、连接零件、防爬设备及道岔组成。

最初钢轨为铸铁轨，再发展为I形钢轨，20 世纪 80 年代，世界上多数铁路采用的标准轨距为 1 435 mm（等于英制的 4 英尺 8.5 英寸）。较此窄的称为窄轨铁路；较此宽的称为宽轨铁路。

项目任务书

轨道结构任务书见表 3–1。

表 3–1　轨道结构任务书

名称	轨道结构	
学习目标	知识目标	1．掌握钢轨分类、断面、化学成分等基本知识 2．掌握轨道结构的组成部分，了解钢轨磨耗、剥离掉块等常见病害 3．掌握接头连接零件的组成，掌握接头分类及其特点，掌握预留轨缝的计算 4．掌握轨枕分类、尺寸等接头连接零件的组成基本知识；熟悉轨枕失效的标准 5．掌握地铁扣件分类及其特点 6．掌握有砟道床断面特点、常见病害，了解石砟级配及材质选择 7．了解钢轨的作用及类型 8．熟悉地铁无砟轨道道床的分类及其特点 9．了解道口的分类及道口铺面设置
学习目标	技能目标	1．能正确复述钢轨分类、断面、化学成分等基本知识 2．能正确复述接头连接零件的组成、接头分类及其特点 3．能正确复述轨枕分类、尺寸等接头连接零件的组成基本知识；轨枕失效的标准 4．能正确复述扣件的基本作用和特点 5．能正确复述有砟道床断面特点、常见病害 6．能正确复述道口的分类及道口铺面设
	素质目标	1．具有良好的社会公德、职业道德和专业基本素质 2．具有强烈的法律意识、安全环境保护意识、安全与自我保护意识 3．具有沟通协调能力、语言表达能力、班组管理能力 4．培养团结协作、热情有礼、认真细心、沉着冷静、遇乱不惊的职业素养

续表

名称	轨道结构
学习内容	知识准备：阅读资料 任务一　钢轨认知 工作任务一　简述钢轨结构、钢轨的基本功能、钢轨断面 工作任务二　简述钢轨的化学成分、钢轨标志 工作任务三　复述钢轨伤损分类、钢轨磨耗、钢轨其他常见病害 任务二　接头连接零件认知 工作任务一　简述接头连接零件组成 工作任务二　简述接头轨缝、接头布置、接头类型 任务三　轨枕认知 工作任务　简述木枕、混凝土枕、合成轨枕、轨枕伤损和失效标准 任务四　中间连接零件认知 工作任务　简述扣件的功用、有砟线路扣件、无砟轨道扣件 任务五　有砟道床认知 工作任务　简述道床的功用、道床材料、道床断面、道床病害及其防治 任务六　无砟道床认知 工作任务　简述普通整体道床、减振整体道床、检修库整体道床 任务七　道口认知 工作任务　简述道口设置原则、道口铺设技术条件、道口铺面结构
任务实施要求	1．将授课班级学生分组，每小组 5~8 人为一个学习团队 2．每个学习团队组织学习，进行项目任务分析，任务分配，制订团队工作任务分配表 3．资料学习、相关知识准备完成项目的资讯环节 4．现场教学、资源利用完成项目的实施演练环节 5．学习团队讨论，编制项目任务知识点学习计划书 6．学习团队现场实践，制订现场实践的实施方案 7．学习团队按任务分配表制作项目任务的汇报演讲稿，团队派代表上台演讲 8．制定该项目任务的评价表，考核要素，进行小组互评
任务实施要点	1．教学资源收集与整理 2．确认任务学习的重点与难点 3．任务学习计划制订，小组任务分工，汇报 PPT 制作，小组交流演讲 4．学习团队进行讨论，可让老师参与讨论，通过团队合作获取问题的解决 5．能够识别安全标识，注意安全与环保意识的培养
任务拓展	1．会收集具有国内、外领先水平的具有代表性的城市轨道交通站场与线路的资料 2．按“准员工”的要求来学习，结合本城市的情况，组织团队成员去现场学习 3．能够进行城市轨道交通相关资料的查找与整理 4．会制作任务书要求的多媒体课件（PPT）
任务下发人	日期：　　年　　月　　日
任务执行人	日期：　　年　　月　　日

任务一 钢轨认知

任务导入

轨道是铁路的主要技术装备之一，是行车的基础。轨道是由钢轨、轨枕、道床、道岔、连接零件及防爬设备等组成的。钢轨是轨道最关键、最核心的组成部分，如图 3-1 所示。

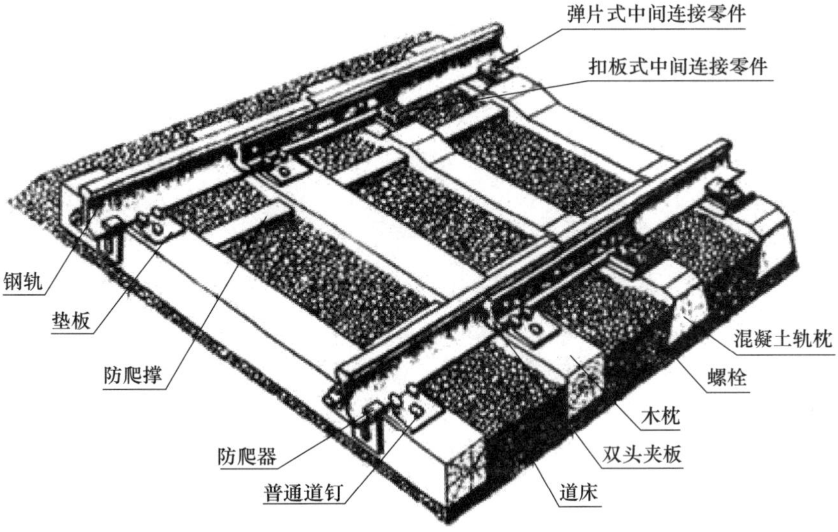

图 3-1　轨道基本组成

知识准备

一、轨道结构概述

轨道的作用是引导机车车辆运行，直接承受由车轮传来的荷载，并将其传递给路基或桥隧建筑物。轨道必须坚固稳定，并具有正确的几何形位，以确保机车车辆的安全运行。

钢轨是轨道的主要部件，用于引导机车车辆行驶，并将所承受的荷载传递给轨枕、道床及路基。同时，为车轮的滚动提供阻力最小的接触面。

轨枕是轨道结构的重要部件，一般横向铺设在钢轨下的道床上，承受来自钢轨的压力，使之传递给道床。同时，利用扣件有效地保持两股钢轨的相对位置。轨枕主要有木枕和混凝土枕两类。

连接零件是连接钢轨或连接钢轨和轨枕的部件。前者称接头连接零件；后者称中间连接零件（或扣件）。其作用是有效地保证钢轨与钢轨或钢轨与轨枕之间的可靠连接，尽可能地保持钢轨的连续性与整体性，阻止钢轨相对于轨枕的纵横向位移，确保轨距正常，并在机车车辆的动力作用下，充分发挥缓冲减振性能，延缓线路残余变形的积累。

道床是轨枕的基础，在其上以规定的间隔布置一定数量的轨枕，用以增加轨道的弹性和纵、横向移动的阻力，并便于排水和校正轨道的平面和纵断面。其主要材料是碎石。

防爬设备能有效地防止钢轨与轨枕之间发生纵向的相对移动，制止钢轨爬行。道岔是机车车辆从一股轨道转入或越过另一股轨道时必不可少的线路设备，在铁路站场布置中应用极为广泛，是轨道结构的重要组成部分。

二、钢轨的基本功能

钢轨的功用在于引导机车车辆的车轮前进，为车轮提供连续、平顺和阻力最小的滚动表面，承受车轮的巨大压力，并传递到轨枕上。在电气化铁道或自动闭塞区段，钢轨还可兼作轨道电路之用。

世界铁路所用钢轨的类型通常按每延米质量来分，我国铁路所使用的钢轨单位质量有 38 kg/m、43 kg/m、50 kg/m、60 kg/m 和 75 kg/m。钢轨刚度的大小直接影响轨道总刚度的大小，轨道总刚度越小，在列车动荷载作用下钢轨挠度就越大。对于低速列车来说，影响较小，但对于高速列车，则就会影响列车的舒适度和列车速度的提高，在轴重大、运量大和速度高的重要线路上采用质量大的钢轨，在一般次要线路上使用的钢轨质量相对要小一些。

城市轨道交通线路正线采用 CHN 60 轨，站场线路除试车线、出入场线采用 CHN 60 钢轨外，其余均采用 CHN 50 轨。

我国目前的钢轨定长为 12.5 m 和 25 m 两种，对于 75 kg/m 只有 25 m 一种。还有用于曲线内股的缩短轨，对于 12.5 m 标准系列的缩短轨有短 40 mm、80 mm、120 mm 三种；对于 25 m 轨的有短 40 mm、80 mm、160 mm 三种。用于无缝线路的焊接钢轨采用定尺长为 100 m。

三、钢轨断面

作用在直线轨道钢轨上的力主要是竖直力，其结果是使钢轨挠曲。因为钢轨被视为支承在连续弹性基础上的无限长梁，而梁抵抗挠曲的最佳断面形状为 I 字形。因此，钢轨采用 I 字形断面，由轨头、轨腰和轨底三部分组成，如图 3−2 所示。

轨头宜大而厚，并具有与车轮踏面相适应的外形，以改善轨接触条件，提高抵抗压陷的能力，同时具有足够的支承面积，以备磨耗。轨腰必须有足够的厚度和高度，具有较大的承载能力和抗弯能力。轨底直接支承在轨枕顶面上中，为保持钢轨稳定，应有足够的宽度和厚度，并具有必要的刚度和抗锈蚀能力。

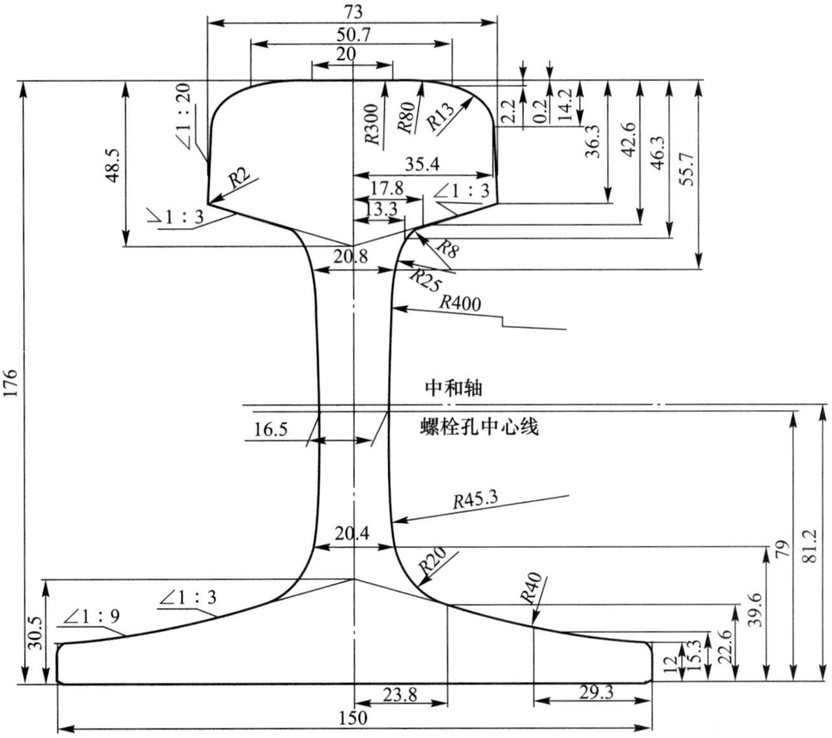

图 3-2　60 kg/ m 钢轨截面图（单位：mm）

钢轨截面尺寸及特性参数见表 3-2。

表 3-2　钢轨截面尺寸及特性参数

项目	钢轨类型			
	CHN 75	CHN 60	CHN 50	CHN 43
每米质量 m/（kg・m^{-1}）	74.414	60.64	51.514	44.653
截面面积 F/cm^2	95.073	77.45	65.8	57
重心距轨底面的距离 y_1/mm	88	81	71	69
对水平轴的惯性矩 J_x/cm^4	4490	3217	2037	1489
对竖直轴的惯性矩 J_y/cm^4	665	524	377	260
底部截面系数 W_1/cm^3	509	396	287	217
头部截面系数 W_2/cm^3	432	339	251	208
轨底横向挠曲截面系数 W_y/cm^3	89	70	57	46
钢轨高度 H/mm	192	176	152	140
轨底宽度 B/mm	150	150	132	111
轨头高度 h/mm	55.3	48.5	42	42
轨头宽度 b/mm	75	73	70	70
轨腰厚度 t/mm	20	16.5	15.5	14.5

四、钢轨的化学成分

钢轨的材质是指钢轨的化学成分及其金相组织，要使钢轨具有高可靠性的前提是钢轨材质具有较高的纯净度和合理的化学成分。钢轨出现质量的主要问题是由于钢轨的内部夹杂、缺陷所引起的疲劳折损。所以，提高钢轨材质的纯净度是减少钢轨疲劳折损、提高钢轨可靠性、延长使用寿命的有效途径之一。

钢轨中钢的主要元素是碳和铁，并根据强度和硬度的需要增加其他化学元素，同时限制磷和硫等有害元素的含量。在同一种类型的钢轨中，不同炉号和生产批次，其化学元素也有一些差别，所以，钢轨中的化学元素含量是一个范围，见表 3–3。

表 3–3　钢轨主要化学成分　（%）

项目	C	Si	mn	P	S	Al	V
京沪技术条件	0.65 ~ 0.75	0.10 ~ 0.50	0.80 ~ 1.30	≤ 0.025	0.008 ~ 0.025	0.004	
U71 mn	0.65 ~ 0.76	0.15 ~ 0.35	1.10 ~ 1.40	≤ 0.025	≤ 0.04	—	0.03
U71 mnSi	0.65 ~ 0.75	0.85 ~ 1.15	1.10 ~ 1.15	≤ 0.04	≤ 0.04	—	—
U75V（PD3）	0.71 ~ 0.78	0.50 ~ 0.70	0.75 ~ 1.05	≤ 0.025	0.008 ~ 0.025	0.004	0.04 ~ 0.08

（1）碳（C）是钢轨抗拉强度的主要来源，一般含量为 0.65%，但一般小于 0.82%，如含碳量过大，则会使钢轨的伸长率、断面收缩率和冲击韧性下降。

（2）锰（Mn）可提高钢轨强度和韧性，并去除有害的氧化铁和硫类夹杂物，如钢材中的含锰量超过 1.2%，则称为高锰钢，钢材的硬度，抗冲击性，耐磨性能能得到较大的提高，但锰对钢轨的焊接有不利影响。

（3）硅（Si）易与氧结合，除去钢中的气泡，增加钢的致密度，如在钢轨中的含硅量较高，则也能提高钢轨的耐磨性能，如钢中 SiO_2 以非金属夹杂物存在，则往往是钢轨的疲劳伤损源。

（4）磷（P）是有害成分，如钢轨中含磷过多，则就会出现冷脆性，在严寒地区，易造成钢轨断裂。

（5）硫（S）也是有害成分，如钢材中含硫过多，则当钢轨温度达到 800 ℃～1 200 ℃时出现热脆性，造成钢轨轧制或热加工过程中钢轨断裂，出现大量废品。一般要求磷和硫的含量都小于 0.04%，但国外有些钢轨磷和硫的含量达到或小于 0.015%。

另外，目前世界各国也生产合金轨，即在钢轨中加入钒（V）、铬（Cr）、钼（Mo）等，以提高钢轨的材质，满足高速铁路的要求。由于小半径曲线的因素，城市轨道交通线路正线近年来采用 U75V 热轧钢轨。

五、钢轨标志

我国钢轨生产厂家主要有攀钢、包钢、鞍钢和武钢四家。各厂家标志如图 3–3

所示。

(a)　　(b)　　(c)　　(d)

图 3-3　我国常见钢轨厂家标志

（a）攀钢标志；（b）包钢标志；（c）鞍钢标志；（d）武钢标志

六、钢轨伤损分类

钢轨伤损可分为轻伤、重伤和折断三类。

1. 钢轨轻伤标准

（1）钢轨头部磨耗超过表 3-4 所列限度之一者。

（2）轨端或轨顶面剥落掉块，其长度超过 15 mm，深度超过 4 mm。

（3）轨头下颏透锈长度超过 30 mm。

（4）钢轨低头（包括轨端踏面压伤和磨耗在内）超过 3 mm（用 1 m 直尺测量最低处矢度）。

（5）波浪形磨耗谷深超过 0.5 mm。

（6）钢轨顶面擦伤深度超过 1 mm。

（7）钢轨探伤人员判断达轻伤的。

2. 钢轨重伤标准

（1）钢轨头部磨耗超过表 3-5 所列限度之一者。

（2）钢轨表面裂纹（包括螺孔裂纹、轨头下颚水平裂纹、轨腰水平裂纹、轨头纵向裂纹、轨底裂纹等，不含轮轨接触疲劳引起的轨顶表面或近表面的鱼鳞裂纹）。

（3）钢轨低接头超过 3.5 mm。

（4）轨头下颏透锈长度超过 30 mm。

（5）轨端或轨顶面剥落掉块，其长度超过 30 mm，深度超过 8 mm。

（6）钢轨变形（如轨头扩大、轨腰扭曲或鼓包等），经判断确认内部有暗裂。

（7）钢轨锈蚀，除锈后轨底边缘处厚度不足 5 mm 或轨腰厚度不足 8 mm。

（8）钢轨顶面擦伤深度超过 2 mm。

（9）钢轨探伤人员判断达重伤的。

3. 钢轨折断标准

（1）钢轨全截面断裂。

（2）裂纹已经贯通整个轨头截面。

（3）裂纹已经贯通整个轨底截面。

（4）钢轨顶面上有长大于 50 mm、深大于 10 mm 的掉块。

表 3-4 钢轨头部磨耗轻伤标准

钢轨 /（$kg \cdot m^{-1}$）	总磨耗 /mm		垂直磨耗 /mm		侧面磨耗 / mm	
	正线、试车线	车辆段（场）线	正线、试车线	车辆段（场）线	正线、试车线	车辆段（场）线
60	14	16	9	10	14	16
50	12	14	8	9	12	14
注：① 总磨耗＝垂直磨耗＋ 1/2 侧面磨耗。 ② 垂直磨耗在钢轨顶面宽 1/3 处（距标准工作边）测量。 ③ 侧面磨耗在钢轨踏面（按标准断面）下 16 mm 处测量。						

表 3-5 钢轨头部磨耗重伤标准

钢轨 /（$kg \cdot m^{-1}$）	垂直磨耗 /mm	侧面磨耗 /mm
60	11	19
50	10	17

七、钢轨磨耗

钢轨磨耗可分为垂直磨耗、轨头侧面磨耗和波浪形磨耗。无论在直线还是在曲线轨道上，都存在垂直磨耗。垂直磨耗与轮轨之间的垂直力和轮轨之间的蠕滑、摩擦等因素有关，随着线路通过总质量的增大，垂直磨耗也相应增大。当垂直磨耗量达到一定值时，就得更换钢轨。在正常情况下决定钢轨使用寿命的两项依据是钢轨强度下降和车轮轮缘不与接头夹板上缘碰撞。

钢轨侧面磨耗主要发生在曲线轨道的外股钢轨。随着电力、内燃机车的应用和机车牵引功率的增大，钢轨侧磨的情况更加严重。钢轨侧磨直接影响曲线钢轨的使用寿命，特别是在半径 800 m 以下的曲线，这一情况更加严重。在半径 600 m 的曲线上，运量达到 1 亿吨就要更换，仅为其使用寿命的 1/7。

钢轨侧磨的主要原因是机车车辆通过曲线时，作用在外股钢轨轨头内侧的轮缘力和轮轨冲击角。而轮缘力和轮轨冲击角的大小受机车车辆的动力性能、转向架固定轴距的长短、曲线半径的大小、轨道的动力性能、轨道几何参数设置等诸多因素有关。减缓曲线轨道钢轨侧磨的措施有：合理调整轨道结构参数（如轨距、轨底坡、超高等）；改善轨道结构的动力性能（如改变轨道结构弹性）；钢轨侧面涂油等。

钢轨垂直磨耗与侧面磨耗都采用钢轨磨耗测量仪进行量测，如图 3-4 所示。垂直磨耗在轨顶距标准断面作用边 1/3 处测量，侧面磨耗在钢轨标准断面的轨顶面下 16 mm 处测量，总磨耗通过垂直磨耗与侧面磨耗数值计算得来，总磨耗＝垂直磨耗＋ 1/2 侧面磨耗。

钢轨侧磨使得轨头宽度变窄，钢轨在侧磨过程中，轨头下侧钢材产生塑性变形，产生裂纹，严重时形成核伤等病害，如图 3-5 所示。

图 3-4　钢轨垂直磨耗与侧面磨耗测量

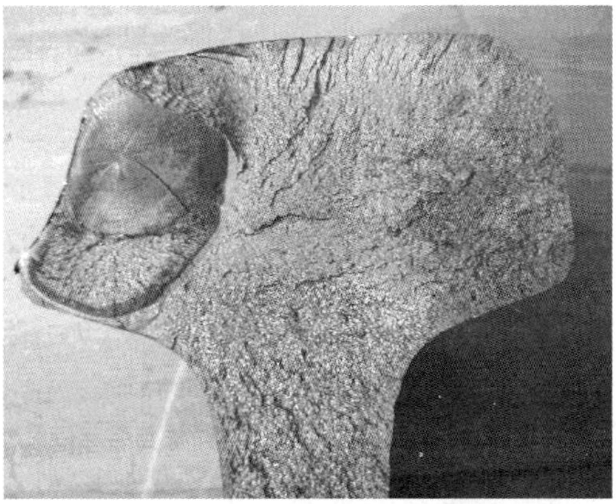

图 3-5　钢轨侧磨及轨头侧面核伤

波磨是指钢轨投入运行后在钢轨表面上出现的有一定规律的周期性磨损和塑性变形，如图 3-6 所示。钢轨的波磨问题一直是制约铁路高速重载发展的重要因素，其发生和发展规律的机理相当复杂，至今仍未被人们所掌握。根据波长可将波磨分两大类：波长为 30 ～ 80 mm，波深为 0.1 ～ 0.5 mm，波峰亮、波谷暗，规律明显，此类波磨称为波纹磨耗；波长为 150 ～ 600 mm 及以上，波深为 0.5 ～ 5 mm，波峰、波谷都发亮，此类波磨称为波浪形磨耗。

图 3-6　钢轨波浪形磨耗

波磨一般出现在曲线地段，在半径为 300 ～ 4 500 m 的曲线上都可能发生波磨。列车制动地段的波磨出现概率和磨耗速率都较大。直线地段出现波磨的情况很少。波磨的成因十分复杂，有钢轨材质原因，也有机车车辆动力性能的原因，还有列车运行工况的原因。防止和减缓钢轨波磨的措施有提高轨道结构的弹性；合理设置曲线轨道的参数；钢轨表面打磨等。

对钢轨进行现场打磨始于 20 世纪 50 年代，最初用于整治波形磨耗，现已发展成为一种多功能的现代化养路技术。打磨的重点已从钢轨修理转向钢轨保养。钢轨的定期打磨，可以消除和延缓波磨、消除钢轨表面的接触疲劳层防止剥离掉块、对断面打磨还可以改善轮轨接触条件，降低接触应力。根据钢轨打磨的目的及磨削量，钢轨打磨可分为以下三类：

（1）预防性打磨。预防性打磨是在裂纹开始扩展前将这些裂纹萌生区打掉，近年来已发展成为控制钢轨接触疲劳的技术。其力图控制钢轨表面接触疲劳的发展，打磨周期较短，以便在钢轨表面裂纹萌生时就予以消除。

（2）修理性打磨。修理性打磨主要用来消除钢轨的波浪形磨耗、车轮擦伤、轨裂纹及接头的马鞍形磨耗，钢轨的一次磨削量较大，打磨周期长。但是这种打磨方式并不能消除引起波磨、钢轨剥离及掉块的潜在的接触疲劳裂纹，在以后列车通过时，这些裂纹还将继续扩展。

（3）钢轨断面廓形打磨，对曲线地段或者钢轨焊头等钢轨断面进行非对称打磨能明显降低轮轨横向力和冲角，达到减轻钢轨侧磨的目的。

八、钢轨其他常见病害

1. 轨头核伤病害

轨头核伤是对行车威胁最大的一种钢伤损。在列车荷载的反复作用下，在轨头内部出现极为复杂的应力分布和应力状态，使细小裂纹横向扩展成核伤，直至核伤周围的钢材强度不足以抵抗轮载作用下的应力，钢轨发生突然猝断，如图 3-7 所示。

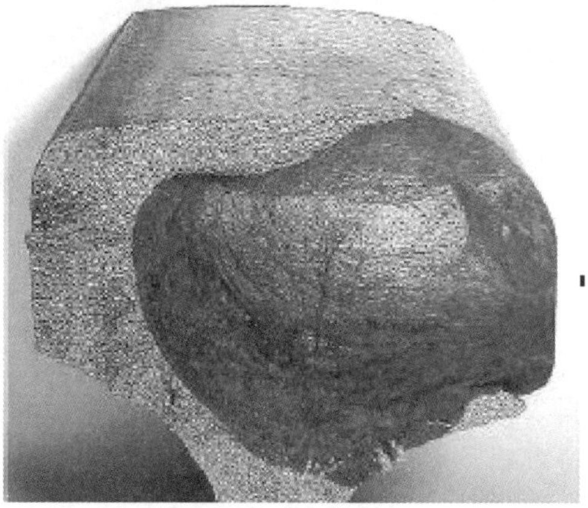

图 3-7　轨头核伤

钢轨核伤的内因是钢轨在制造过程中，在钢轨中的非金属夹杂物或微小气泡；外因是在列车荷载作用下，产生巨大的接触应力，使钢轨接触疲劳破坏。防止和减缓核伤的发生和发展的措施有提高钢轨的纯净度，减少钢轨中的非金属夹杂物；提高钢轨的接触疲劳强度；提高轨道结构的弹性，减小轮轨冲击荷载。

2. 轨头剥离病害

轨头剥离是当今重载铁路运输中经常出现的一种钢轨伤损，主要发生在轨头内侧圆角处。其发生的主要原因是在轨头内侧圆角处的轮轨接触应力较大，钢轨表面下几毫米处的剪应力使得钢轨产生剪切疲劳，生产裂纹后，钢轨表面掉块。剥离的最初阶段，钢轨表面出现间距呈规律的 45° 细微斜裂纹，裂纹方向与行车方向相反，如图 3-8 所示。之后轨头表面下出现微裂纹，当裂纹在表面下发展几毫米后，几乎成水平裂纹，当裂纹面积达到一定程度后，裂纹顶层在列车车轮碾压下产生塑性变形，最后断裂，轨面出现凹坑，如图 3-9 所示。

钢轨剥离的主要原因是接触应力过大，钢轨强度不足；钢轨材质有缺陷；车轮和轨道的维修工作不良等。钢轨剥离使得轮轨接触区产生较大变化，如细微裂纹下向发展，就有可能有形成轨头核伤，造成钢轨断裂。

图 3-8　轨头圆角处 45° 细微斜裂纹

图 3-9　钢轨表面的剥离掉块

3. 钢轨接头螺栓孔裂纹和焊接接头裂纹病害

在普通线路上，钢轨接头无法避免。一般在轨腰中和轴附近钻孔，以便安装接头螺栓。由于轨腰钻孔，强度被削弱，钢轨在应力传递过程中，在螺栓孔周围产生应力集中，同时，由于车轮通过接头时产生冲击，螺栓孔周围应力集中现象更为严重。在轮轨冲击荷载作用下，螺栓孔周围先产生肉眼看不见的 45° 斜向（与主应力垂直方向）细微裂纹，也称裂纹萌生期，在列车荷载的进一步作用下，裂纹进一步扩展并产生断裂，如图 3-10 所示。

常见的预防措施主要有提高钢轨接头区轨道结构的弹性；提高螺栓孔表面的加工光洁度和在孔口倒棱；对螺栓孔表面进行硬化、防锈等处理，提高螺栓表面的强度。

钢轨焊接接头的轨面平顺性较普通螺栓接头好得多，但由于焊缝（主要是铝热焊接头）材料与钢轨母材不一致，造成焊缝处钢轨的磨损与母材不一致而产生轨面不平顺，增大了轮轨冲击荷载，从而造成焊接接头钢轨的断裂，如图 3-11 所示。

图 3-10 钢轨接头螺栓孔裂纹

图 3-11 钢轨焊接接头的断裂

任务实施

工作任务一 简述钢轨结构、钢轨的基本功能、钢轨断面

制作 PPT，复述钢轨结构、钢轨的基本功能、钢轨断面。

工作任务二 简述钢轨的化学成分、钢轨标志

制作 PPT，复述钢轨的化学成分、钢轨标志。

工作任务三 复述钢轨伤损分类、钢轨磨耗、钢轨其他常见病害

制作 PPT，复述钢轨伤损分类、钢轨磨耗、钢轨其他常见病害，比较分析。

任务评价

钢轨认知评价表，见表 3-6。

表 3-6 钢轨认知评价表

<table>
<tr><td>项目任务</td><td colspan="4">钢轨认知</td></tr>
<tr><td>班级</td><td></td><td>姓名</td><td></td><td>评价时间</td><td></td></tr>
<tr><td colspan="6">考核内容</td></tr>
<tr><td>考核项目</td><td colspan="3">考核标准</td><td>分值</td><td>得分</td></tr>
<tr><td>钢轨结构、钢轨的基本功能、钢轨断面、钢轨的化学成分、钢轨标志</td><td colspan="3">简述钢轨结构、钢轨的基本功能、钢轨断面、钢轨的化学成分、钢轨标志</td><td>15</td><td></td></tr>
</table>

续表

考核项目	考核标准	分值	得分
钢轨伤损分类、钢轨磨耗、钢轨其他常见病害	比较各种伤损情况	10	
	分类清晰，有依据	25	
制作内容	制作能清晰展示 PPT 演讲稿	15	
	要求类型分析图形准确，文字流畅	15	
	做到业务分析熟练、图文并茂	20	
指导教师意见：			
说明：1．建议采用四级评分制（如 90% ～ 100%、80% ～ 90%、60% ～ 80%、＜ 60%）。 2．主要采用小组互评的方式进行评价，教师最后进行参考评分。			

任务二
接头连接零件认知

任务导入

连接钢轨或连接钢轨及轨枕的零件，前者称接头连接零件，后者称中间连接零件。其作用是长期有效地保证钢轨与钢轨及钢轨与轨枕之间的可靠连接，尽可能地保持钢轨的连续性与整体性，阻止钢轨相对于轨枕的纵向移动，确保轨距正常，并在机车车辆的动力作用下充分发挥缓冲减振性能，减缓线路残余变形的积累。

知识准备

一、接头连接零件组成

钢轨接头的连接零件由夹板、螺栓、螺母、弹簧垫圈组成。

接头夹板的作用是夹紧钢轨，夹板以双头对称式（对称度在 10% 以内）为最常用。接头夹板可分为斜坡支承型和圆弧支承型两种，如图 3-12 所示。我国目前标准钢轨接头用斜坡支承型双头对称式夹板。这种夹板的优点在竖直荷载作用下，具有较大的抵抗弯曲和横向位移的能力。夹板上下两面的斜坡，能楔入轨腰空间，但不贴住轨腰。这样，当夹板稍有磨耗，以致连接松弛时，仍可重新旋紧螺栓，保持接头连接的牢固。

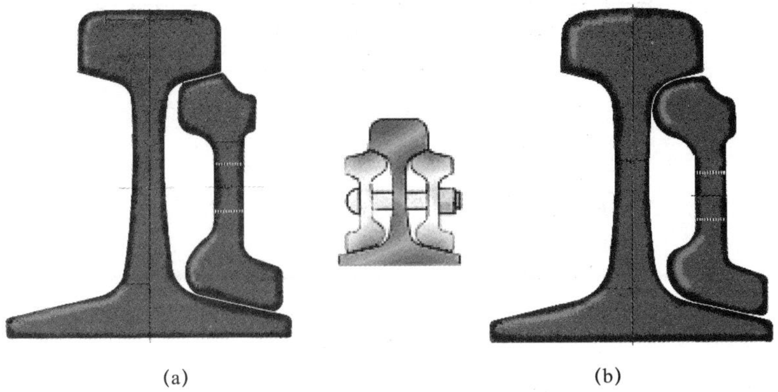

图 3-12　接头夹板的支承形式

（a）斜坡支承型；（b）圆弧支承型

我国铁路使用的夹板上有 6 个螺栓孔，圆形与长圆形孔相间布置，如图 3-13 所示。圆形螺栓孔的直径较螺栓直径略大，依靠钢轨圆形螺栓孔直径与螺栓直径之差，以及夹板圆形螺栓孔直径与螺栓直径之差，就可以得到所需要预留的轨缝。夹板的 6 个螺栓头部交替布置，以免列车脱轨时，车轮轮缘将所有的螺栓剪断。我国铁路使用的接头接头螺栓如图 3-14 所示，夹板的主要尺寸如图 3-15 所示。

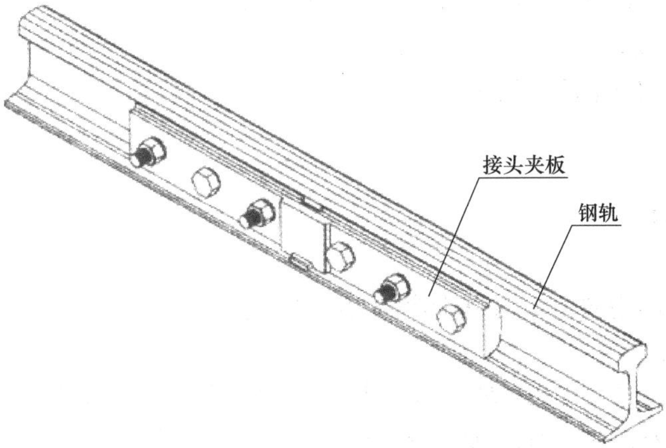

图 3-13　接头示意

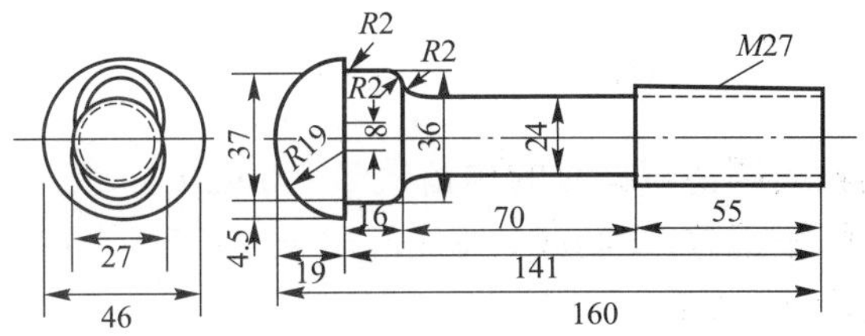

图 3-14　钢轨接头螺栓（单位：mm）

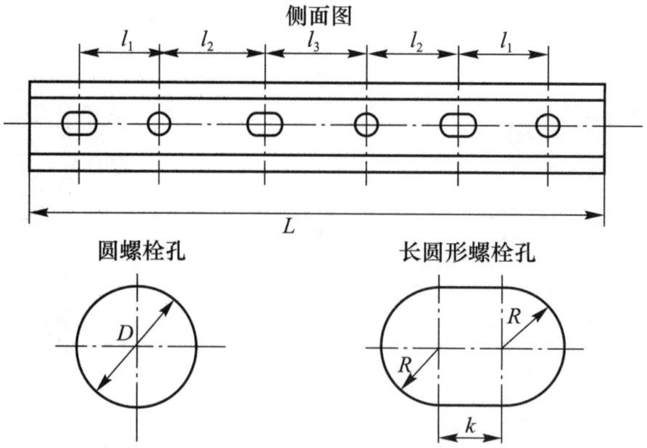

图 3–15 钢轨夹板尺寸

接头夹板的主要尺寸，见表 3–7。

表 3–7 接头夹板的主要尺寸 （mm）

尺寸	L	l_1	l_2	l_3	D	R	k
CHN 60 钢轨	820	140	140	160	26	13	8
CHN 50 钢轨	820	140	150	140	26	13	8

接头螺栓按其机械性能划分等级，分成 10.9 级和 8.8 级两种高强度螺栓，抗拉强度分别相当于 1 090 MPa 和 880 MPa。螺母由 Q275 钢材制成。螺母直径有 22 mm 和 24 mm 两种。螺母的许用拉伸应力为 1 060 MPa。

为防止螺栓松动，要加弹簧垫圈（单圈），有圆形和矩形两种。在无缝线路伸缩区的钢轨接头加设高强度平垫圈。

二、接头轨缝

普通线路钢轨接头，应根据钢轨长度，轨温变化及钢轨伸缩规律预留轨缝，预留轨缝的条件如下：

（1）当轨温达到当地最高轨温时轨缝大于或等于零，轨端不受顶力。

（2）当轨温达到当地最低轨温时轨缝小于或等于构造轨缝，接头螺栓不受剪力。

预留轨缝计算公式如下：

$$a_0 = \alpha L(t_z - t_0) + \frac{1}{2}a_g \tag{3-1}$$

式中 a_0——更换钢轨或调整轨缝时的预留轨缝（mm）；

α——钢的线膨胀系数，为 0.011 8［mm/（m · ℃）］；

L——钢轨长度（m）；

t_Z——更换钢轨或调整轨缝地区的中间轨温（℃）．

$$t_z = \frac{1}{2}(T_{\max} + T_{\min})$$

$T_{\max}$, $T_{\min}$——当地历史最高和最低轨温（℃）；

t_0——更换钢轨或调整轨缝时的轨温（℃）；

a_g——构造轨缝，均采用 18 mm。

为保证钢轨接头工作正常，对接头螺栓的扭矩做了规定，见表 3-8。

表 3-8　普通线路钢轨接头螺栓扭矩标准

项目	单位	25 m 钢轨						12.5 m 钢轨	
		最高、最低轨温差＞ 85 ℃			最高、最低轨温差≤ 85 ℃				
钢轨类型	kg/m	≥ 60	50	43	≥ 60	50	43	50	43
螺栓等级	—	10.9	10.9	8.8	10.9	8.8	8.8	8.8	8.8
扭矩	N・m	700	600	600	500	400	400	400	400
c 值	mm	6	4	2					

注：1. c 值为接头阻力及道床阻力限制钢轨自由伸缩的数值；
2. 小于 CHN 43 钢轨比较 CHN 43 钢轨办理；
3. 高强度绝缘接头螺栓扭矩不小于 700 N・m。

轨缝应设置均匀，每千米轨缝总误差：25 m 钢轨地段不得大于 80 mm；12.5 m 钢轨地段不得大于 160 mm。绝缘接头轨缝不得小于 6 mm。

三、接头布置

钢轨接头相对于轨枕的承垫形式可分为悬空式和承垫式两种，如图 3-16 所示。单枕承垫式因车轮通过时使轨枕左右摇摆而稳定性较差，故目前很少采用；双枕承垫式在正线绝缘接头使用较多；我国铁路采用悬空式钢轨接头。

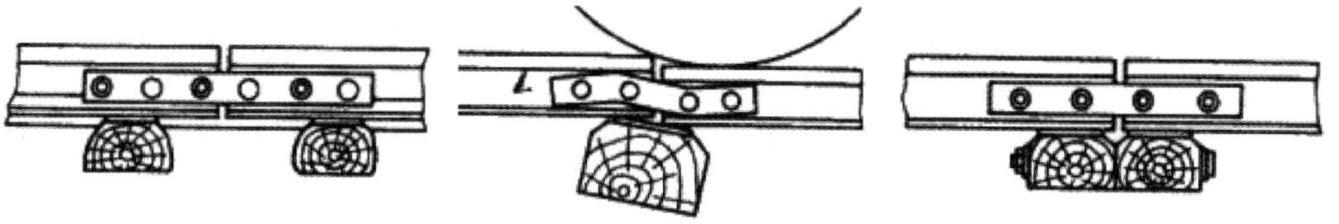

(a)　　(b)　　(c)

图 3-16　钢轨接头的承垫方式

（a）悬空式；（b）单枕承垫式；（c）双枕承垫式

按两股钢轨接头的位置可分为相对式和相错式，如图 3-17 所示。相错式的缺点是车轮轮流冲击接头，如轨道状态不良，加剧了车辆的摇晃。在轨道铺设时，也不能采用单根钢轨长度的轨排铺设，不利于机械化施工。美国铁路多采用相错式钢轨接头，我国铁路采用相对式钢轨接头。

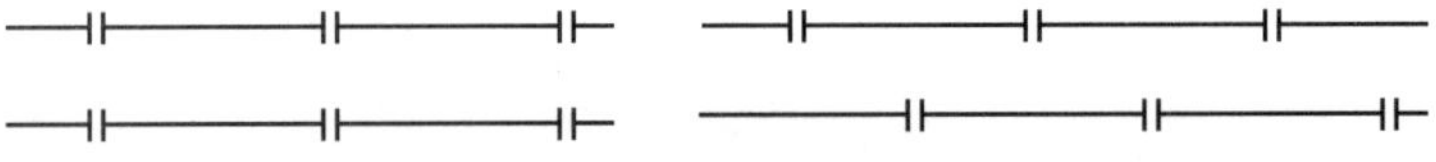

图 3-17　相对式和相错式钢轨接头布置

（a）相对式钢轨接头；（b）相错式钢轨接头

四、接头类型

钢轨接头按功能可分为普通接头、异形接头、导电接头、绝缘胶接接头、伸缩接头和焊接接头。

钢轨异形接头是用于连接两种不同型号的钢轨，如 CHN 75 钢轨与 CHN60 钢轨连接，CHN 60 钢轨与 CHN 50 钢轨连接，但不能 CHN 60 钢轨与 CHN 45 或 CHN 43 钢轨连接，也即要相邻等级钢轨之间方可用异形接头连接。由于不同等级的钢轨高度，轨腰高度都不一致，因此夹板也随两种钢轨的变化，如图 3-18 所示。

由于钢轨表面和夹板表面生锈，导致接头电阻较大，为了减少轨道电路的电流损失，在轨端钻孔连接导电线，形成导电接头。由于在轨头钻孔影响钢轨的疲劳强度，现在的导电接头一般用喷焊连接导电线，如图 3-19 所示。

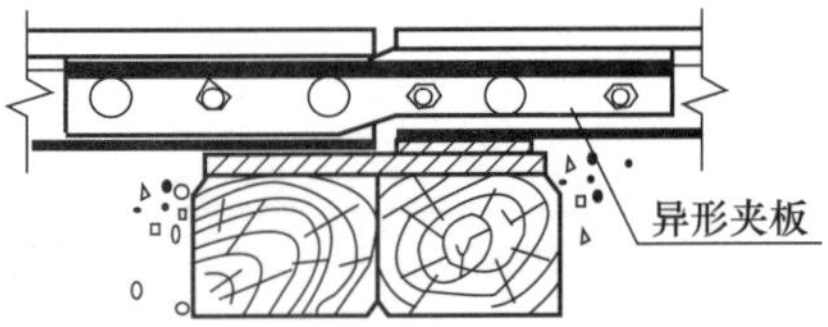

图 3-18　承垫式钢轨异形接头

图 3-19　承垫式导电钢轨接头

绝缘接头用于自动闭塞区段闭塞分区两端的钢轨接头上，隔断电流。普通绝缘接头是在夹板与轨腰之间用尼龙绝缘板，在轨缝中也用一块与钢轨截面形状相同绝缘板，接头螺栓也用尼龙套管绝缘，但这种结构形式的钢轨接头由于尼龙绝缘层的存在，在列车冲击轮载作用下，接头螺栓容易松动。

胶接绝缘接头是采用绝缘合成胶取代了尼龙绝缘板，使夹板与钢轨密切接触，具有较高的强度和韧性，在强大力的作用下也能保证钢轨与夹板不发生相对移动，所以，胶接接头区的轨道养护条件也与无缝线路的养护条件相同。胶接接头采用全断面夹板，胶粘工艺有用热胶在工厂内完成粘结，也有用双组常温固化胶在现场完成粘结，如图 3-20 所示。

伸缩接头又称钢轨伸缩调节器，可以有 150 ～ 1200 mm 的伸缩量，伸缩量的大小可以根据需要设计。我国一般在跨度大于 100 m 的桥上使用伸缩接头，原因是普通钢轨接头的伸缩量难以满足钢轨伸缩的要求。在大跨度或高墩混凝土梁桥上为减小墩台或钢轨受力，也在桥上或桥头路基上铺设伸缩调节器。

钢轨伸缩接头可分为基本轨和尖轨。尖轨固定不动；基本轨向轨道外侧伸缩，这样保证了基本伸缩时轨距保持不变，如图 3-21 所示。温度应力无缝线路长钢轨使用钢轨焊接头，焊接头有接触焊、气压焊和铝热焊，在无缝线路部分详细讨论。

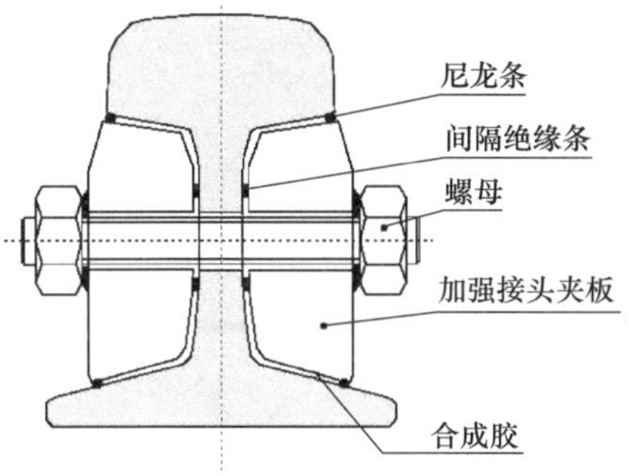

(a)

(b)

图 3-20 钢轨胶接接头

（a）钢轨胶接接头；（b）铺设在线路上的钢轨胶接接头

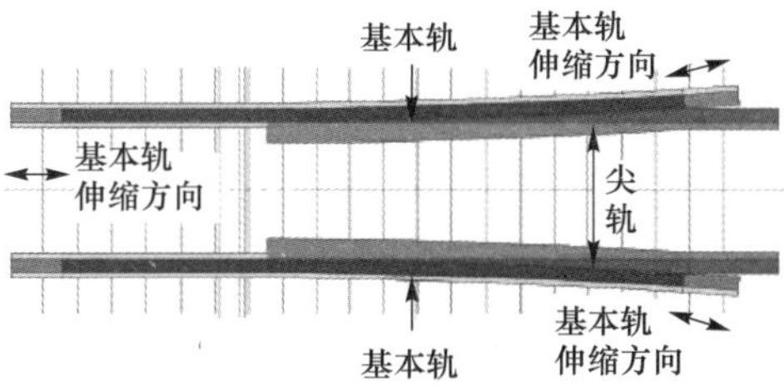

(a)

(b)

图 3-21 钢轨伸缩接头

（a）钢轨伸缩接头；（b）铺设在线路上的钢轨伸缩接头

任务实施

工作任务一 简述接头连接零件组成

制作 PPT，正确复述接头连接零件组成。

工作任务二 简述接头轨缝、接头布置、接头类型

制作 PPT，正确复述接头轨缝、接头布置、接头类型，进行分析比较。

任务评价

接头连接零件认知评价表，见表 3-9。

表 3-9 接头连接零件认知评价表

<table>
<tr><td>项目任务</td><td colspan="5">接头连接零件认知</td></tr>
<tr><td>班级</td><td></td><td>姓名</td><td></td><td>评价时间</td><td></td></tr>
<tr><td colspan="6">考核内容</td></tr>
<tr><td colspan="2">考核项目</td><td colspan="2">考核标准</td><td>分值</td><td>得分</td></tr>
<tr><td colspan="2">接头连接零件组成</td><td colspan="2">简述接头连接零件组成</td><td>15</td><td></td></tr>
<tr><td colspan="2" rowspan="2">接头轨缝、接头布置、接头类型</td><td colspan="2">比较优缺点</td><td>10</td><td></td></tr>
<tr><td colspan="2">分类清晰，有依据</td><td>25</td><td></td></tr>
<tr><td colspan="2" rowspan="3">制作内容</td><td colspan="2">制作能清晰展示 PPT 演讲稿</td><td>15</td><td></td></tr>
<tr><td colspan="2">要求类型分析图形准确，文字流畅</td><td>15</td><td></td></tr>
<tr><td colspan="2">做到业务分析熟练、图文并茂</td><td>20</td><td></td></tr>
<tr><td colspan="6">指导教师意见：</td></tr>
<tr><td colspan="6">说明：1. 建议采用四级评分制（如 90% ～ 100%、80% ～ 90%、60% ～ 80%、< 60%）。
2. 主要采用小组互评的方式进行评价，教师最后进行参考评分。</td></tr>
</table>

任务三
轨枕认知

任务导入

轨枕承受来自钢轨的各向压力，并弹性地传递给道床，同时，有效地保持轨道地几何行位，特别是轨距和方向。轨枕应具有必要的坚固性、弹性和耐久性，并能便于固定钢轨，有抵抗纵向和横向位移的能力。

轨枕依其构造及铺设方法可分为横向轨枕、纵向轨枕及短轨等。横向轨枕与钢轨垂直间隔铺设，是一种最常用的轨枕；纵向轨枕一般仅用于特殊需要的地段；短轨是在左右两股钢轨下分开铺设的轨枕，常用于混凝土整体道床。轨枕按其使用目的分为用于一般区间的普通轨枕、用于道岔上岔枕、用于无砟桥梁上桥枕、混凝土枕和混凝土宽枕。

知识准备

一、木枕

木枕又称枕木，是铁路最早采用而且仍然继续使用的一种轨枕，如图 3-22 所示。其主要优点是弹性好，可缓和列车的冲击作用；易加工，运输、铺设、养护维修方便；与钢轨连接比较简单；有较好的绝缘性能等。但木枕要消耗大量优质木材，由于资源有限，其价格较高；木枕的主要缺点是易腐朽、磨损，使用寿命短，这也有来自生产工艺水平的原因；其次是由于木材种类和部位的不同，其强度、弹性不完全一致，在机车车辆作用下会形成轨道不平顺，增大了轮轨动力作用。

图 3-22　木枕轨道

木枕的使用寿命短，其失效原因很多，主要是腐朽、机械磨损和开裂。木枕腐朽是生物作用的过程，而机械磨损和开裂是列车反复作用和时干时湿的结果。这三者是互为因果的。木枕一旦腐朽，强度就要降低，同时会促进机械磨损和开裂的加剧发展；相反，木枕一旦出现机械磨损和开裂，木质受到损伤，这就为加速腐朽提供了有利条件。为延长木枕使用寿命，应对这三者进行综合治理。

木枕按用途可分为普通木枕、道岔木枕和桥枕等。国家标准规定的普通木枕可分为Ⅰ、Ⅱ两类。Ⅰ类木枕多用于正线，Ⅱ类木枕用于站线。道岔木枕不分类。

木枕的断面一般为矩形，尺寸根据轨距、轨道结构、运营条件及养护维修作业等条件加以确定。普通木枕的标准长度为 2.5 m。木枕的断面形状如图 3-23 所示。

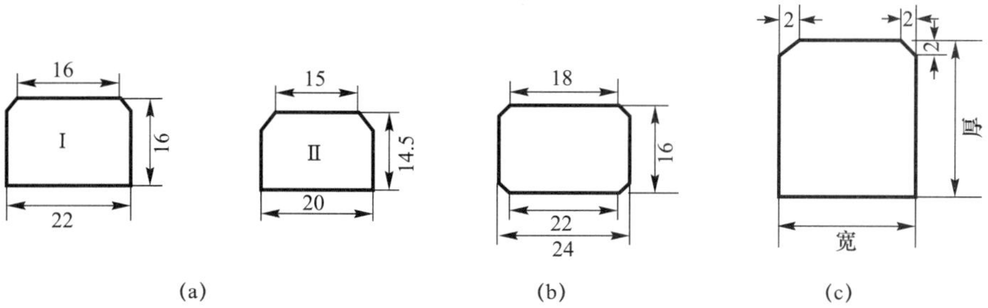

图 3-23　木枕的断面形状（单位：mm）

（a）普通木枕；（b）岔枕；（c）桥枕

使用木枕（含木岔枕）应遵守下列规定：

（1）木枕宽面在下，顶面与底面同宽时，应使树心一面向下。

（2）接头处使用质量较好的木枕。

（3）劈裂的木枕，铺设前应捆扎或钉组钉板。

（4）使用新木枕应用直径为 12.5 mm 的木钻钻道钉孔，孔深有铁垫板时为 110 mm，无铁垫板时为 130 mm，使用螺纹道钉时，应比照道钉办理。

（5）改道用的道钉孔木片规格：长为 110 mm，宽为 15 mm，厚为 5 ～ 10 mm，并经过防腐处理。

（6）除道岔内专用轨枕外，非同类型轨枕不得混铺。

（7）混凝土枕与木枕的分界处，距离钢轨接头不得少于 5 根轨枕。

（8）道岔与道岔之间应铺设与过渡轨枕同规格的轨枕。

二、混凝土枕

随着铁路高速、重载发展的需要，用混凝土枕代替已成为发展方向。混凝土枕材源较多，并能保证尺寸，使轨道弹性均匀，提高了轨道的稳定性。混凝土枕不受气候、腐朽、虫蛀及火灾的影响，使用寿命长。另外，混凝土枕还具有较高的道床阻力，这对提高无缝线路的横向稳定性是十分有利的。

混凝土枕的特点是质量重、刚度大，与木枕线路相比其轨底挠度较平顺，故轨道动力坡度小。同时存在列车通过不平顺的混凝土线路时，轨道附加动力增大。故对轨下部件的弹性提出了更高的要求，以提高线路抗震能力。

混凝土枕按使用部位的不同，可分为普通混凝土枕、混凝土岔枕及混凝土桥枕三种。混凝土枕按配筋方式可分为普通钢筋混凝土枕和预应力混凝土枕两类。普通钢筋混凝土抗弯能力很差，容量开裂失效，已被淘汰。预应力混凝土枕，制作时给混凝土施加强大的预压应力，因而具有抗裂性能好，用钢量少的优点。我国主要采用整体式混凝土枕和预应力混凝土枕，简称混凝土枕。

1. 混凝土枕外形及尺寸

混凝土结构设计主要取决于其受力状况。轨枕为支承在弹性基础上的短梁，在钢轨传来的荷载作用下，轨枕底面对轨枕产生反力，轨枕各截面则产生弯矩，如图3-24所示。

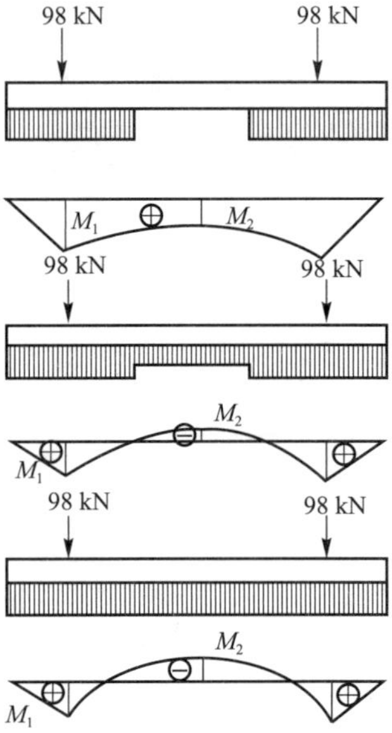

图 3-24 轨枕受力弯矩图

混凝土枕受力状况与道床支承条件有密切关系。支承条件有中间不承、中间部分支承和全支承三种情况。在不同支承情况下，轨枕承受弯矩的情况是不同的。由图 3-24 中可以看出，轨下截面正弯矩以中间部分不支承时为最大，而枕中截面负弯矩则以全支承时为最大。

（1）轨枕形状。混凝土枕截面为梯形，上窄下宽。梯形截面可以节省混凝土用量，减轻自重，也便于脱模。轨枕顶面支承钢轨的部分称为承轨槽，做成 1 : 40 的斜面，以适应轨底坡的要求，底面上一般还做出各种花纹或凹槽，以增回轨枕与道床间的摩阻力。

（2）轨枕长度。我国Ⅰ、Ⅱ型枕均为 2.5 m。有关试验结果表明，轨枕长度增加的优点为：可减少中间截面外荷载弯矩，以提高轨枕结构强度；提高纵横向稳定性和整体刚度，改善道床和路基的工况，对无缝线路的铺设极为有利；提高了道床的纵横向阻力，可适当减少轨枕配置根数。为适应高速、重载的需要，我国新设计的Ⅲ型轨枕长度分为 2.6 m 和 2.5 m 两种。

（3）轨枕高度。混凝土枕的高度在其纵长是不一致的，轨下部分高一些，中间部分矮一些。这是因为轨下截面通常在荷载作用下产生正弯矩，而中间截面则在荷载作用下产生负弯矩。而混凝土采用直线配筋，且各截面上的配筋均相同，所以，配筋的重心线在轨下部分应在截面形心之下，而在中间部分同应在截面形心之上。这样，对混凝土施加的预压应力形成有利的偏心距，使混凝土的拉应力不超过允许限度，防止裂缝的形成和扩展。

2. 我国混凝土枕分类

（1）Ⅰ型轨枕。当前我国线路上Ⅰ型轨枕基本淘汰，主要是螺栓孔间的纵裂及轨下正弯矩裂缝。产生的主要原因是：

①使用条件与承载能力不相匹配。

②结构薄弱，Ⅰ型枕开始没有设计箍筋及螺栓筋，因此，抵抗纵裂及螺栓孔裂纹的能力较差。

③由于中间截面承载能力低，道床需要掏空，给养护维修带来不便。

（2）Ⅱ型轨枕。Ⅱ型混凝土枕的研发开始于 1978 年，原称“81 型”轨枕，1984 年 2 月通过了铁道部组织的专家技术审查，鉴定以后改称Ⅱ型混凝土枕，包括 S–2 型枕和 J–2 型枕两种，已生产和铺设 1 亿多根，J–2 型混凝土枕尺寸如图 3–25 所示。目前，我国已停止生产 S–2 型枕（图号：TB1877 － 87），继续生产和使用并且通过铁道部组织的专家技术审查的Ⅱ型枕主要有 J–2（图号：专线 3227 － 85）、YⅡ –F（图号：专线 3385–3）、TKG–2（图号：研线 9840）、新Ⅱ型枕（图号：研线 0121）和 YⅡ –T 型（以下除特殊说明的外，新Ⅱ型枕以外的Ⅱ型枕统称老Ⅱ型枕）。

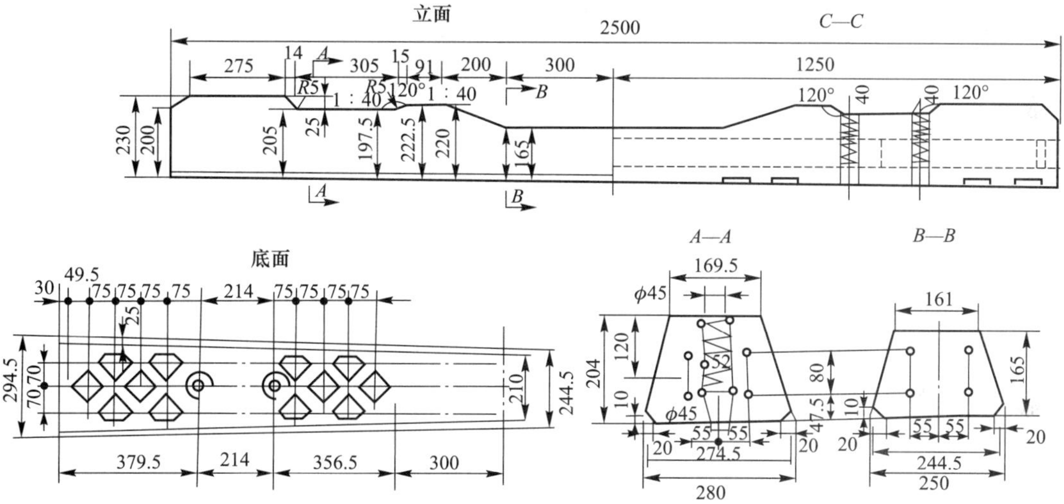

图 3–25　J–2 型混凝土枕

（3）Ⅲ型轨枕。Ⅲ型轨枕是从 1988 年开始，由铁道部专业设计院、铁道部科学研究院等单位研制（图 3–26）。Ⅲ型轨枕可分为挡肩和无挡肩两种形式（轨枕长度原设计为 2.6 m，为适应不同线路的需要，同时有 2.5 m 和 2.6 m 两种长度，其结构强度相同）。

Ⅲ型轨枕适用范围为：标准轨距铁路，有挡肩轨枕适用于直线或 *R* 大于等于 300 m 的曲线轨道；无挡肩轨枕适用于直线或 R 大于 350 m 的曲线轨道。

Ⅲ型枕的主要特点如下：

①结构合理，强化了轨道结构。由于轨枕长度增加到 2.6 m，并适当加宽了枕底，使枕下支承面积增加 17%，端侧面积约增加 20%，轨枕质量增加 31%，因此，可有效提高道床的纵、横向阻力，减缓重载运输所产生的道床累积变形，提高线路的稳定性。

②轨下和中间截面的设计承载力，较Ⅱ型轨枕分别提高了 43% 和 65%，提高了

轨枕的强度。

③采用无螺栓扣件的扣压力能保持线路稳定。无纵横向移动，有利于保持轨道的几何尺寸，减少养护修工作量。

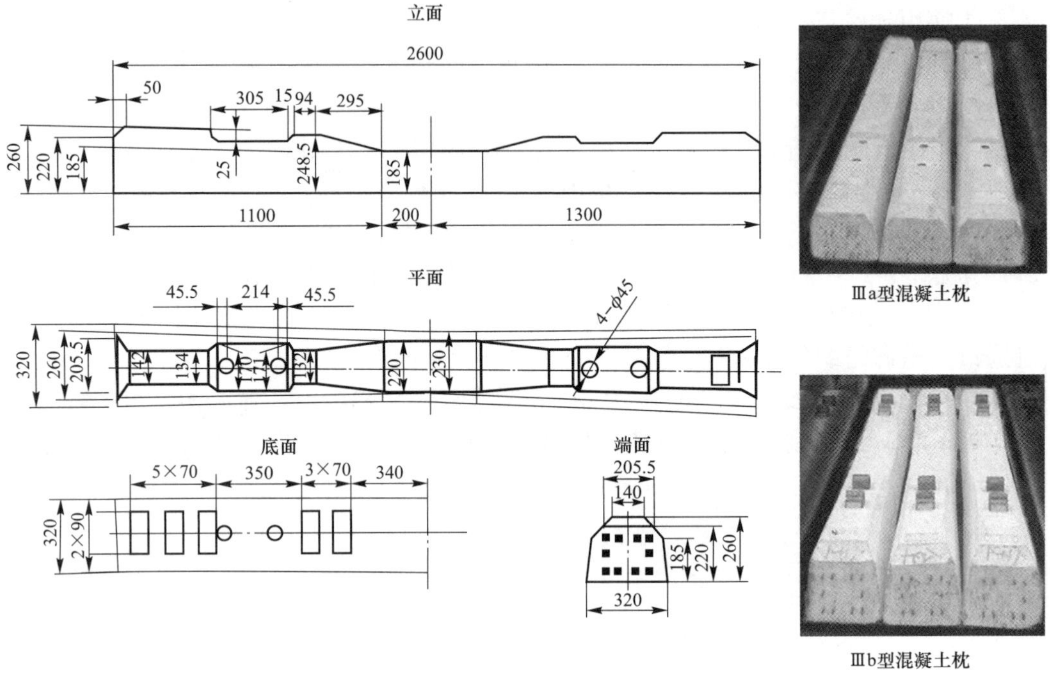

图 3-26 Ⅲ型混凝土枕（单位：mm）

3. 轨枕间距

轨枕间距与每千米配置的轨枕根数有关，后者应根据运量、行车速度及线路设备条件确定，并和钢轨及道床等综合考虑，合理配套，以求在最经济的条件下，保证轨道具有足够的强度和稳定性。轨枕密一些，道床、路基面、钢轨及轨枕本身受力都可小一些。同时，轨距、方向易于保持，对行车速度高的地段尤为重要。但也不能太密，太密则不经济，而且净距过小，也会在一定程度上影响捣固质量。

《地铁设计规范》（GB 50157—2013）规定，轨枕铺设数量应该在表 3-10 规定的范围内。

表 3-10 轨枕铺设数量

序号	道床形式	轨枕铺设数量			
		正线 50 kg/m、60 kg/m 钢轨			
		直线及 $R>400$ m 或坡度 $i<20‰$	$R\leqslant 400$ m 或坡度 $i\geqslant 20‰$	辅助线	车场线
1	枕式整体道床（根〈对〉/ km）	1 600 ~ 1 680	1 680	1 600	1 440
2	减振轨道枕式整体道床（根〈对〉/ km）	1 600 ~ 1 680	1680	1 600	1 440
3	混凝土枕碎石道床 / （根 · km^{-1}）	1 600 ~ 1 680	1 680	1 600	1 440
4	无缝线路混凝土枕碎石道床 / （根 · km^{-1}）	1 680 ~ 1 760	1 760 ~ 1 840	1 680 ~ 1 760	—
5	木枕碎石道床 / （根 · km^{-1}）	1 680 ~ 1 760	1 760 ~ 1 840	1 680	1 440

我国铁路规定，对木枕轨道，每千米最多为 1 920 根，混凝土枕为 1 840 根；每千米最少均为 1 440 根。轨枕的级差为每公里 80 根。

符合下列条件之一的地段，轨道应加强，对于混凝土枕每公里增加 80 根，木枕增加 160 根，当条件重合时，只增加一次，但不能超过前述允许最大铺设数量：

①在混凝土枕轨道 $R \leqslant 600$ m 的曲线（包括缓和曲线和圆曲线）或木枕轨道、电力牵引线路 $R \leqslant 800$ m 的曲线地段。

②坡度大于 12‰的下坡制动地段。

③长度等于或大于 300 m 的隧道内线路。

每千米铺设的轨枕根数确定以后，每节钢轨下轨枕的间距并不完全是平均分布的，这是因为在普通轨道上为了加强接头，悬空式接头处轨枕的间距 c 要比钢轨中部轨枕的间距 a 小，而 a 与 c 之间还应有一个过渡的轨枕间距 b，一般 $a > b > c$。接头处两根轨枕的间距 c 可根据接头构造而定：对于 50 kg/m 及以上钢轨，木枕接头间距为 440 mm，混凝土枕接头间距为 540 mm，见表 3-11；对于无缝线路，轨枕间距应均匀布置，见表 3-12。

表 3-11　普通线路的轨枕间距表

轨型	钢轨长度/m	每千米配置数量 / 根	每节钢轨配置数量 / 根	木枕 /mm			混凝土枕 /mm		
				c	b	a	c	b	a
60 kg / m 或 50 kg / m	12.5	1 600	20	440	594	640	540	587	635
		1 680	21	440	544	610	540	584	600
		1 760	22	440	524	580	540	569	570
		1 840	23	440	534	550	540	544	544
		1 920	24	440	469	530			
	25.0	1 600	40	440	537	635	540	579	630
		1 680	42	440	487	605	540	573	598
		1 760	44	440	497	575	540	549	570
		1 840	46	440	459	550	540	538	544
		1 920	48	440	472	525			

表 3-12　无缝线路轨枕间距

轨枕配置根数 /（根 · km^{-1}）	轨枕间距 / mm
1 667	600
1 760	568.2
1 840	543.5
1 920	520.8

三、合成轨枕

合成轨枕是连续玻璃纤维增强聚氨酯泡沫复合材料，具有优良的抗弯曲性能、抗疲劳性能、耐腐蚀性能、质量轻、寿命长、便于施工等特点。随着轨道交通和高速铁路的发展，合成轨枕必将成为现用木枕、混凝土轨枕的理想替代品。

1. 使用背景

不少线路已采用直线电动机运载系统，该系统不仅对轨道安装精度，而且对感应板安装精度的要求都很高，因而已成为轨道工程中的一个难点与重点。由于钢筋混凝土轨枕的后加工性能差，因此它与钢轨连接的地方均需在轨枕预制时预留好钢轨安放面及螺栓孔；在轨排安放时需认真进行测量、定位牢固，才能浇灌道床混凝土，因而施工进度相对较慢。尤其是在弯道、道岔部位，需同时满足弯道、超高、渐曲线径或道岔设备的精度要求，这些都造成轨道安装和定位的工期长，安装精度不够，施工成本高，难以满足直线电机线路的安装精度与工期要求。另外，混凝土轨枕密度大，运输和安装较困难。因此，4 号线已在道岔部位及小曲线地段采用合成轨枕。

2. 优点

合成轨枕的材料为玻璃纤维增强硬质聚氨酯泡沫材料，它是以玻璃长纤维粗纱为增强材料，由多异氰酸酯及聚醚多元醇在发泡剂、催化剂等助剂的作用下，在室温（或者一定温度）、常压（或者一定压力）下经发泡反应而制得，控制发泡的程度不仅可以改变材料的密度，而且可以调整材料的物理力学性能。材料的弯曲强度和弯曲模量随着基体密度的增加而增加，特别是当密度大于 0.3 g/cm³。以后，随着密度的增加，强度增加的幅度较为显著。其关系是机械强度的对数值与泡沫的密度成直线关系。高密度聚氨酯泡沫密度一般大于 0.15 g/cm³；而对于合成轨枕使用的增强型聚氨酯泡沫，其密度一般大于 0.4 g/cm³。除满足轨枕的物理力学性能外，合成轨枕与木枕、钢轨枕和钢筋混凝土轨枕相比，还具有以下明显的优点：

（1）密度小，质量轻，运输方便。地铁使用的合成轨枕密度为 0.74 g/cm³，远低于钢筋混凝土轨枕的 2.5 g/cm³，施工极为方便。

（2）与复合材料电缆支架相似，玻璃纤维增强塑料不腐朽，耐化学腐蚀，使用寿命长，性能稳定。在日本分别铺设在铁路隧道及桥梁上，已使用 15 年的以玻璃纤维增强硬质聚氨酯泡沫材料生产的合成轨枕跟踪调查报告表明，这类材料所制成的轨枕所具有的特性更稳定、更耐用，15 年来，合成轨枕区间没有维护的记录，也没有任何异常，且无须对合成轨枕进行维护的迹象。

（3）具有优良的电绝缘性能。

（4）由于聚氨酯发泡使基体内形成无数封闭的气泡，因而材料更能吸收列车所产生的震动，降低噪声。

（5）具有木材一样优异的后加工性能，设计自由度高，可有效提高轨道的安装速度与精度，且容易维护，可进行再修补。施工方可以根据实际安装需要在现场打孔进行安装，保证了直线电机系统感应板安装精度的要求。发泡聚氨酯为有机材料，若安装孔位置选择错误或需要调整，只需将化学填充剂倒入打错的孔，待反应凝固后即可在原安装孔位周边（甚至原孔位）再进行打孔安装而不必因为打错孔位报废整条枕木。

四、轨枕伤损和失效标准

1. 混凝土枕严重伤损标准

（1）横裂裂缝长度为枕高的 1/2 ～ 2/3。

（2）产生纵向裂纹。

（3）两螺栓孔间纵裂（挡肩顶角处缝宽不大于 1.5 mm）。

（4）纵向水平裂缝基本贯通（缝宽不大于 0.5 mm）。

（5）挡肩破损长度为挡肩长度的 1/3 ～ 1/2。

（6）严重网状龟裂和掉块。

（7）承轨槽压溃，深度超过 2 mm。

（8）钢筋（或钢丝）外露（钢筋未锈蚀，长度超过 100 mm）。

（9）斜裂长度为枕高的 1/2 ～ 2/3。

2. 混凝土轨枕（含混凝土短轨枕、混凝土岔枕）失效标准

（1）明显折断。

（2）纵向通裂。

①挡肩顶角处缝宽大于 1.5 mm。

②纵向水平裂缝基本贯通（缝宽大于 0.5 mm）。

（3）横裂（或斜裂）接近环状裂纹（残余裂缝宽度超过 0.5 mm 或长度超过 2/3 枕高）。

（4）挡肩破损，接近失去支承能力（破损长度超过挡肩长度的 1/2）。

（5）严重掉块。

3. 木枕（含木岔枕）失效标准

（1）腐朽失去承压能力，钉孔腐朽无处改孔，不能持钉。

（2）折断或拼接的接合部分离，不能保持轨距。

（3）机械磨损，经削平或除去腐朽木质后，其厚度不足 100 mm。

（4）劈裂或其他伤损，不能承压、持钉。

任务实施

工作任务一　简述木枕、混凝土枕、合成轨枕、轨枕伤损和失效标准

制作 PPT，正确复述木枕、混凝土枕、合成轨枕、轨枕伤损和失效标准。

任务评价

轨枕认知评价表，见表 3-13。

表 3–13　轨枕认知评价表

<table>
<tr><td>项目任务</td><td colspan="5">轨枕认知</td></tr>
<tr><td>班 级</td><td></td><td>姓 名</td><td></td><td>评价时间</td><td></td></tr>
<tr><td colspan="6">考核内容</td></tr>
<tr><td colspan="2">考核项目</td><td colspan="2">考核标准</td><td>分值</td><td>得分</td></tr>
<tr><td colspan="2">木枕、混凝土枕、合成轨枕</td><td colspan="2">简述木枕、混凝土枕、合成轨枕</td><td>25</td><td></td></tr>
<tr><td colspan="2" rowspan="2">轨枕伤损和失效标准</td><td colspan="2">比较优缺点</td><td>10</td><td></td></tr>
<tr><td colspan="2">分类清晰，有依据</td><td>15</td><td></td></tr>
<tr><td colspan="2" rowspan="3">制作内容</td><td colspan="2">制作能清晰展示 PPT 演讲稿</td><td>15</td><td></td></tr>
<tr><td colspan="2">要求类型分析图形准确，文字流畅</td><td>15</td><td></td></tr>
<tr><td colspan="2">做到业务分析熟练、图文并茂</td><td>20</td><td></td></tr>
<tr><td colspan="6">指导教师意见：</td></tr>
<tr><td colspan="6">说明：1．建议采用四级评分制（如 90% ～ 100%、80% ～ 90%、60% ～ 80%、< 60%）。
2．主要采用小组互评的方式进行评价，教师最后进行参考评分。</td></tr>
</table>

任务四
中间连接零件认知

任务导入

钢轨与轨枕之间的中间连接零件称为扣件。

知识准备

一、扣件的功用

钢轨与轨枕之间的中间连接零件称为扣件。

1．扣件作用

扣件的作用是固定钢轨，阻止钢轨纵向和横向位移，防止钢轨倾斜，提供适当的弹性，并将钢轨承受的力传递给轨枕或道床承轨台。

2．扣件组成

扣件由钢轨扣压件和轨下垫层两部分组成。

3．扣件设计原则

（1）具有足够的强度、扣压力和耐久性。

（2）在高架桥无砟、无枕的轨道上，扣件还必须有一定的弹性。
（3）结构力求简单，尽量标准化，通用性好，造价低。
（4）对于扣件的铁部件应做防腐处理。

二、有砟线路扣件

1. 木枕扣件

木枕扣件通常应用于站场 P50 轨木枕线路。木枕扣件包括道钉、扣板、垫板及弹性垫层；扣件方式主要有分开式和混合式两种。

（1）分开式扣件。所谓分开式扣件，就是将钢轨与扣板、垫板与木枕分别单独扣紧。

分开式扣件零配件包括垫板、螺纹道钉、轨卡（接头与中间）、轨卡螺栓、螺母、轨下垫板、弹簧、弹簧垫圈、平垫圈等。

木枕弹条Ⅰ型分开式扣件将钢轨、垫板、木枕三者之间分开扣紧。铁垫板与木枕之间的连接设置为螺旋式道钉，铁垫板与钢轨之间的连接设置为弹条式扣件。这样，克服了普遍木枕道钉的缺点，提高了扣件的扣压力，提高了线路的强度，如图 3–27、图 3–28 所示。

图 3–27　弹条Ⅰ型木枕分开式扣件

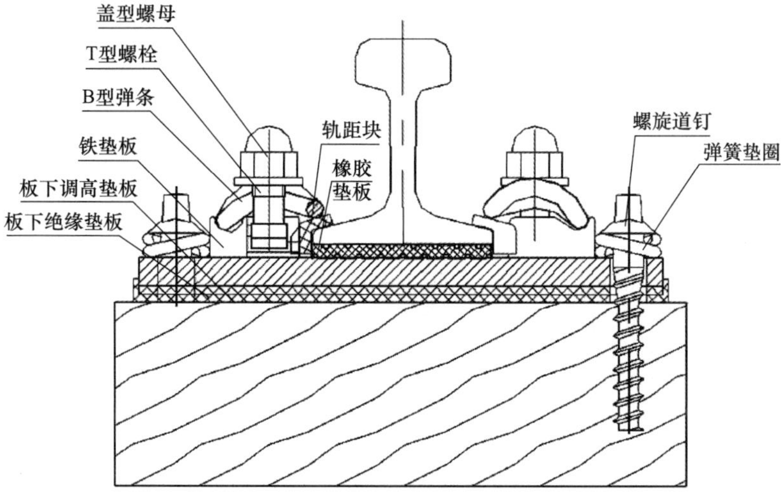

图 3–28　弹条Ⅰ型木枕分开式扣件零部件安装示意

（2）混合式扣件。混合式扣件是使用最广泛的一种方式，用道钉将钢轨、垫板与木枕一起扣紧，如图 3–29 所示。混合式扣件的优点是零件少，安装方便，但容易受振动影响，道钉浮起，降低扣压力。

2. 混凝土枕扣件

（1）扣板式扣件。扣板式扣件主要由扣板、螺纹道钉、弹簧垫圈、铁座及绝缘缓冲垫板组成，如图 3-30 所示。

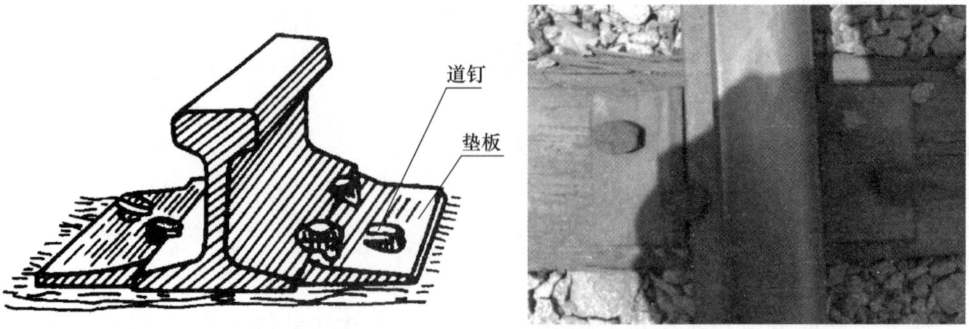

图 3-29　木枕混合式扣件

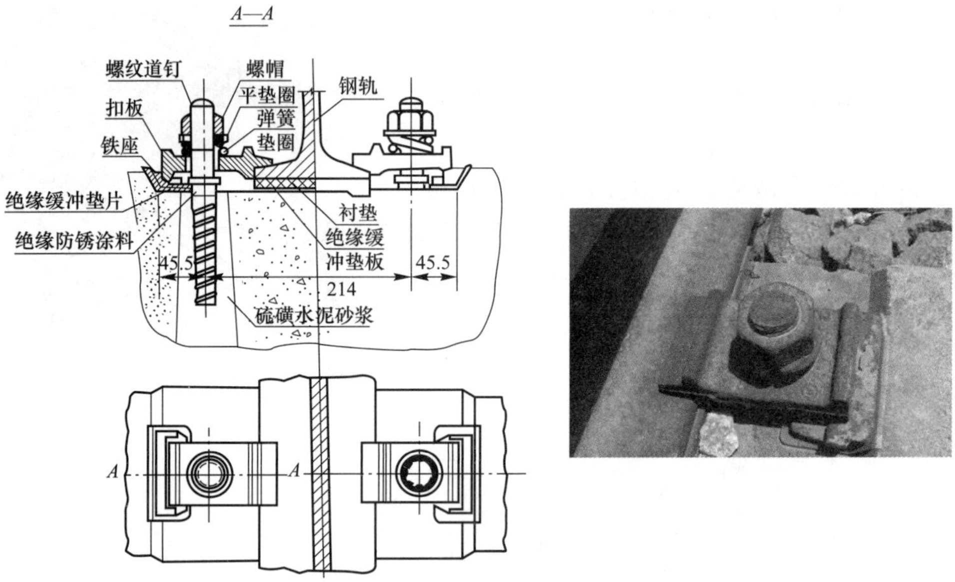

图 3-30　扣板式扣件

扣板式扣件零件简单，调整轨距比较方便，但弹性和扣压力较低，在使用过程中容易松动，适用于 50 kg/m 及以下钢轨的城市轨道交通站场。

（2）弹片式扣件。相比较之下，弹片比扣板更具有弹性，但由于弹片比较单薄，在使用一段时间后，弹片的刚度衰减极快，对钢轨的扣压力不足，所以，很快被淘汰，城市轨道交通从来没采用。

（3）弹条式扣件。城市轨道交通，无论是正线还是基地的停车场线线路，无论是有砟道床线路，还是整体道床线路，都是以弹条式扣件为基础进行研制和开发的。实际上所有的扣件都使用了弹条，只不过弹条的形式及其他零部件的组合方式都进行了不断的改良和创新。

常规的弹条式扣件为最原始的传统型的弹条式扣件。其应用最广泛的是弹条Ⅰ型、Ⅱ型扣件。

弹条Ⅰ型扣件主要由 ω 弹条、螺旋道钉、轨距挡板、挡板座、螺母、平垫圈及弹性垫板组成，如图 3-31 ～图 3-33 所示。

图 3-31　弹条 I 型混凝土枕扣件

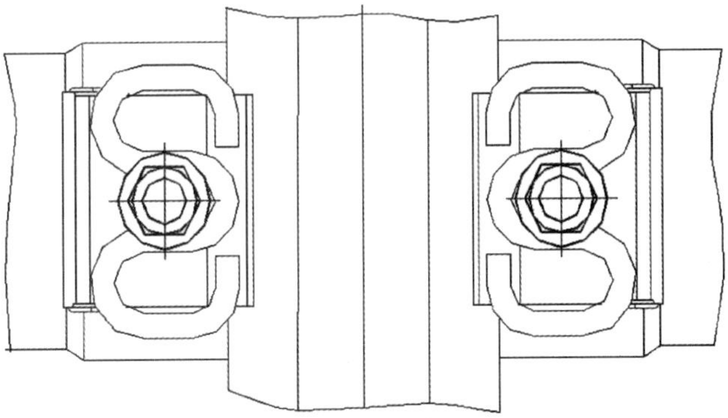

图 3-32　弹条 I 型混凝土枕扣件示意

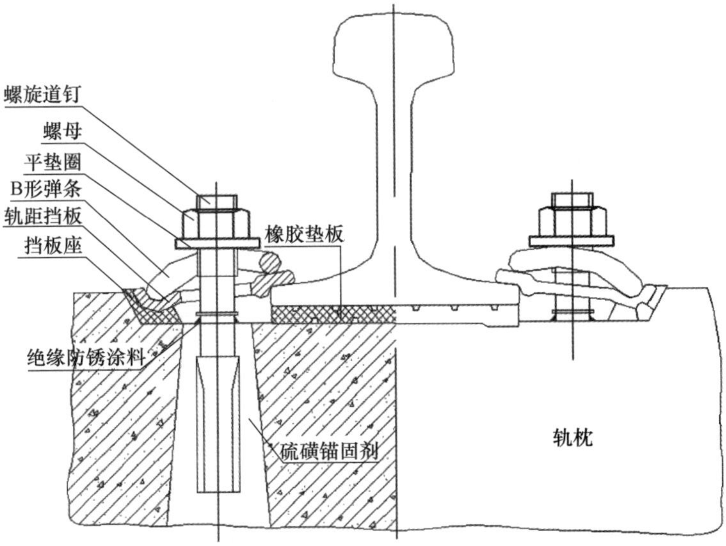

图 3-33　弹条 I 型混凝土枕扣件零配件组装示意

弹条Ⅱ型扣件除弹条采用新材料重新设计外，其余部件与弹条Ⅰ型扣件通用，仍为带挡肩、有螺栓扣件。为了提高弹条的强度和扣压力，选用了优质弹簧钢 $60Si_2CrVA$ 作为Ⅱ型弹条的材料，屈服强度和抗拉强度分别提高了 42% 和 36%。在弹条优化设计的基础上，最后确定弹条的直径不变，与Ⅰ型扣件相同，仍为 13 mm。弹条Ⅱ型扣件具有扣压力大、强度安全储备大、残余变形小等优点。其适用于Ⅱ型或Ⅲ型混凝土枕的 60 kg/m 钢轨线路。轨距的调整仍用轨距挡板和挡板座的不同号码相互调配。

三、无砟轨道扣件

1. WJ-2 型扣件

（1）扣件组成零件。

第一部分：铁垫板、板下缓冲胶垫、板下调高胶垫、锚固螺栓、弹簧垫圈、平垫块、绝缘套管。

第二部分：T 形螺栓、螺母、平垫圈、弹条、轨下胶垫、轨下调高胶垫。

（2）扣件综述。WJ-2 型扣件不设计轨距垫，T 形螺栓和弹条只具有扣压钢轨的功能，两个螺旋道钉的作用得到充分发挥，轨下铁垫板，采取长圆形螺栓孔，使铁垫板能有一定的余量进行横向位移。这样，如果把一段线路的螺旋道钉松开，使用专用工具，便可拨轨，进行矫正线路方向和调整轨距的作业，这种整体式的拨动，容易产生较好的变化率，如图 3-34 ～图 3-36 所示。

图 3-34　WJ-2 型扣件

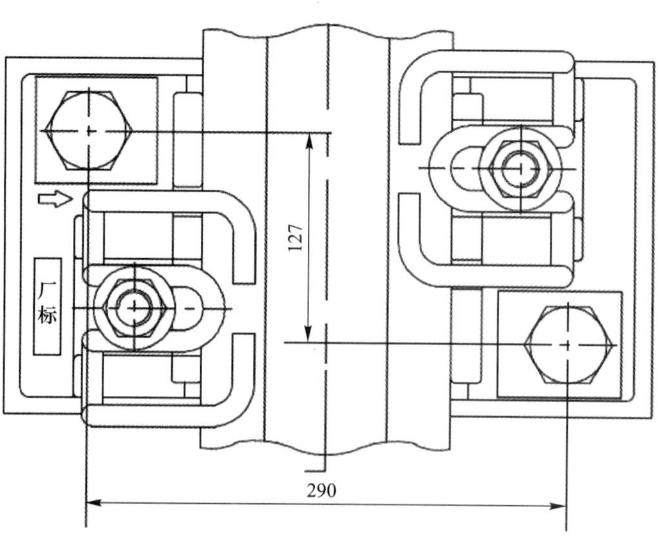

图 3-35　WJ-2 型扣件组装示意

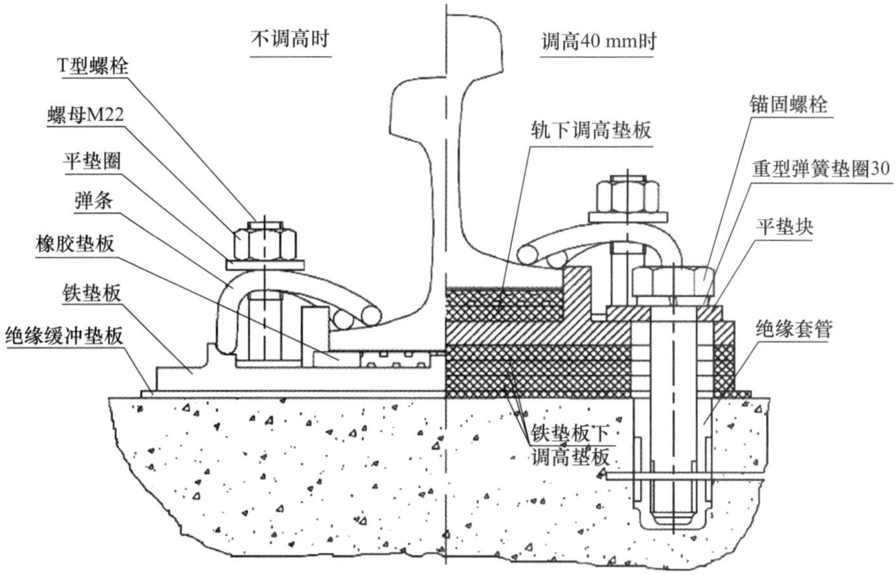

图 3-36　WJ-2 型扣件零部件组装示意

2. 单趾弹条扣件

图 3-37　单趾弹条扣件

单趾弹条扣件适用于铺设 60 kg/m 钢轨轨道的直线及半径不小于 300 m 的曲线地段。单趾弹条扣件以单趾弹条作为钢轨扣压件，取代传统的螺栓拧紧弹条的扣压方式，扣压力稳定。单个弹条扣压力平均为 6.5 ～ 7.5 kN，如图 3-37 ～图 3-39 所示。

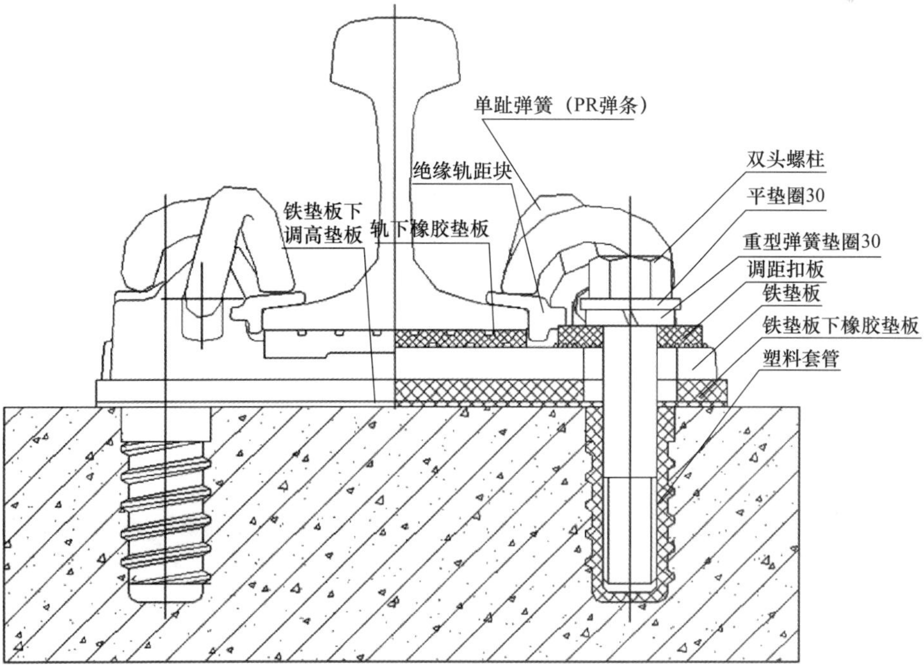

图 3-38　单趾弹条扣件零部件组装示意

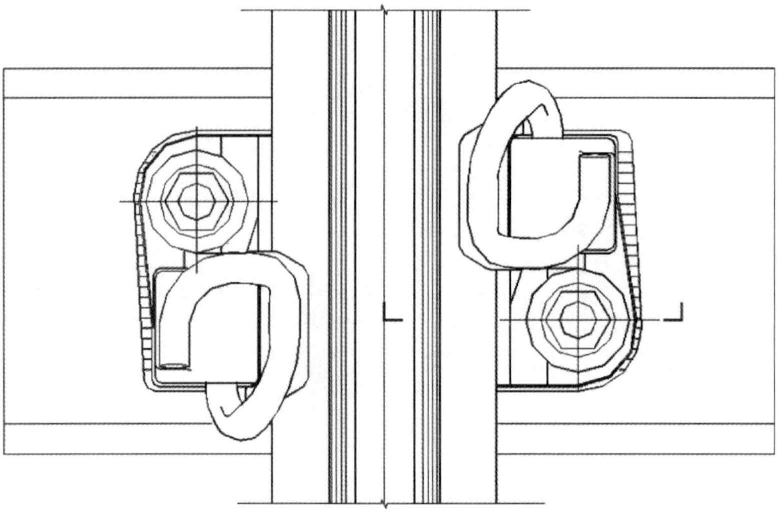

图 3-39　单趾弹条扣件组装示意

3. 弹条Ⅲ型扣件

弹条Ⅲ型扣件由Ⅲ型弹条、轨距块、铁垫板、轨下及板下弹性垫层、套管螺栓等组成。单个弹条扣压力不小于 11 kN。钢轨高低调整量为 40 mm，左右调整量为 6 mm。要将弹条Ⅲ型扣件与单趾弹条扣件区分清楚，如图 3-40、图 3-41 所示。

图 3-40　弹条Ⅲ型扣件

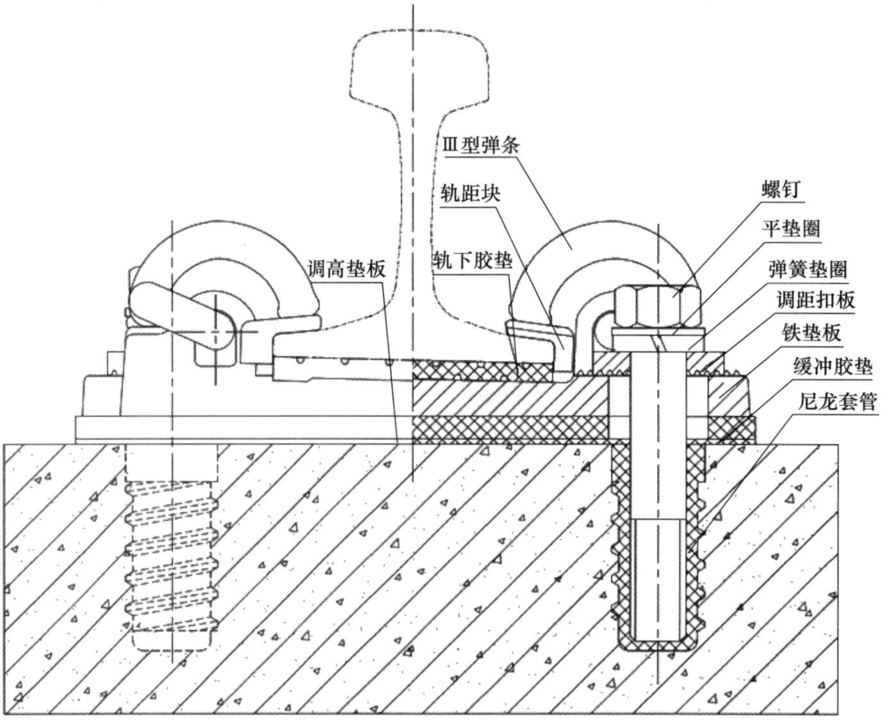

图 3-41　弹条Ⅲ型扣件组装示意

4. D-T 扣件减振器（科隆蛋）

轨道减振器扣件是一种高弹性扣件，其减振是通过橡胶的剪切弹性变形来实现，可减振 10 dB 左右。

D-T 扣件为全弹性分开式，三阶减振。由金属承轨板、底座与橡胶圈硫化为一整体，橡胶圈承受压力与剪力，具有垂向和横向弹性，用于减振要求较高地段。

减振器扣件的弹条、轨距垫等均与 DT-III 型扣件相同。扣件与轨枕连接方式，均采取在轨枕中预埋玻璃钢套管，如图 3-42 ～图 3-44 所示。

图 3-42　D-T 扣件减振器

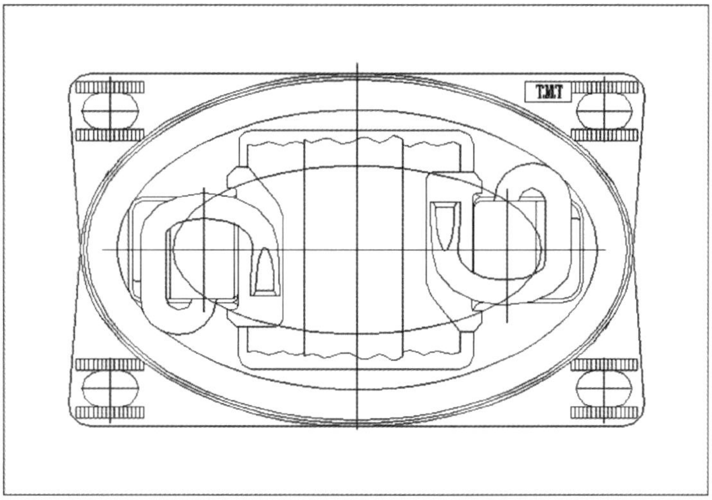

图 3-43　D-T 扣件减振器组装示意

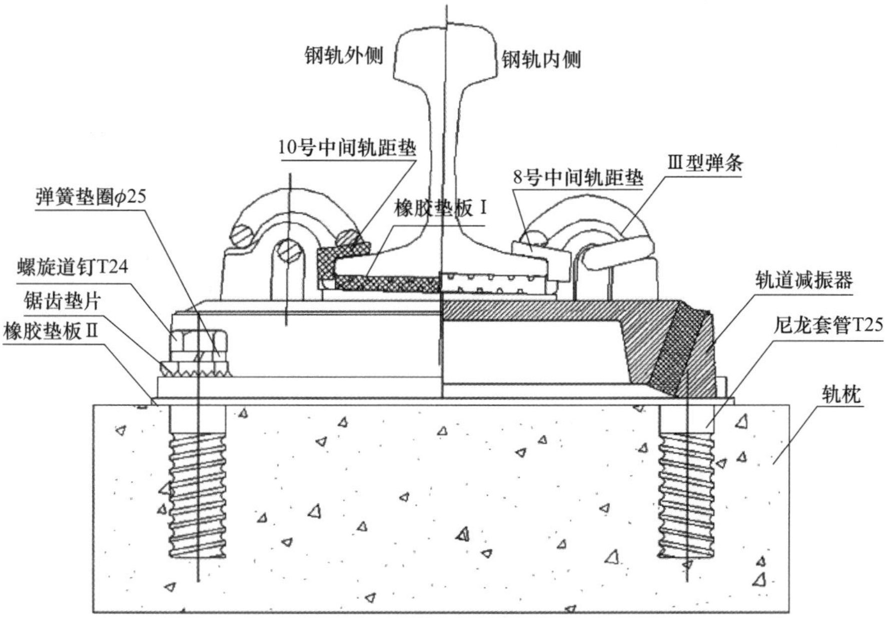

图 3-44　D-T 扣件减振器零部件组装示意

5. Vanguard（先锋）扣件

图 3–45　先锋扣件

Vanguard 扣件通过在轨腰上设置弹性支撑块固定钢轨几何状态，使钢轨悬浮于轨下基础上。扣件刚度低，允许钢轨产生较大的垂向位移（3 ～ 4.5 mm），减小轨道两侧及车内的辐射噪声，而且可以有效地降低结构二次噪声。减振效果较 WJ–2 型扣件普通道床减振达 13 ～ 15 dB，如图 3–45、图 3–46 所示。

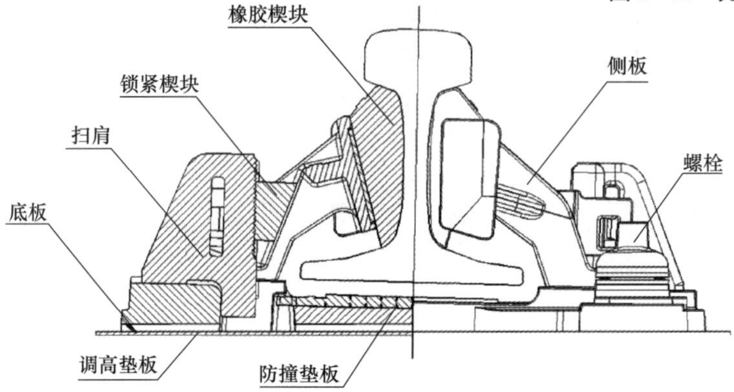

图 3–46　先锋扣件组装示意

6. 小阻力弹条扣件

无缝钢轨在桥梁上铺设时除受到列车动荷载、温度力、制动力等作用外，还受到由于桥梁的伸缩变形或挠曲变形而产生的纵向附加力作用。纵向附加力增加了钢轨应力，增加了断轨和失稳的危险性。已有众多研究表明：减小扣件阻力可以有效降低梁轨之间的相互作用，从而降低纵向附加力。桥上无缝线路采用小阻力扣件是避免采用钢轨伸缩调节器、减少桥梁和无缝线路受力的有效措施。

为满足桥上铺设无缝线路的要求，我国在 20 世纪 90 年代初开发了有砟轨道小阻力弹性扣件。长沙地铁高架桥地段采用无砟 DT– Ⅲ型小阻力扣件，该扣件结构与国铁Ⅲ b 型弹条类似，采用扣压力较小的 e 形弹条扣压件，单个弹条扣压力为 6 ～ 7 kN，弹程为 13 mm。轨下使用带有不锈钢板的铁胶垫，扣件的纵向阻力值为 3.5 ～ 5 kN/ mm，该扣件已经应用 10 余年，相继在广深线石龙大桥、南京长江大桥、济南黄河大桥等特大桥上铺设，运营实践表明使用效果良好，如图 3–47 所示。

图 3–47　小阻力弹条扣件

任务实施

工作任务　简述扣件的功用、有砟线路扣件、无砟轨道扣件

制作 PPT，正确复述扣件的功用、有砟线路扣件、无砟轨道扣件。

任务评价

中间连接零件认知评价表，见表 3–14。

表 3–14　中间连接零件认知评价表

<table>
<tr><td>项目任务</td><td colspan="5">中间连接零件认知</td></tr>
<tr><td>班级</td><td></td><td>姓名</td><td></td><td>评价时间</td><td></td></tr>
<tr><td colspan="6">考核内容</td></tr>
<tr><td colspan="2">考核项目</td><td colspan="2">考核标准</td><td>分值</td><td>得分</td></tr>
<tr><td colspan="2">扣件的功用</td><td colspan="2">简述扣件的功用</td><td>15</td><td></td></tr>
<tr><td colspan="2" rowspan="2">有砟线路扣件、无砟轨道扣件</td><td colspan="2">比较优缺点</td><td>10</td><td></td></tr>
<tr><td colspan="2">分类清晰，有依据</td><td>25</td><td></td></tr>
<tr><td colspan="2" rowspan="3">制作内容</td><td colspan="2">制作能清晰展示 PPT 演讲稿</td><td>15</td><td></td></tr>
<tr><td colspan="2">要求类型分析图形准确，文字流畅</td><td>15</td><td></td></tr>
<tr><td colspan="2">做到业务分析熟练、图文并茂</td><td>20</td><td></td></tr>
<tr><td colspan="6">指导教师意见：</td></tr>
<tr><td colspan="6">说明：1. 建议采用四级评分制（如 90% ～ 100%、80% ～ 90%、60% ～ 80%、＜ 60%）。
2. 主要采用小组互评的方式进行评价，教师最后进行参考评分。</td></tr>
</table>

任务五 有砟道床认知

任务导入

道床是轨道的重要组成部分，是轨道框架的基础。道床通常指的是铁路轨枕下面，路基面上铺设的石砟（道砟）垫层。其主要作用是支撑轨枕，把轨枕上部的巨大压力均匀地传递给路基面，并固定轨枕的位置，阻止轨枕纵向或横向移动，大大减少路基变形的同时还缓和了机车车辆轮对钢轨的冲击，便于排水。

知识准备

一、道床的功用

道床是指铺设在路基之上，轨枕之下的石砟层，是轨枕的基础。其主要功用如下：

（1）直接承受轨枕传来的压力，并将这个压力扩散，均匀地传递给路基面，对路基面起到保护作用。

（2）阻止轨道框架在列车作用下发生的纵横向位移，保持轨道稳定。

（3）便于排水，使路基面和轨道保持干燥。

（4）使轨道具有更大的弹性和缓冲性能。

（5）便于校正轨道的平面、纵断面。

二、道床材料

常用的石砟材料有碎石、天然级配卵石、筛选卵石、粗砂及熔炉矿渣等。原则上新建、改建铁路的正线和到发线应采用碎石石砟；中型轨道碎石供应有困难时，可以采用筛选卵石；轻型轨道和其他站线、次要线路可就地选用各种石砟材料。我国铁路绝大部分采用碎石作为石砟。

三、道床断面

道床断面包括道床厚度、顶面宽度及边坡坡度三个主要特征。如图 3-48 所示为直线地段道床断面，如图 3-49 所示为碎石道床。道砟粒径级配见表 3-15。

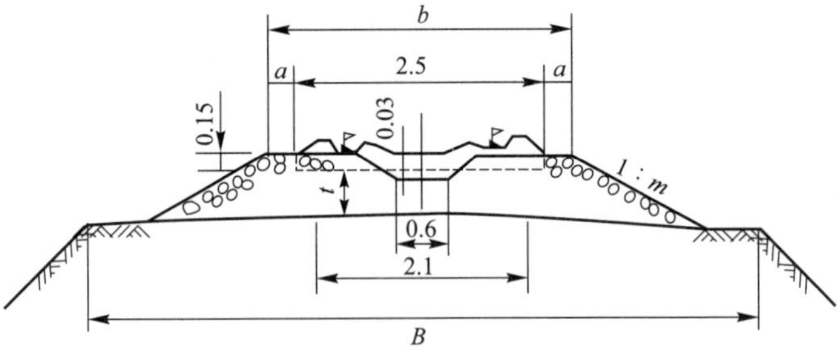

图 3-48　直线地段道床断面（单位：m）

图 3-49　碎石道床

表 3-15　道砟粒径级配

方孔筛孔边长 /mm	25	35.5	45	56	63
过筛质量百分率 /%	0 ~ 5	25 ~ 40	55 ~ 75	92 ~ 97	97 ~ 100

地面正线宜采用混凝土枕碎石道床。基底坚实、稳定、排水良好的地面车站地段，可采用整体道床。地面的出入线、试车线和库外线宜采用混凝土枕碎石道床或木枕碎石道床。正线、辅助线、出入线和试车线应采用一级道砟。车场线可采用二级道砟。碎石道床材料应符合现行铁路标准《铁路碎石道砟》（TB/T 2140—2008）和《铁路碎石道床底碴》（TB/T 2897—1998）的规定。

1. 道床厚度

道床厚度是指直线上钢轨或曲线上内股钢轨中轴线下轨枕底面至路基顶面的距离，见表 3-16。

表 3–16　道床厚度取值

路基类型	道床厚度 /mm		
	正线		车场线
非渗水土路基	双层	石砟 250	单层 250
		底碴 200	
岩石、渗水土路基	单层石砟 300		

桥梁上道砟槽内碎石道床厚度不应小于 250 mm，与两端的道床厚度差应在桥台外不小于 10 m 范围内递减。

2. 道床顶面宽度

道床顶面宽度与轨枕长度和道床肩宽有关。道床宽出轨枕两端的部分称为砟肩，其宽度称为道床肩宽。一般情况下，肩宽为 450 ～ 500 mm，已能满足要求，再宽则作用不大。在无缝线路地段，为了提高道床的横向阻力，可将砟肩适当堆高。正线、联络线、出入线和试车线无缝线路地段碎石道床道砟肩宽不应小于 400 mm，非无缝线路地段道砟肩宽不应小 300 mm。

3. 道床边坡坡度

道床边坡是指自道床顶面引向路基顶面的斜边，其坡度大小是保证道床坚固稳定的重要因素。道床边坡的稳定取决于石砟材料的内摩擦角与黏聚力，也与道床肩宽有一定的联系。增大肩宽可采用较陡的边坡，而减小肩宽必须采用较缓的边坡。

无缝线路半径小于 800 m、非无缝线路半径小于 600 m 的曲线地段，曲线外侧石砟肩宽应增加 100 mm，道床边坡均为 1 ∶ 1.75。车场线碎石道床石砟肩宽不宜小于 200 mm，半径小于 300 m 的曲线地段，曲线外石砟肩宽应增加 100 mm，道床边坡均为 1 ∶ 1.5。无缝线路砟肩应在碎石石砟上堆高 150 mm，堆高石砟的坡度为 1 ∶ 1.75。混凝土枕碎石道床顶面应与轨枕中部顶面平齐，木枕碎石道床顶面应低于木枕顶面 30 mm。正线、联络线、出入线和试车线的整体道床与碎石道床之间应设置轨道弹性过渡段。同一曲线地段宜采用一种道床形式。

四、道床病害及其防治

道床病害主要有道床变形、道床翻浆冒泥和道床沉陷等。

1. 道床变形

（1）道床变形的原因。道床变形可分为初期急剧下沉和后期缓慢发展两个阶段：初期下沉是指新铺的石砟或起道捣固作业后，石砟处于不稳定的松散状态，在冲击振动作用下，石砟形成稳定组合及间隙被压密过程中造成的下沉；后期缓慢下沉是由于列车荷载反复作用，压力和振动力及捣固时捣镐的打击使碎石破损、磨损和石砟产生流动引起的下沉，在振动加速度较大的轨枕范围内较明显。另外，雨水的渗透进一步减小了颗粒之间的摩擦系数，加速道床下沉。

（2）道床变形的整治。道床的变形是不断发生发展的，整治道床变形一方面要做好道床排水，加强捣固，及时补充石砟；另一方面要加强线路的养护维修，保持线路的平顺性，以减小列车的动力冲击作用，并采用优质石砟。

2. 道床翻浆冒泥

道床翻浆冒泥的原因主要是道床脏污和排水不良。

（1）道床脏污和排水不良的原因。道床脏污的原因，一是机械磨损，即捣固作业时捣镐的打击和列车频繁的动力冲击作用，使石砟不断被粉碎形成粉末；二是外界松散物质和尘土等的侵入。道床脏污程度在其断面上的分布并不是均匀的，一般在轨枕底下 10 cm 范围内较大。其结果是使道床丧失了排水性能及应有的弹性，使承载力迅速降低，从而引起翻浆冒泥、道床下沉和线路不平顺等病害。

（2）道床翻浆冒泥的防治。预防和整治道床翻浆冒泥，除有计划地对道床进行清筛，保持道床清洁、饱满、密实外，必须切实做好道床排水，必要时可增设横向盲沟，以利于排水。

3. 道床沉陷

（1）道床沉陷的原因。一方面，道床脏污，排水不良，使路基顶面软化，承载力降低，石砟逐渐陷入路基，造成道床沉陷；另一方面，道床厚度不足，或未按规定在路基面铺设砂垫层，石砟陷入路基面内形成石砟陷槽，造成道床沉陷。

道床沉陷使石砟陷入路基，形成各种石砟袋、石砟槽，使路基基床向两侧挤开，导致路基病害，降低路基承载力。

（2）道床沉陷的防治。为防止道床沉陷，必须做好道床垫层和排水设备。在日常养护工作中，要及时清筛道床和清理排水设备，排水困难地段可设置横向盲沟。对已经产生道床沉陷的地段，应及时清理，必要时须对路基面填土进行换填，并做好排水，补充石砟，加强捣固。

任务实施

工作任务一　简述道床的功用、道床材料、道床断面、道床病害及其防治

制作PPT，正确复述道床的功用、道床材料、道床断面、道床病害及其防治。

任务评价

有砟道床认知评价表，见表 3–17。

表 3–17　有砟道床认知评价表

项目任务	有砟道床认知				
班 级		姓 名		评价时间	
考核内容					
考核项目	考核标准			分值	得分
道床的功用、道床材料、道床断面	简述道床的功用、道床材料、道床断面			15	
道床病害及其防治	分析比较			10	
	分类清晰，有依据			25	

续表

考核项目	考核标准	分值	得分
制作内容	制作能清晰展示 PPT 演讲稿	15	
	要求类型分析图形准确，文字流畅	15	
	做到业务分析熟练、图文并茂	20	
指导教师意见：			
说明：1. 建议采用四级评分制（如 90% ～ 100%、80% ～ 90%、60% ～ 80%、< 60%）。 2. 主要采用小组互评的方式进行评价，教师最后进行参考评分。			

任务六　无砟道床认知

任务导入

混凝土整体道床也称为无砟轨道，是一种在坚实基底上直接浇筑混凝土以取代传统道砟层的轨下基础，常用于铁路隧道和地下铁路、无砟桥梁上及有特殊需要、基础又经过适当处理的土质路基上。

整体道床的优点：整体性强，稳定性好，轨道几何形位易于保持，有利于铺设无缝线路及高速行车。其轨道变形很小，发展较慢，从而减少养护维修工作量，改善劳动工作条件，这对于运量大，行车速度和密度均较高的线路，以及通风照明条件差的长大隧道，效果尤为显著。另外，还可以减少隧道开挖面积，增加隧道或桥梁净空，外观整洁美观，坚固耐久。但整体道床工程投资费用高，并要求较高的施工精度和特殊的施工方法，对扣件和垫层也有特殊要求，在运营过程中，一旦出现病害，整治非常困难。

知识准备

一、普通整体道床

常见的普通整体道床有长枕浇筑式整体道床，如图 3–50 所示。短枕浇筑式整体道床如图 3–51 所示。在长度大于 100 m 的隧道内和隧道外 U 形结构地段及高架桥和大于 50 m 的单体桥地段宜用短枕式和长枕式整体道床。

图 3–50　长枕浇筑式整体道床

图 3–51　短枕浇筑式整体道床

二、减振整体道床

1. 钢弹簧浮置板（预制板）道床

钢弹簧浮置板（预制板）轨道结构是一种新型的特殊减振轨道结构形式，由道床板、钢弹簧隔振器、剪力铰、密封条、水平限位装置、钢轨与扣件等组成。其将具有一定质量和刚度的混凝土道床板置于钢弹簧隔振器上，构成质量—弹簧—隔振系统。其基本原理就是在轨道和基础之间插入一固有频率远低于激振频率的线性隔振器，借以减少传入基础的振动量，是减小向下部结构传振和传声的最有效方法。质量—弹簧—隔振系统的隔振作用的有效性主要取决于道床的质量、弹簧的刚度及相互作用。经过钢弹簧浮置板到床的隔离，列车产生的强大振动只有极少量会传递到下部结构，对下部结构和周围环境起到很好的保护作用，如图 3–52 所示。

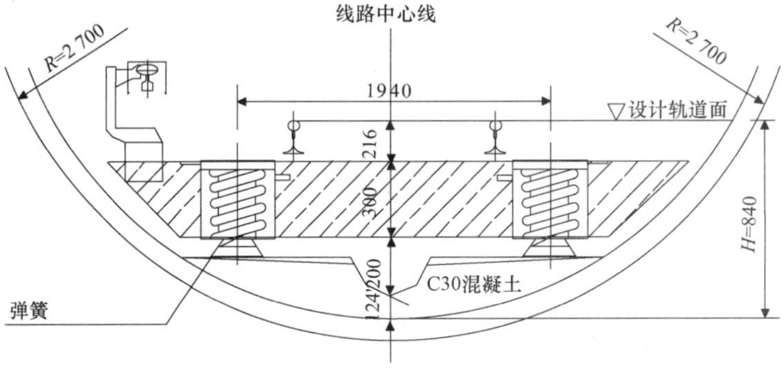

图 3–52　钢弹簧浮置板道床（单位：mm）

2. 橡胶隔振垫减振道床

橡胶隔振垫减振轨道床主要适用于高等减振地段。其减振功能主要体现在道床板下方及侧面的橡胶隔振垫上，采用的隔离材料有 USM 系列（圆锥截顶形、圆柱凸起形）。该系列结构是点和面的组合，是约束阻尼和橡胶弹簧的组合，从而使得隔离式减振在各方面的减振效果都相当出色，如图 3–53、图 3–54 所示。

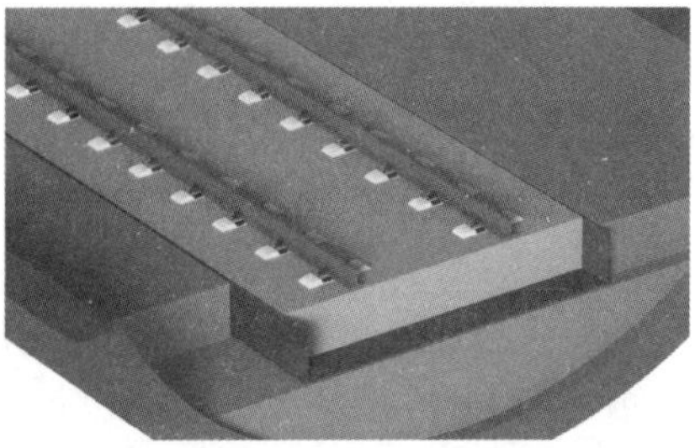

图 3–53　橡胶隔振垫减振道床示意

3. 梯形轨枕减振道床

梯形轨枕减振道床为弹性支座板式结构，并在纵向轨枕的形式下，左右枕梁间等距离加设横梁，由于沿纵向保持连续的纵向梁互相连接，防止了纵向梁端部轨道沉降量过大和易破损。而且通过连续设置轨垫，减少了地基振动、滚动噪声和轨道的波浪变形，从而达到了减振降噪的目的，如图 3–55 所示。

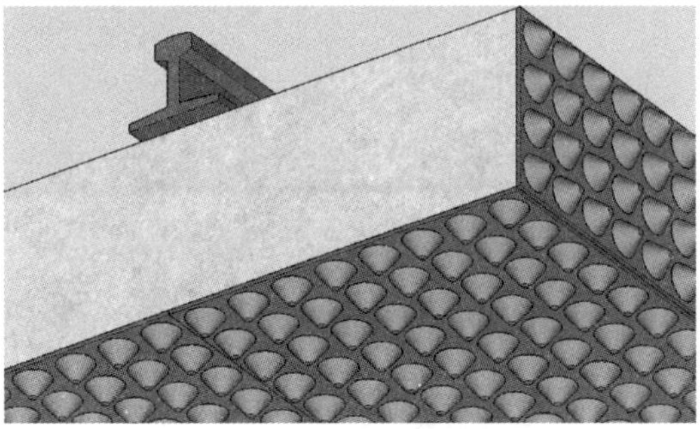

图 3–54　橡胶隔振垫示意

图 3–55　梯形轨枕减振道床

三、检修库整体道床

1. 平过道式（地坪式）整体道床

平过道式（地坪式）整体道床多为检修库内修建不需要检查坑的整体地坪式的线路所采用，如图 3–56 所示。

图 3–56　平过道式整体道床

2. 坑道式和立柱式轨下结构

为了满足车辆检修库内检修工作的需要，轨下结构设计为坑道式及立柱式的检查坑，如图 3–57、图 3–58 所示。

图 3–57　立柱式检查坑

图 3–58　坑道式检查坑

任务实施

工作任务　简述普通整体道床、减振整体道床、检修库整体道床

制作 PPT，正确复述普通整体道床、减振整体道床、检修库整体道床。

任务评价

无砟道床认知评价表，见表 3–18。

表 3–18　无砟道床认知评价表

<table>
<tr><td>项目任务</td><td colspan="5">无砟道床认知</td></tr>
<tr><td>班 级</td><td></td><td>姓 名</td><td></td><td>评价时间</td><td></td></tr>
<tr><td colspan="6">考核内容</td></tr>
<tr><td colspan="2">考核项目</td><td colspan="2">考核标准</td><td>分值</td><td>得分</td></tr>
<tr><td colspan="2">普通整体道床</td><td colspan="2">简述普通整体道床</td><td>15</td><td></td></tr>
<tr><td colspan="2" rowspan="2">减振整体道床、检修库整体道床</td><td colspan="2">比较优缺点</td><td>10</td><td></td></tr>
<tr><td colspan="2">分类清晰，有依据</td><td>25</td><td></td></tr>
<tr><td colspan="2" rowspan="3">制作内容</td><td colspan="2">制作能清晰展示城市轨道交通情况的 PPT 演讲稿</td><td>15</td><td></td></tr>
<tr><td colspan="2">要求类型分析图形准确，文字流畅</td><td>15</td><td></td></tr>
<tr><td colspan="2">做到业务分析熟练、图文并茂</td><td>20</td><td></td></tr>
<tr><td colspan="6">指导教师意见：</td></tr>
<tr><td colspan="6">说明：1. 建议采用四级评分制（如 90% ～ 100%、80% ～ 90%、60% ～ 80%、< 60%）。
2. 主要采用小组互评的方式进行评价，教师最后进行参考评分。</td></tr>
</table>

任务七 道口认知

任务导入

道口是指铁路直接与道路贯通的平面交叉。道口按看守情况可分为“有人看守道口”“无人看守道口”两种。

铁路道口，在我国台湾及港澳地区称为平交道，是道路与铁路的平面交叉，而

没有高架桥或隧道。早期的铁路道口有人值守，当火车将通过时，看守挥动红旗或红灯示意所有车辆和行人停止，并使车辆和行人离开轨道。后来，引入手动或电子的栏杆以挡住公路。栏杆用于阻拦任何车辆和行人闯入铁路。在铁路的早期，许多车辆都是畜力车，因此有必要设立真正的障碍。而现代除车辆和行人流量大的铁路道口仍有人看守外，大多已自动化运作而无人看守。

知识准备

一、道口设置原则

（1）道口应根据铁路沿线交通运输的具体情况合理设置，并优先考虑立体交叉。容许速度大于 120 km/h 的线路应采取立体交叉。

（2）道口应设置在瞭望条件良好的地点，车辆或行人在距离钢轨外侧不小于 500 m 范围内的道路上，线路允许速度不大于 120 km/h 时应能看到两侧各 400 m（双线各 500 m）以外的列车，线路允许速度不大于 100 km/h 时应能看到两侧各 340 m 以外的列车，线路允许速度不大于 80 km/h 时应能看到两侧 270 m 以外的列车；机车乘务员在 850 m 以外应能看见道口。

（3）在桥梁、隧道两端及进站信号机外方 100 m 范围内，区间或专用线道岔两端 50 m 范围内，不应设置道口；在铁路曲线地段，尽可能不设置道口。

二、道口铺设技术条件

（1）道口铺面应与轨顶面齐平，但在钢轨外侧 50 mm 范围内的路面应较轨顶面低 5 mm，以防止铺面影响车轮而酿成脱轨事故。

（2）在钢轨与铺面板之间应设置护轨，其主要作用是保障车轮行驶应有的空间，保持轮缘槽的平顺性。道口轮缘槽宽度，直线上应为 70 ～ 100 mm，曲线内股应为 90 ～ 100 mm，轮缘槽深度应为 45 ～ 60 mm。护轨两端应做成喇叭口，距离护轨端 300 mm 处弯向线路中心，其终端距离钢轨工作边应不小于 150 mm。

（3）在道口铺面范围内不应有钢轨接头，如不能避开时，应将其焊接或冻结。

（4）在道口处，两线轨面不宜有高差，困难时两相邻线路的轨面高差不应大于 10 cm。

（5）在道口范围内，轨枕不得有失效或缺损，轨枕间距与铺面板宽度应相互配合；扣件应保持位置正确，扣压紧固。加强道床捣固，保持轨道的轨距、水平及方向等处于良好状态。

（6）道口处如有路基病害，应及时整治。

（7）道口标志必须齐整，位置正确，状态完整，油漆鲜明，字迹清楚，并应符合规定要求。

三、道口铺面结构

在地铁车场线中，轨道与站场内的机动车辆通行的公路避免不了要发生平面交叉，都设计为平交道口，有道口板拼铺式和整体浇筑式两种，如图 3-59、图 3-60 所示。

图 3-59 拼铺式橡胶铺面道口

图 3-60 整体浇筑式道口

任务实施

工作任务 简述道口设置原则、道口铺设技术条件、道口铺面结构

制作 PPT，正确复述道口设置原则、道口铺设技术条件、道口铺面结构。

任务评价

道口认知评价表，见表 3-19。

表 3-19 道口认知评价表

<table>
<tr><td>项目任务</td><td colspan="5">道口认知</td></tr>
<tr><td>班 级</td><td></td><td>姓 名</td><td></td><td>评价时间</td><td></td></tr>
<tr><td colspan="6">考核内容</td></tr>
<tr><td colspan="2">考核项目</td><td colspan="2">考核标准</td><td>分值</td><td>得分</td></tr>
<tr><td colspan="2">道口设置原则、道口铺设技术条件</td><td colspan="2">简述道口设置原则、道口铺设技术条件</td><td>25</td><td></td></tr>
<tr><td colspan="2" rowspan="2">道口铺面结构</td><td colspan="2">比较优缺点</td><td>10</td><td></td></tr>
<tr><td colspan="2">分类清晰，有依据</td><td>15</td><td></td></tr>
<tr><td colspan="2" rowspan="3">制作内容</td><td colspan="2">制作能清晰展示 PPT 演讲稿</td><td>15</td><td></td></tr>
<tr><td colspan="2">要求类型分析图形准确，文字流畅</td><td>15</td><td></td></tr>
<tr><td colspan="2">做到业务分析熟练、图文并茂</td><td>20</td><td></td></tr>
<tr><td>指导教师意见：</td><td colspan="5"></td></tr>
<tr><td colspan="6">说明：1. 建议采用四级评分制（如 90% ～ 100%、80% ～ 90%、60% ～ 80%、< 60%）。
2. 主要采用小组互评的方式进行评价，教师最后进行参考评分。</td></tr>
</table>

思维拓展

1．铁路轨道主要由哪几部分组成？

2．钢轨类型是怎样表示的？我国铁路钢轨标准类型有哪几种？钢轨标准长度是多少？

3．钢轨接头连接零件有哪些？常用的接头连接形式有哪几种？

4．为什么要预留轨缝？

5．某地区最高轨温为 60 ℃，最低轨温为 −10 ℃，铺设 60 kg/ m ～ 25 m 标准轨，若施工时轨温为 28 ℃，试确定预留轨缝的大小。

6．常用的中间扣件有哪些？各由哪些部件组成？

7．有砟道床断面有哪几个主要特征？对道床材料有什么要求？

8．有砟道床病害主要有哪些？

9．无砟道床有哪些类型？

10．常见的道口铺面结构有哪些？

项目四 轨道几何形位

项目背景

轨道几何形位是指轨道各部分的几何形状、相对位置和基本尺寸。轨道几何形位按照静态与动态两种状况进行管理。静态几何形位是轨道不行车时的状态，可采用道尺及小型轨道检查车等工具测量。动态几何形位是行车条件下的轨道状态，可采用轨道检查车测量。我国铁路轨道几何形位的管理，实行静态管理与动态管理相结合的模式。

铁路轨道直接承载车轮并引导列车运行，轨道的几何形位与机车车辆轮对的几何尺寸必须密切配合，因而，轨道几何形位的控制对于保证列车运行安全是非常重要的。另外，随着铁路列车提速及高速铁路技术的应用，为了保持高速列车运行的平稳性和舒适性，也必须对轨道的几何形位实行严格控制。

国内外的理论计算和试验研究表明，轨道不平顺是引起机车车辆在线路上产生振动的主要原因。被认为是微小的不平顺，在 300 km/h 高速运行条件下所激发的车体振动便可能超过允许限度。例如，幅值 10 mm、波长 10 m 接连不断的高低不平顺，在常速下所引起的车体和轮轨动力作用都很小，但当速度达到 300 km/h 时，就可使车体产生垂向加速度为 1.76 m/s^2，频率为 2 Hz 的持续振动；又如，幅值仅为 5 mm、波长 10 m 的轨向不平顺，在常速下所引起的振动更小，而在 300 km/h 时，却可能使车体产生横向加速度为 0.65 m/s^2，频率为 2 Hz 的振动。而根据国际振动环境标准（ISO 2631）的规定，对于振动频率为 1 ～ 2 Hz，累计持续时间为 4 h 的车体振动环境，保持舒适感不减退的允许加速度限值规定为：横向 0.17 m/s^2，垂向 0.34 ～ 0.49 m/s^2。可见以上数据已远远超过所规定的允许限值。

另外，轨道不平顺又是加剧轮轨作用力的主要根源。焊缝不平顺、轨面剥离、擦伤、波形磨耗等短波不平顺幅值虽然很小，但在高速行车条件下也可能引起很大的轮轨作用力和冲击振动。例如，一个 0.2 mm 的迎轮台阶形微小焊缝不平顺，300 km/h 时所引起的轮轨高频冲击作用动力可达 722 kN，低频轮轨力达 321 kN，从而加速道砟破碎和道床路基不均匀沉陷，形成中长波不平顺，并引起强烈的噪声。另一方面，轨面短波不平顺所引起的剧烈轮轨相互作用，还可能引发钢轨及轮轴断裂，导致恶性脱轨事故发生。

由此可见，严格控制铁路轨道几何形位对于保证列车运行的安全性、平稳性和舒适性都具有十分重要的意义，也是铁路轨道结构有别于其他工程结构的显著特征。

轨道有直线轨道和曲线轨道两种平面几何形式。除此之外，还有轨道的分支与交叉。在轨道的直线部分，两股钢轨之间应保持一定的距离，称为轨距；两股钢轨的顶面应位于同一水平或保持一定的相对高差，称为水平；轨道中线位置应与它的设计位置一致，称为方向（或轨向）；两股钢轨轨顶所在平面（即轨面）在线路纵向应保持平顺，称为前后高低（或轨面平顺性）；为使钢轨顶面与锥形踏面的车轮相配合，两股钢轨均应向内倾斜铺设，称为轨底坡。在轨道的曲线部分，除应满足上述要求外，还应根据机车车辆顺利通过曲线的要求，将小半径曲线的轨距略以加宽；为抵消机车车辆通过曲线时出现的离心力，应使外轨顶面略高于内轨顶面，形成适当的外轨超高；为使机车车辆平稳地自直线进入圆曲线（或由圆曲线进入直线），并为外轨逐渐升高、轨距逐渐加宽创造必要的条件，在直线与圆曲线之间，应设置一条曲率渐变的缓和曲线。

综上所述，直线轨道几何形位的基本要素包括轨距、水平、方向、前后高低和轨底坡。曲线轨道几何形位的基本要素除以上规定外，还有以下三个特殊构造，即曲线轨距加宽、曲线外轨超高及缓和曲线。

项目任务书

轨道几何形位任务书见表 4-1。

表 4-1　轨道几何形位任务书

名称	轨道几何形位	
学习目标	知识目标	1. 熟悉线路平纵断面的组成，熟悉线路平面图和纵断面图 2. 了解地铁限界的分类及其特点 3. 掌握轨道几何尺寸的概念、量测方法及记录方式 4. 熟悉曲线外轨超高的计算和超高顺坡 5. 熟悉曲线加宽标准和轨距递减 6. 熟悉缩短量计算的意义和缩短量计算公式 7. 熟悉曲线正矢的测量方法，了解曲线整正
	技能目标	1. 能正确复述线路平纵断面的组、线路平面图和纵断面图 2. 能正确复述地铁限界的分类及其特点 3. 能正确复述轨道几何尺寸的概念、量测方法以及记录方式 4. 能正确复述曲线外轨超高的计算和超高顺坡 5. 能正确复述曲线加宽标准和轨距递减 6. 能正确复述缩短量计算的意义和缩短量计算公式 7. 能正确复述曲线正矢的测量方法，曲线整正
	素质目标	1. 具有良好的社会公德、职业道德和专业基本素质 2. 具有强烈的法律意识、安全环境保护意识、安全与自我保护意识 3. 具有沟通协调能力、语言表达能力、班组管理能力 4. 培养团结协作、热情有礼、认真细心、沉着冷静、遇乱不惊的职业素养

续表

名称	轨道几何形位
学习内容	知识准备：阅读资料 任务一　铁路线路平纵断面识读 工作任务一　识读地铁线路的平面及平面图 工作任务二　识读地铁线路的纵断面及纵断面图 任务二　限界认知 工作任务　简述地铁限界：车辆限界、设备限界、建筑限界、接触网限界 任务三　轨道几何尺寸检查 工作任务一　机车车辆走行部分尺寸 工作任务二　直线轨道几何尺寸 任务四　曲线超高设置 工作任务　设置外轨超高的目的、外轨超高的计算、欠超高、外轨超高顺坡 任务五　曲线加宽设置 工作任务　轨距加宽标准、曲线轨距加宽方法及加宽递减 任务六　曲线缩短量计算 工作任务一　曲线铺设缩短轨的目的和要求 工作任务二　计算公式 任务七　曲线方向整正 工作任务一　曲线绳正法概述 工作任务二　曲线正矢允许偏差管理值，曲线整正的外业测量，曲线整正的基本原理
任务 实施要求	1. 将授课班级学生分组，每小组 5 ～ 8 人为一个学习团队 2. 每个学习团队组织学习，进行项目任务分析、任务分配、制订团队工作任务分配表 3. 资料学习、相关知识准备完成项目的资讯环节 4. 现场教学、资源利用完成项目的实施演练环节 5. 学习团队讨论，编制项目任务知识点学习计划书 6. 学习团队现场实践，制订现场实践的实施方案 7. 学习团队按任务分配表制作项目任务的汇报演讲稿，团队派代表上台演讲 8. 制订该项目任务的评价表，考核要素，进行小组互评
任务 实施要点	1. 教学资源收集与整理 2. 确认任务学习的重点与难点 3. 任务学习计划制订，小组任务分工，汇报 PPT 制作，小组交流演讲 4. 学习团队进行讨论，可让老师参与讨论，通过团队合作获取问题的解决 5. 能够识别安全标识，注意安全与环保意识的培养
任务拓展	1. 会收集具有国内、外领先水平的具有代表性的城市轨道交通站场与线路的资料 2. 按“准员工”的要求来学习，结合本城市的情况，组织团队成员去现场学习 3. 能够进行城市轨道交通相关资料的查找与整理 4. 会制作任务书要求的多媒体课件（PPT）
任 务 下发人	日期：　　年　　月　　日
任 务 执行人	日期：　　年　　月　　日

任务一
铁路线路平纵断面识读

任务导入

铁路正线、站线、段管线、岔线及特别用途线等统称为铁路线路（包括地铁线路、城际、普道铁、高铁等）。正线是指连接车站并贯穿或直股伸入车站的线路；站线是指到发线、调车线、牵出线、货物线及站内指定用途的其他线路；段管线是指机务、车辆、工务、电务等段专用并由其管理的线路；岔线是指在区间或站内接轨，通向路内外单位的专用线路；特别用途线是指安全线和避难线。

铁路线路由路基、桥隧建筑物和轨道组成。其是专供机车车辆和列车行驶用的特种道路。

地铁线路在空间的位置是用它的中心线来表示的。线路中心线是指距外轨半个轨距的铅垂线 *AB* 与两路肩边缘水平连线 *CD* 交点 *O* 的纵向连线，如图 4-1 所示。

线路中心线在水平面上的投影，叫作铁路线路的平面，表明线路的直、曲变化状态；线路中心线展直后在铅垂面上的投影，叫作铁路线路的纵断面，表明线路的坡度变化。

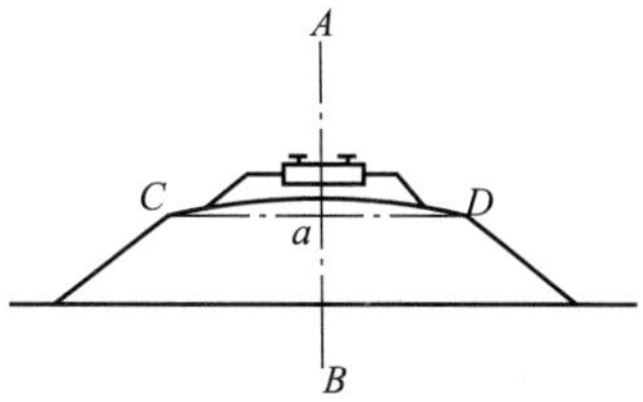

图 4-1　线路中心线示意图

铁路线路纵断面，根据中线平面位置反映的地面标高，绘制铁路线中线的地形纵断面，然后在上面设计坡度线，即得出线路纵断面图。为保证坡度的可行性，纵断面设计必须和平面设计紧密配合，互相协调，逐段地交替进行。线路纵断面的设计对铁路工程指标或运营指标都有重要的影响。

知识准备

一、地铁线路的平面及平面图

用一定的比例尺，将线路中心线及其两侧的地面情况投影到水平面上，就是地铁线路平面图。线路平面图和纵断面图是地铁勘测设计、施工和运营的重要文件，如图 4-2 所示。

线路中心线在水平面的投影叫作线路平面（地铁线路在空间的位置是用它的中心线表示的），它表明线路的直、曲变化状态。线路的平面由直线、圆曲线及连接直线与圆曲线的缓和曲线组成。地铁线路曲线又由圆曲线和缓和曲线组成。

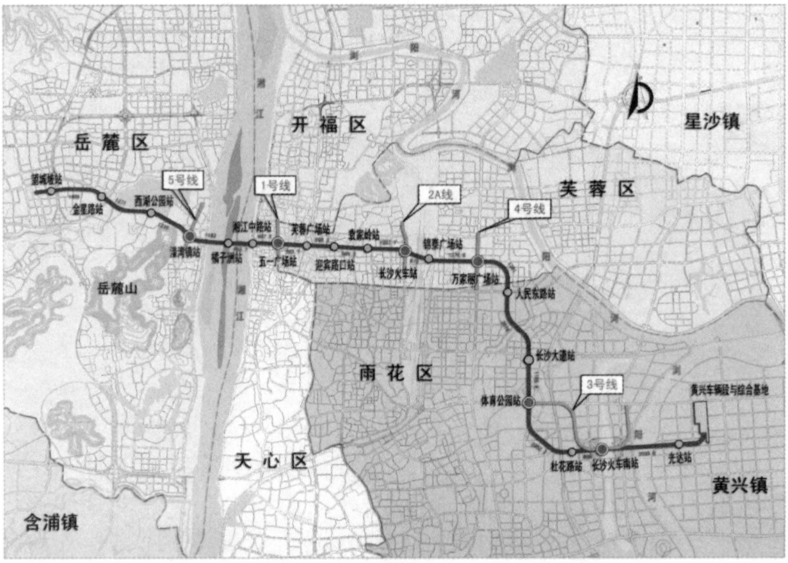

图 4-2　长沙市轨道交通 2 号线部分平面图

1. 曲线

地铁线路在转向处所设的曲线为圆曲线，其基本组成要素有曲线半径 R，曲线转角 α，曲线长 L，切线长度 T，如图 4-3 所示。

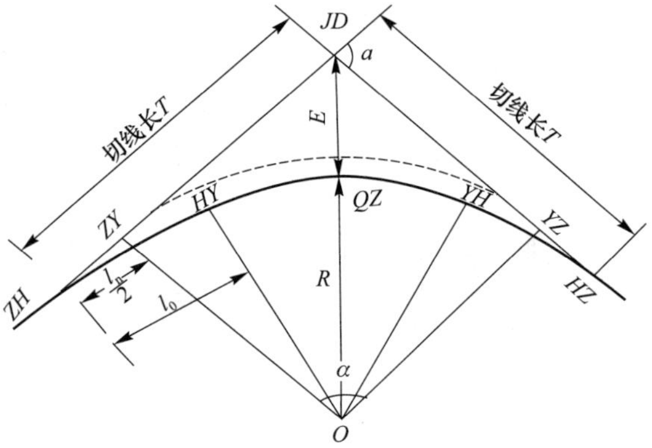

图 4-3　曲线要素示意

直线与缓和曲线的连接处称为直缓点或缓直点，用 ZH 或 HZ 表示；缓和曲线与圆曲线的连接处称为缓圆点或圆缓点，用 HY 或 YH 表示；曲线中部称为曲中点，用 QZ 表示。若曲线未设缓和曲线，而是直线和圆曲线直接相连接，其连接处称为直圆点或圆直点，用 ZY 或 YZ 表示。虚线表示未设缓和曲线时圆曲线与直线直接相连的情况。在各要素中，曲线半径是决定列车运行条件的主要因素，曲线半径越大，列车运行条件就越好，见表 4-2。

表 4-2　最小曲线半径

线路		一般情况 / m		困难情况 / m	
		A 型车	B 型车	A 型车	B 型车
正线	$V \leq 80$ km/h	350	300	300	250
	80 km/h $< V \leq$ 100 km/h	550	500	450	400
联络线、出入线		250	200	150	
车场线		150	110	110	
注：除同心圆曲线外，曲线半径应以 10 m 的倍数取值					

2. 缓和曲线

为保证列车安全，使线路平顺地由直线过渡到圆曲线或由圆曲线过渡到直线，以避免离心力的突然产生和消除，常需要在直线与圆曲线之间设置一个曲率半径变化的曲线，这个曲线称为缓和曲线。

缓和曲线的特征：从缓和曲线所衔接的直线一端起，它的曲率半径 ρ 由无穷大逐渐减小到它所衔接的圆曲线半径 R。它可以使离心力逐渐增加或减小，不致造成列车强烈的横向摇摆，如图 4-4 所示。

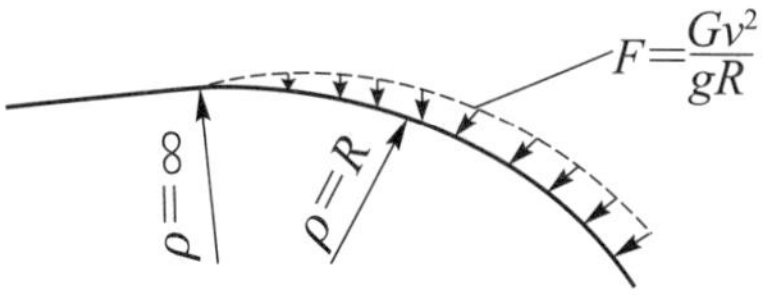

图 4-4　缓和曲线线性示意

二、地铁线路的纵断面及纵断面图

线路中心线纵向展直后在铅垂面上的投影，叫作线路纵断面。其表明线路的起伏变化情况，其高程称为路肩高程。为适应地面的起伏，线路上除平道外，还修成不同的坡道。因此，平道与坡道就是线路纵断面的组成要素。根据中线平面位置反映的地面标高，绘制中线的地形纵断面，然后在上面设计坡度线，得出线路纵断面图。

线路纵断面由平道、坡道及设于变坡点处的竖曲线组成。

线路纵断面图是用一定的比例尺和规定的符号，将平面图上的线路中心线展直后投影到铅垂面上，并注有线路平面和纵断面有关资料的图，如图 4-5 所示。

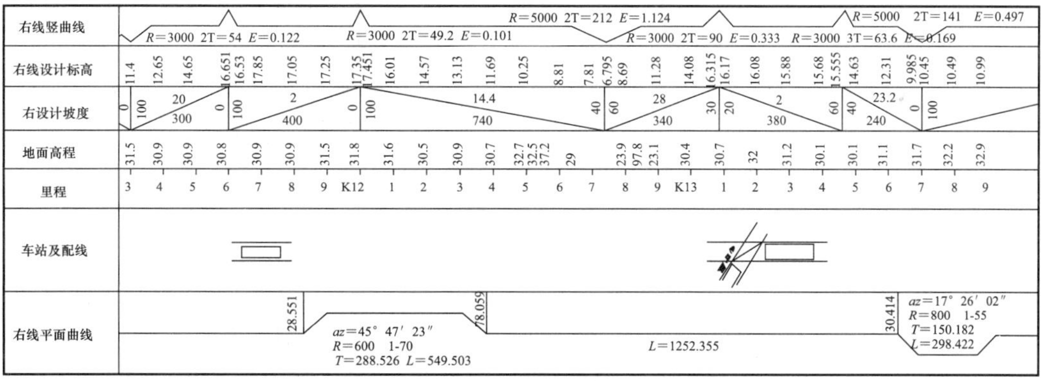

图 4-5　线路纵断面

1. 里程栏

里程栏中所填数字实为纵断面图的横坐标。图中 1、2、3……为整百米标，K1、K2、K3……为整公里标。

2. 车站及配线

通过车站和配线栏结合里程栏可以获得车站的大致信息，如车站的站坪长度、车站股道数量、车站站间距、是否为交汇（换乘）站等。

3. 线路平面

纵断面图中的线路平面与平面图中的线路平面绘制的方面是不同的，纵断面图中线路平面是表示线路直、曲变化的示意。凸起部分表示右偏角曲线；凹下部分表示左偏角的曲线。凸起与凹下的斜线转折点依次为 *ZH*、*HY*、*YH*、*HZ* 点。在 *ZH* 和 *HZ* 点处注有与前百米标的距离。

4. 地面高程

使用水准仪、全站仪或 GPS 测量获得。具体方法参考工程测量课程。

5. 线路坡度

线路坡度如图 4–6 所示。

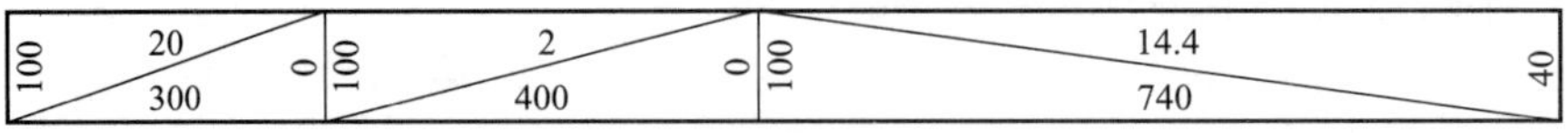

图 4–6　线路坡度

纵断面上两个坡段的连接点即坡度变化点，称为变坡点。一个坡段两变坡点间的水平距离，称为坡度长度。

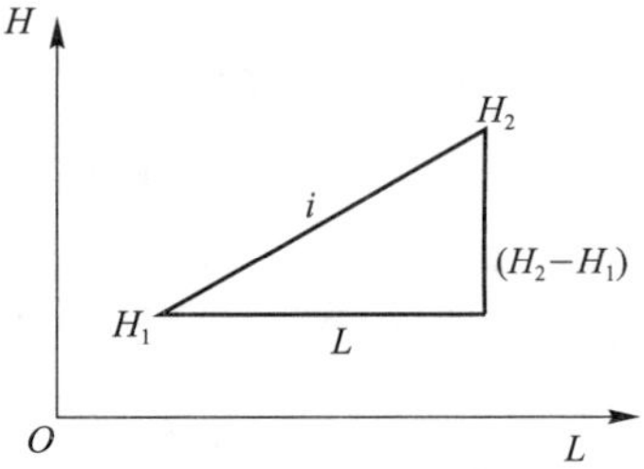

图 4–7　线路坡度值示意

坡度是指列车在单位距离内克服的高程。在纵断面图上设计坡度是指两个变坡点间的坡度，如图 4–7 所示。其计算公式如下

$$i = \frac{H_2 - H_1}{L} \times 1\,000\ (‰) \qquad (4\text{–}1)$$

式中　H_2，H_1——两变坡点的标高（m）；

L——坡段的水平距离（m）。

i 为正值时表示上坡，设计坡度栏中坡度线从左下方绘至右上方；*i* 为负值时表示下坡，设计坡度栏中坡度线从左上方绘至右下方，为 0 时表示平坡，设计坡度栏中坡度线从左中间绘至右中间。例如，图 4–5 中所示坡段为 $i_1 = 20‰$上坡、$i_1 = 2‰$上坡、$i_1 = 14.4‰$下坡。坡段长度是指两边坡点之间的水平距离。纵断面图坡度栏中坡段长度应标在坡度线下方中间。图 4–5 中坡段长度依次为 300 m、700 m、740 m。坡段的长短，对列车运行的平稳性是有影响的，坡段越长，行车越平稳。

6. 竖曲线

线路竖曲线如图 4–8 所示。

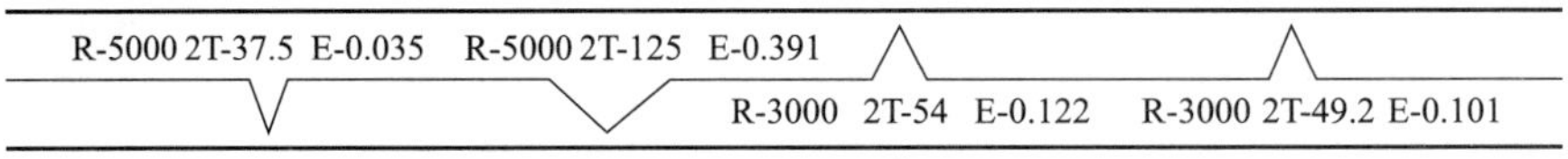

图 4–8　线路竖曲线

列车通过变坡点所产生的车辆振动和局部加速度，将引起旅客的不舒适；当机车重心未过变坡点而使导向轮悬空时，若其悬空高度超过导向轮轮缘高度就有可能脱轨；当相邻车辆的连接处位于变坡点旁时，车钩将发生上下错动，若超过允许值，就可能引起脱钩。

因此，纵断面上的各坡段不能连成折线，而必须在变被点处用竖曲线将折线断面平顺的连接起来，以保证行车的安全和平顺。

竖曲线半径选用表见表 4–3。

表 4-3　竖曲线半径选用表

线别		一般情况 / m	困难情况 / m
正线	区间	5 000	3 000
	车站端部	3 000	2 000
联络线、出入线		2 000	
车场线		2 000	

任务实施

工作任务一　识读地铁线路的平面及平面图

制作 PPT，解读地铁线路的平面及平面图，讲述直线、曲线等基本概念。

工作任务二　识读地铁线路的纵断面及纵断面图

制作 PPT，解读地铁线路的纵断面及纵断面图，讲述坡度等基本概念。

任务评价

铁路线路平纵断面识读评价表，见表 4-4。

表 4-4　铁路线路平纵断面识读评价表

项目任务	铁路线路平纵断面识读				
班 级		姓 名		评价时间	
考核内容					
考核项目	考核标准			分值	得分
地铁线路的平面及平面图	明确地铁线路的平面及平面图（直线、曲线）			15	
地铁线路的纵断面及纵断面图	基本概念（坡度）			10	
	分类清晰，有依据			25	
制作内容	制作能清晰展示 PPT 演讲稿			15	
	要求类型分析图形准确，文字流畅			15	
	做到业务分析熟练、图文并茂			20	
指导教师意见：					
说明：1. 建议采用四级评分制（如 90% ～ 100%、80% ～ 90%、60% ～ 80%、＜ 60%）。 2. 主要采用小组互评的方式进行评价，教师最后进行参考评分。					

任务二 限界认知

任务导入

地铁限界是以地铁车辆的轮廓尺寸和运行的动力性能为基本依据，综合考虑线路特性、设备安装、施工方法等因素，以确定地下构筑物的大小和各种设备的相互尺寸关系及界限。

地铁限界按车辆在平直线路上运行制订。在曲线段和道岔区，其限界必须按车辆的有关尺寸、不同的曲线半径和超高，以及不同的道岔类型进行加宽和加高。

知识准备

地铁限界包括车辆限界、设备限界、建筑限界、接触网限界，如图 4-9 所示。

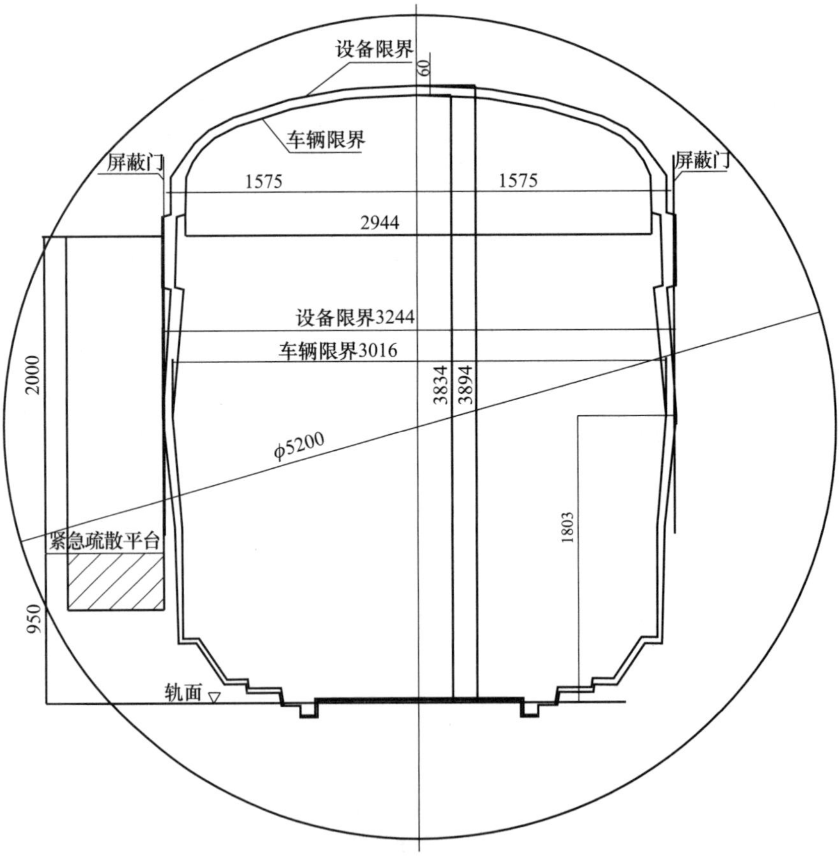

图 4-9　区间直线段（80 km/h）圆形隧道、设备及车辆限界（单位：mm）

一、车辆限界

车辆限界是在直线上运行的车辆轮廓尺寸基础上，考虑车辆运行的偏移、侧倾，各连接件和走行部分的磨耗，以及空气弹簧一侧失效等因素，经计算求得。运行在线路上的所有车辆必须满足车辆限界的要求，因此，该限界也被称为车辆接近限界。

二、设备限界

设备限界在车辆限界的基础上，考虑各种因素在内的安全预留量而确定。除与行车直接相关的设备外，所有设备的安装均不得侵入设备限界，因此，该限界也常被称为设备接近限界。

三、建筑限界

建筑限界是隧道内最小横断面有效内轮廓尺寸限界。建筑限界与设备限界之间的空间必须满足设备和管线安装的需要。建筑限界可分为矩形隧道建筑限界、马蹄形隧道建筑限界、圆形隧道建筑限界、高架线及地面线建筑限界、车辆段车场线建筑限界。

四、接触网限界

接触网限界是在隧道内安装接触网及其支架的尺寸界限。

任务实施

工作任务　简述地铁限界：车辆限界、设备限界、建筑限界、接触网限界

制作 PPT，解读地铁限界：车辆限界、设备限界、建筑限界、接触网限界，并说明其作用。

任务评价

限界认知评价表，见表 4–5。

表 4–5　限界认知评价表

<table>
<tr><td>项目任务</td><td colspan="5">限界认知</td></tr>
<tr><td>班 级</td><td></td><td>姓 名</td><td></td><td>评价时间</td><td></td></tr>
<tr><td colspan="6">考核内容</td></tr>
<tr><td>考核项目</td><td colspan="3">考核标准</td><td>分值</td><td>得分</td></tr>
<tr><td>简述地铁限界的组成与作用</td><td colspan="3">简述车辆限界、设备限界、建筑限界、接触网限界及其作用</td><td>15</td><td></td></tr>
<tr><td rowspan="2">图示地铁限界</td><td colspan="3">比较各限界</td><td>10</td><td></td></tr>
<tr><td colspan="3">分类清晰，有依据</td><td>25</td><td></td></tr>
<tr><td rowspan="3">制作内容</td><td colspan="3">制作能清晰展示 PPT 演讲稿</td><td>15</td><td></td></tr>
<tr><td colspan="3">要求类型分析图形准确，文字流畅</td><td>15</td><td></td></tr>
<tr><td colspan="3">做到业务分析熟练、图文并茂</td><td>20</td><td></td></tr>
<tr><td colspan="6">指导教师意见：</td></tr>
<tr><td colspan="6">说明：1. 建议采用四级评分制（如 90% ～ 100%、80% ～ 90%、60% ～ 80%、＜ 60%）。
2. 主要采用小组互评的方式进行评价，教师最后进行参考评分。</td></tr>
</table>

任务三
轨道几何尺寸检查

任务导入

轨道几何尺寸是指轨道的几何形状、相对位置和基本尺寸。为确保列车的安全运行，轨道的两股钢轨之间，应保持一定的距离；两股钢轨的顶面应位于同一水平或保持一定的相对高差；轨道的轨向在直线上应保持顺直，曲线上应保持圆顺；为使钢轨顶面与车轮锥形踏面相吻合，以使轨顶受力均匀，两股钢轨均应向内侧倾斜等。轨道结构的几何尺寸标准，是根据机车车辆的有关尺寸和性能确定的。因此，研究轨道结构时，必须对机车车辆的走行部分进行分析和了解。

知识准备

一、机车车辆走行部分尺寸

1. 轮对

轮对由一根车轴和两个车轮组成，通过压装而成，车轮随车轴一起转动，如图 4–10 所示。车轮由轮心及轮箍两部分组成。

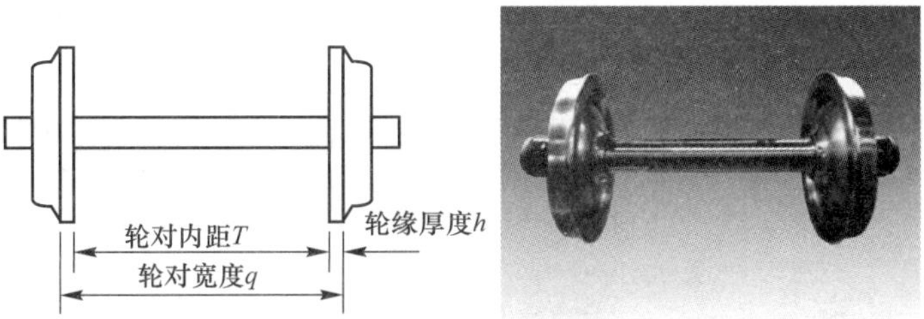

图 4–10　轮对示意

2. 车轮踏面

车轮在钢轨上滚动的面称为车轮踏面。车轮踏面为圆锥形。踏面的斜坡由 1 ∶ 20 和 1 : 10 两段组成。1 : 20 的一段是经常与钢轨顶面接触的部分；1 : 10 的一段只在小半径曲线上才与钢轨顶面接触。车轮踏面的主要部分做成 1 : 20 圆锥面后，可以减少横向水平力对车轮的影响，增加车辆行驶的平稳性，同时可使直线地段上行驶的车辆，当偏向轨道一侧时，由于左右车轮滚动半径的不同，仍然能返回到轨道中线，如图 4–11 所示。

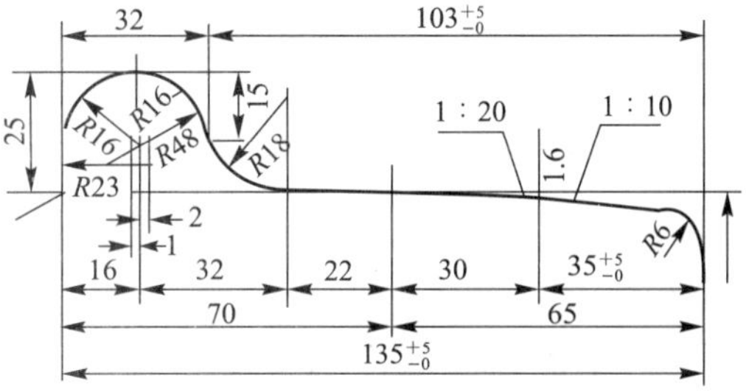

图 4–11　车轮踏面

3. 轮缘

轮缘是为了防止车轮沿钢轨滚动时不致脱轨而在车轮踏面内侧制成的凸缘，如图 4–11 中左侧凸起的部分。轮缘厚度用 h 表示，规定机车轮缘厚度在距离轮缘顶 18 mm 处测量，其正常厚度为 33 mm；车辆轮缘厚度在距离轮缘顶 15 mm 处测量，其正常厚度为 32 mm，见表 4–6。机车轮缘正常高度规定为 28 mm；车辆轮缘正常高度规定为 25 mm。

表 4–6　轮对几何尺寸　（mm）

名称	轮缘高度	轮缘厚度 h		轮背内侧距 T			轮对宽度 q		
		最大（正常）	最小	最大	正常	最小	最大	正常	最小
机车轮	28	33	23	1 356	1 353	1 350	1 422	1 419	1 396
车辆轮	25	32	22	1 356	1 353	1 350	1 420	1 417	1 394

4. 轮对尺寸

轮缘内侧的竖直面称为车轮内侧面；轮踏面外侧的竖直面称为车轮的外侧面。内、外侧面之间的距离称为车轮宽度。轮对两车轮内侧面的距离称为轮背内侧距（用 T 表示），轮对宽度（用 q 表示）等于轮背内侧距（T）加上两个轮缘厚度（$2h$），即

$$q = T + 2h \tag{4–2}$$

5. 固定轴距和全轴距

在同一车架或转向架上，始终保持平行的最前位和最后位车轴中心间的水平距

离，称为固定轴距。同一机车或车辆最前位和最后位的车轴中心间的水平距离，称为全轴距，如图 4-12 所示。

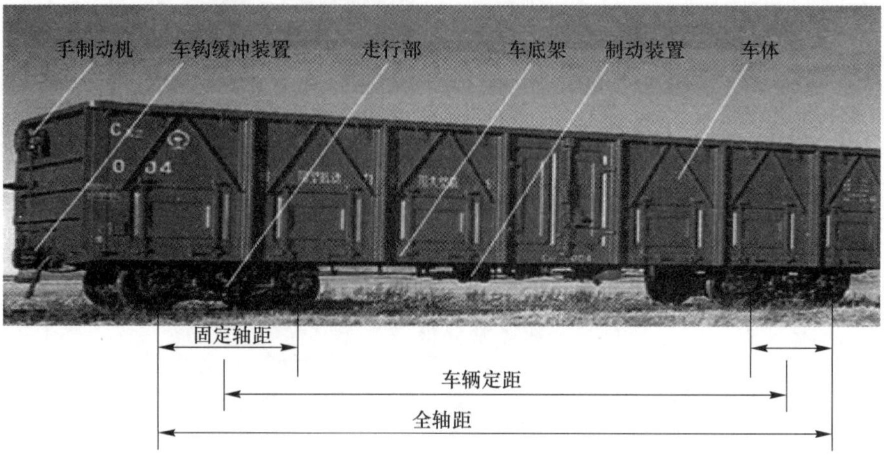

图 4-12　车辆固定轴距和全轴距

二、直线轨道几何尺寸

轨道的几何形位按静态与动态两种状况进行管理。静态几何形位是轨道不行车时的状态，用道尺等工具测量检查；动态几何形位是在行车条件下的轨道状态，须用轨道检查车进行动态检查。下面主要介绍在静态条件下，轨道几何形位的有关规定。

1. 轨距

轨距是指两股钢轨头部内侧轨顶面以下 16 mm 范围内两作用边之间的最小距离。目前世界上采用的轨距可分为标准轨距、宽轨距和窄轨距三种。大部分国家采用标准轨距，标准轨距尺寸为 1 435 mm。大于标准轨距的称为宽轨距，常用的有 1 524 mm、1 600 mm 和 1 670 mm 等，采用的国家有俄罗斯、印度、蒙古等。采用比标准轨距窄的称为窄轨距，有 1 067 mm、1 000 mm、762 mm 和 610 mm 等，东南亚一些国家采用窄轨距。我国铁路轨距绝大多数为标准轨距，仅在云南省境内尚保留有 1 000 mm 的轨距。台湾地区既有铁路采用 1 067 mm 轨距。

轨距用道尺（也称轨距尺）进行测量。在日常检查时，通常每 6.25 m 检查一处。另外，轨距变化应和缓平顺，其变化率在正线、到发线上不得大于 2 ‰（规定递减部分除外），允许速度大于 120 km/h 的线路不得大于 1‰。

为了使列车在轨道上顺利运行，轨距应略大于轮对宽度，两者之间应留有一定的空隙，称为游间。当轮对中的一个车轮轮缘与钢轨贴紧时，另一个车轮轮缘与钢轨之间的间隙（游间）δ 为

$$\delta = S - q \tag{4-3}$$

式中　S——轨距（mm）；

q——轮对宽度（mm）。

游间过小时，轮对易被两股钢轨楔住，增加行车阻力和轮轨之间的磨耗。但游间也不能过大，以免列车运行时产生剧烈的摇摆，影响行车的平稳性和轨道的稳定

性（表 4–7）。

表 4–7　直线轨道游间　　（mm）

车轮类型	最大游间	正常游间	最小游间
机车轮	45	16	11
车辆轮	47	18	13

为了提高列车运行的平稳性和线路的稳定性，减少轮轨磨耗和动能损失，确保行车安全，需要将游间限制在一个合理的范围内。根据我国现场测试和养护维修经验，适当减小直线轨距，改道时轨距按 1 434 mm 或 1 433 mm 控制，尽管轨头有少量侧磨发生，但达到轨距超限的时间得以延长，有利于提高行车平稳性，延长维修周期。

2. 水平

水平是指线路上左右两股钢轨顶面的相对高差。在直线地段，两股钢轨顶面应置于同一水平面上，使两股钢轨受力均匀，保持列车平稳运行。为确保行车平稳与安全，两股钢轨顶面的水平误差应控制在一定范围内。

水平用道尺或其他工具测量。在日常管理上，直线部分按里程前进方向，以左股为标准股，道岔以直线上股为标准股。标准股高计为正；反之计为负。曲线以下股为标准股，外股较内股高出的数值减去规定的外轨超高值即水平偏差值。

两股钢轨顶面的水平偏差值，沿线路方向的变化率不可太大，在 1 m 距离内，这个变化不能超过 1 mm，否则即使两股钢轨的水平偏差不超过允许范围，也将引起机车车辆的剧烈摇晃。因此，规定水平的变化率不得超过 1‰。

实践中有两种性质不同的钢轨水平偏差，对行车的危害程度也不同。一种偏差称为水平差，就是在一段较长的距离内，一股钢轨的顶面始终比另一股高；另一种称为三角坑，其含义是在一段不太长的距离内，先是左股钢轨高于右股，后是右股钢轨高于左股，两股钢轨在立面上出现扭曲，即水平差出现正、负交替。日常对三角坑的检查，是在检查水平时按前后两检查点（每 6.25 m 检查一处）的水平相对差来表示三角坑的大小，连续两处水平误差符号相同或有一处为零时不需要计算三角坑，只有在连续两处水平误差为一正一负时才需要计算三角坑。

一般情况下，线路上出现超过容许限值的水平差，只是引起车辆摇晃和两股钢轨的不均匀受力，并导致钢轨不均匀磨耗。但如果出现三角坑，将会使同一转向架的四个车轮中，只有三个正常压紧钢轨，另一个形成减载或悬空。如果恰好在这个车轮上出现较大的横向力，就可能使浮起的车轮只能以它的轮缘贴紧钢轨，在最不利的情况下甚至可能爬上钢轨，引起脱轨事故。因此，三角坑一旦超过容许值就必须立即消除。

3. 轨向

轨向是指轨道中心线在水平面上的平顺性，也称方向。为了使行车安全与平稳，直线轨道应当顺直，曲线轨道应当圆顺。但实际上经过运营的直线轨道并非直线，而是由许多波长为 10 ～ 20 m 的曲线所组成的，因其曲度很小，故通常不易察觉。若直线不直则必然引起列车的摇晃和蛇行运动。相对轨距来说，轨道方向往往是行车平稳性的控制性因素。只要方向偏差保持在容许范围以内，轨距变化对车辆振动的影响就处于从属地位。特别是在行驶快速列车的线路上，线路方向对行车的平稳性更具有重要的影响。

在无缝线路地段，若轨道方向不良，还可能在高温季节引发胀轨跑道事故，严重威胁行车安全。

直线方向必须目视平顺，用 10 m 弦测量最大矢度。测量直线线路方向时，检查者首先跨站一股钢轨或站在一股钢轨的里侧，目视前方，找出方向不良的位置，然后在该处拉 10 m 弦线，在钢轨顶面以下 16 mm 处测量轨头内侧与弦线之间的最大矢度，即该处方向偏差。如轨向是向轨道内凹入者，应使用等高的两块木垫块将弦线两端垫离轨头，测得的最大矢度减去木垫块高，即该处的方向偏差。轨向偏向轨道外侧时计为“＋”，偏向道心时计为“－”。

4. 高低

一股钢轨顶面纵向的高低差，叫作线路的前后高低，简称高低。高低反映的是钢轨顶面纵向的平顺情况。钢轨顶面的高低不平顺，会使列车通过时冲击动力增加，使道床变形加快，反过来又扩大不平顺，从而使列车对轨道的破坏力更大，形成恶性循环。这种破坏作用往往同不平顺（坑洼）的深度成正比，而同它的长度成反比，即长度越短，破坏力越大。

轨底与垫板、垫板与轨枕之间出现间隙（间隙超过 2 mm 时称为吊板）或轨枕与道床顶面之间出现间隙（间隙超过 2 mm 时称为空板或暗坑）。列车通过时，有吊板或暗坑的地方下沉就大，将引起列车的剧烈振动，加速道床的变形，继而又引起更加剧烈的振动，形成恶性循环，对行车极为不利。

前后高低应目视平顺，用 10 m 弦测量轨顶最大矢度。

新铺或刚大修过的线路，轨面应目视平顺，但经过一段时间列车运营后，由于路基下沉、道床捣固不实、扣件松动、轨枕失效、钢轨不均匀磨耗等原因，轨面会出现高低不平。在日常检查时，先俯身目视钢轨下颚线的高低平顺情况，找出高低不良处，然后用 10 m 弦线在钢轨顶面中部测量最大矢度，弦线应置于能测量出最大矢度的位置上。如钢轨是向上凸起的，应使用相同厚度的垫块将弦线两端垫高，垫块厚度一般可以采用 20 mm，将测得的结果减去垫块厚即高低差。对直线地段两股钢轨的高低应分别进行检查，对曲线地段只检查里股钢轨的高低。为减小误差，还应考虑弦线的挠度，一般按 1 mm 考虑。

5. 轨底坡

由于车轮踏面主要部分为 1 ∶ 20 的圆锥面，故在直线上的钢轨不应竖直铺设，而要适当地向道心倾斜，钢轨向轨道中心的这种倾斜度称为轨底坡。如果钢轨保持竖直，车轮的压力将离开钢轨的中心线而偏向道心一侧，且微向外斜，其结果使钢轨头部磨损不均，腰部弯曲，轨头与轨腰连接处易发生纵裂，甚至折损。

设置轨底坡后，不但可以使车轮压力更集中于钢轨的中轴线，减少荷载的偏心距，降低轨腰应力，而且可以减小轨头由于接触应力而产生的塑性变形。

在我国铁路运营的实践中，规定轨底坡为 1∶40。这是因为在机车车辆的动力作用下，轨道被弹性挤开，轨枕产生挠曲和弹性压缩，加上垫板与轨枕不密贴，道钉的扣压力不足等原因，以及车轮踏面经过一段时期的运行后，原来 1∶20 的踏面也被磨耗接近 1 ∶ 40 的坡度，故将直线轨道的轨底坡标准定为 1 ∶ 40。

轨底坡是否正确，可以从钢轨顶面的光带位置来判断，光带如偏向内侧，则说明轨底坡不足，光带如偏向外侧，则说明轨底坡过大。在任何情况下，轨底坡不应大于 1∶20 或小于 1∶60；否则，都会使轨头偏磨，故应及时进行调整。

任务实施

工作任务一　机车车辆走行部分尺寸

制作 PPT，复述机车车辆走行部分尺寸。

工作任务二　直线轨道几何尺寸

制作 PPT，复述直线轨道几何尺寸，与机车车辆走行部分尺寸进行比较分析。

任务评价

轨道几何尺寸检查评价表，见表 4–8。

表 4–8　轨道几何尺寸检查评价表

<table>
<tr><td>项目任务</td><td colspan="5">轨道几何尺寸检查</td></tr>
<tr><td>班 级</td><td></td><td>姓 名</td><td></td><td>评价时间</td><td></td></tr>
<tr><td colspan="6">考核内容</td></tr>
<tr><td>考核项目</td><td colspan="3">考核标准</td><td>分值</td><td>得分</td></tr>
<tr><td>机车车辆走行部分尺寸</td><td colspan="3">简述机车车辆走行部分尺寸</td><td>25</td><td></td></tr>
<tr><td rowspan="2">直线轨道几何尺寸</td><td colspan="3">列举几何尺寸，与机车尺寸比较</td><td>10</td><td></td></tr>
<tr><td colspan="3">分类清晰，有依据</td><td>15</td><td></td></tr>
<tr><td rowspan="3">制作内容</td><td colspan="3">制作能清晰展示 PPT 演讲稿</td><td>15</td><td></td></tr>
<tr><td colspan="3">要求类型分析图形准确，文字流畅</td><td>15</td><td></td></tr>
<tr><td colspan="3">做到业务分析熟练、图文并茂</td><td>20</td><td></td></tr>
<tr><td colspan="6">指导教师意见：</td></tr>
<tr><td colspan="6">说明：1. 建议采用四级评分制（如 90% ～ 100%、80% ～ 90%、60% ～ 80%、< 60%）。
2. 主要采用小组互评的方式进行评价，教师最后进行参考评分。</td></tr>
</table>

任务四
曲线超高设置

任务导入

曲线超高（Curve Superelevation），是为了平衡列车行驶在曲线上所产生的离心力，使曲线地段外股钢轨高于内股钢轨的数值。列车在曲线上行驶时，由于离心力的作用，将列车推向外股钢轨，加大了外股钢轨的压力，也使旅客感到不适、货物产生位移等。因此，需要将曲线外轨适当抬高，使列车的自身重力产生一个向心的水平分力，以抵消离心力的作用，使内外两股钢轨受力均匀和垂直磨耗均等，满足旅客舒适感，提高线路的稳定性和安全性。同时，曲线超高还是确定缓和曲线长度及曲线线间距离加宽值等相关平面标准的重要参数。

曲线超高的设置方法主要有外轨提高法和线路中心高度不变法两种。外轨提高法是保持内轨高程不变而只抬高外轨的方法，为世界各国铁路所普遍采用；线路中心高度不变法是内轨降低和外轨抬高各为超高值的一半而保证线路中心高程不变的方法，仅在建筑限界受到限制时才采用。曲线超高的大小由列车通过时离心力的大小确定。

知识准备

一、设置外轨超高的目的

列车在曲线上运行时产生向外的离心力，使外股钢轨承受较大的压力和横向作用力，这不仅加剧外轨的磨耗，缩短钢轨的使用寿命，也使旅客感觉不舒适，离心力过大还将影响行车安全。

为了平衡离心力的作用，需要将曲线外股适当抬高，即设置外轨超高，使机车车辆通过曲线时向内倾斜，其自身重力产生一个向心的水平分力来抵消离心力，达到内外两股钢轨受力均匀和垂直磨耗均等，以及满足旅客乘坐舒适度，提高线路稳定性和安全性的目的。

二、外轨超高的计算

曲线外轨超高按下列公式计算：

$$h = 11.8\frac{V_{\mathrm{j}}^2}{R} \tag{4-4}$$

式中 H——外轨超高（mm）。

R——曲线半径（m）。

V_{j}——平均速度（km/h）。

对于新建铁路，V_{j} 取设计速度的 80%。

为便于设置，计算的超高值应取整为 5 mm 的整倍数作为超高的设计值。曲线的最大超高宜为 120 mm，当设置的超高值不足时，一般可允许有不大于 61 mm 的欠超高。

隧道内整体道床轨道曲线超高外轨抬高一半、内轨降低一半，可不增加隧道净空，节省结构的投资，同时能使轨道中心线与线路中心线一致，还能减小超高顺坡段的坡度。U 形结构与隧道衔接时，U 形结构与隧道内的超高设置办法相同。高架桥上的整体道床和地面线碎石道床的曲线超高均宜采取外轨抬高超高值的方法设置。

三、欠超高

由于存在欠超高，列车通过曲线时产生的离心力没有被全部抵消，这样就增大了外股钢轨所承受的垂直压力和车轮轮缘对外股钢轨的水平侧压力，从而造成曲线外轨垂直和侧面磨耗加剧，并且影响旅客乘坐舒适度。过大的横向水平力还可导致轨距扩大、轨排横移，加剧扣件损伤、混凝土轨枕挡肩破损，增加线路的检查维修工作等。因此，未被平衡的欠超高必须控制在一定的数值范围内。

欠超高的计算，根据最高行车速度，未被平衡的欠超高按下式检算：

$$h_{欠} = 11.8\frac{V^2_{max}}{R} - h \tag{4-5}$$

式中　$h_{欠}$——未被平衡欠超高（mm）。

V_{max}——通过曲线最高行车速度（km/h）。

R——曲线半径（m）。

h——实设外轨超高（mm）。

四、外轨超高顺坡

曲线外轨超高的设置有一个逐渐的顺坡过程。在超高顺坡地段，外股钢轨被逐渐抬高，不仅造成机车车辆对外轨的偏载，而且车辆外轮的升降速度对旅客的舒适度有直接的影响。因此，对超高顺坡坡度需要予以适当控制，曲线外轨超高应在整个缓和曲线内顺完。曲线超高顺坡坡度不得大于 2‰；困难地段不应大于 3‰。

任务实施

工作任务　设置外轨超高的目的、外轨超高的计算、欠超高、外轨超高顺坡

制作 PPT，正确复述设置外轨超高的目的、外轨超高的计算、欠超高、外轨超高顺坡。

任务评价

曲线超高设置评价表，见表 4-9。

表 4-9　曲线超高设置评价表

项目任务	曲线超高设置				
班 级		姓 名		评价时间	
考核内容					
考核项目	考核标准			分值	得分
设置外轨超高的目的	简述设置外轨超高的目的			15	
外轨超高的计算、欠超高、外轨超高顺坡	比较优缺点			10	
	分类清晰，有依据			25	
制作内容	制作能清晰展示城市轨道交通情况的 PPT 演讲稿			15	
	要求类型分析图形准确，文字流畅			15	
	做到业务分析熟练、图文并茂			20	
指导教师意见：					
说明：1. 建议采用四级评分制（如 90% ～ 100%、80% ～ 90%、60% ～ 80%、< 60%）。 2. 主要采用小组互评的方式进行评价，教师最后进行参考评分。					

任务五
曲线加宽设置

任务导入

为了使机车车辆能顺利地通过曲线，在半径小于某一值的曲线地段必须做适当的轨距加宽。在我国沿海干线的技术改造过程中，曲线轨距加宽标准是必须研究和制定的轨道设计参数之一。世界各国铁路的曲线轨距加宽标准大多是按机车车辆在曲线上的几何内接条件制定的。

知识准备

机车车辆的走行部分是由两根及以上车轴组成的转向架，各车轴之间保持平行且保持固定距离，是一个刚性结构。当机车车辆由直线进入半径较小的曲线时，机车转向架第一车轴的外轮轮缘冲击外轨，迫使转向架转向，进入曲线后，转向架中部车轴的内侧车轮轮缘紧靠内轨，而最后一个车轴的外轮又靠向外轨。为使机车车辆平稳和安全地通过曲线，避免被钢轨卡住，并尽可能地减少轮轨磨耗及机车车辆对轨道的破坏，在半径小到一定数值的曲线上，必须将轨距适当加宽。

一、轨距加宽标准

轨距加宽标准见表 4–10。

表 4–10　轨距加宽标准

曲线半径	加宽值 / mm		轨距 / mm	
	A 型车	B 型车	A 型车	B 型车
$200 \geqslant R > 150$	5	10	1 440	1 445
$150 \geqslant R > 100$	10	15	1 445	1 450

二、曲线轨距加宽方法及加宽递减

为保持曲线外股钢轨的圆顺，在设置轨距加宽时外股钢轨保持不动，轨距加宽通过将内股钢轨向外横移来实现。

有缓和曲线时，为使轨距均匀递减，轨距加宽值应在缓和曲线范围内递减，如图 4–13 所示；无缓和曲线时，在直线地段递减。递减率不宜大于 2‰，困难地段不应大于 3‰。

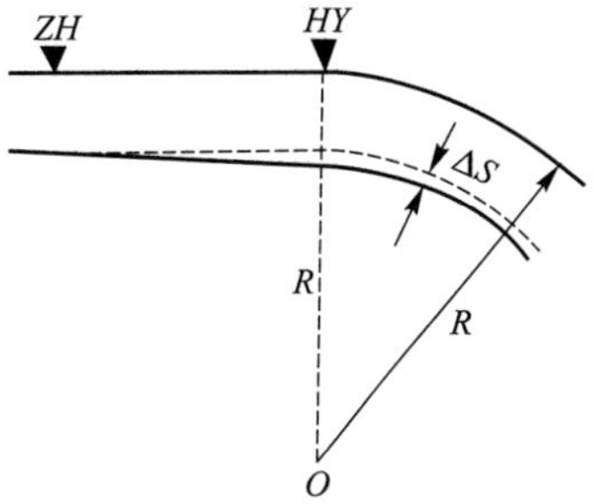

图 4–13　有缓和曲线轨距加宽递减

任务实施

工作任务　简述轨距加宽标准、曲线轨距加宽方法及加宽递减

制作 PPT，复述轨距加宽标准、曲线轨距加宽方法及加宽递减。

任务评价

曲线加宽设置评价表，见表 4–11。

表 4–11　曲线加宽设置评价表

项目任务	曲线加宽设置				
班 级		姓 名		评价时间	
考核内容					
考核项目	考核标准			分值	得分
轨距加宽标准	简述轨距加宽标准			15	
曲线轨距加宽方法及加宽递减	分析曲线轨距加宽方法及加宽递减			10	
	分类清晰，有依据			25	

续表

考核项目	考核标准	分值	得分
制作内容	制作能清晰展示城市轨道交通情况的 PPT 演讲稿	15	
	要求类型分析图形准确，文字流畅	15	
	做到业务分析熟练、图文并茂	20	
指导教师意见：			
说明：1. 建议采用四级评分制（如 90% ～ 100%、80% ～ 90%、60% ～ 80%、＜ 60%）。 2. 主要采用小组互评的方式进行评价，教师最后进行参考评分。			

任务六 曲线缩短量计算

任务导入

在曲线上，里股钢轨线比外股钢轨线短，若里外两股铺以同样长度的标准轨，则里股钢轨的接头势必较外股的接头超前，不能满足钢轨接头对接的要求。

为了使里外股钢轨接头对接，必须在里钢股轨的适当位置处铺缩短轨。

由于线路上曲线的半径和长度不一，难以使曲线上每个接头均正好相对，因此，允许里外两股钢轨接头有少量相错。

知识准备

一、曲线铺设缩短轨的目的和要求

在曲线上，里股钢轨线比外股钢轨线短，若里外两股铺以同样长度的标准轨，则里股钢轨的接头势必较外股的接头超前，不能满足钢轨接头对接的要求。为了使里外股钢轨接头对接，必须在里股钢轨的适当位置处铺缩短轨。

由于线路上曲线的半径和长度不一，难以使曲线上每个接头均正好相对，因此，允许里外两股钢轨接头有少量相错。在正线及到发线上，相错量不大于 20 mm 加所用缩短轨缩短量的一半；在其他站线、次要线和使用非标准长度钢轨的线路上，容许再增加 20 mm。如使用不同的缩短轨，则取其缩短量较大者作为计算标准。

我国铁路使用下列标准缩短轨：对于 12.5 m 的标准轨，配有缩短量为 40 mm、80 mm 和 120 mm 三种标准缩短轨；对于 25 m 的标准轨，配有缩短量为 40 mm、80 mm 和 160 mm 三种标准缩短轨。

为了维修管理方便，同一曲线一般宜使用同一种标准缩短轨。

二、圆曲线缩短量的计算公式

圆曲线缩短量按下式计算：

$$\varepsilon_y = S_1 \frac{L_y}{R} \tag{4-6}$$

式中　ε_y——圆曲线里股轨线应有的缩短量；

L_y——圆曲线长。

三、缓和曲线缩短量的计算公式

缓和曲线部分缩短量按下式计算：

$$\varepsilon_H = S_1 \frac{l^2}{2C} = S_1 \frac{l^2}{2Rl_0} \tag{4-7}$$

式中　ε_H——缓和曲线上任一点至缓和曲线始点里股轨线应有的缩短量；

l——缓和曲线上任一点至缓和曲线始点的轨线长度；

l_0——缓和曲线全长；

S_1——两股钢轨中心线之间的距离，规定采用 1 500 mm。

四、总缩短量的计算公式

设缓和曲线长度为 l_0，圆曲线长度为 L_y，则由式（4-4）及式（4-5）可计算出曲线里股轨线的总缩短量为

$$\begin{aligned}\varepsilon_{总} &= 2\varepsilon_{H0} + \varepsilon_y \\ &= 2\times S_1 \frac{l_0^2}{2R_0} + S_1 \frac{L_y}{R} \\ &= \frac{S_1 l_0}{R} + \frac{S_1 L_y}{R} \\ &= S_1 \frac{l_0 + L_y}{R}\end{aligned} \tag{4-8}$$

式中　ε_{H0}——侧缓和曲线应有的缩短量。

ε_y——圆曲线应有的缩短量。

任务实施

工作任务一　曲线铺设缩短轨的目的和要求

制作 PPT，复述曲线铺设缩短轨的目的和要求。

工作任务二　计算公式

制作 PPT，分析比较圆曲线缩短量的计算公式，缓和曲线缩短量的计算公式，总缩短量的计算公式。

任务实施

曲线缩短量计算评价表，见表 4–12。

表 4–12　曲线缩短量计算评价表

<table>
<tr><td>项目任务</td><td colspan="5">曲线缩短量计算</td></tr>
<tr><td>班 级</td><td></td><td>姓 名</td><td></td><td>评价时间</td><td></td></tr>
<tr><td colspan="6">考核内容</td></tr>
<tr><td>考核项目</td><td colspan="3">考核标准</td><td>分值</td><td>得分</td></tr>
<tr><td>曲线铺设缩短轨的目的和要求</td><td colspan="3">简述曲线铺设缩短轨的目的和要求</td><td>15</td><td></td></tr>
<tr><td rowspan="2">计算公式</td><td colspan="3">分析比较三组公式</td><td>10</td><td></td></tr>
<tr><td colspan="3">分类清晰，有依据</td><td>25</td><td></td></tr>
<tr><td rowspan="3">制作内容</td><td colspan="3">制作能清晰展示城市轨道交通情况的 PPT 演讲稿</td><td>15</td><td></td></tr>
<tr><td colspan="3">要求类型分析图形准确，文字流畅</td><td>15</td><td></td></tr>
<tr><td colspan="3">做到业务分析熟练、图文并茂</td><td>20</td><td></td></tr>
<tr><td colspan="6">指导教师意见：</td></tr>
<tr><td colspan="6">说明：1. 建议采用四级评分制（如 90% ～ 100%、80% ～ 90%、60% ～ 80%、< 60%）。
2. 主要采用小组互评的方式进行评价，教师最后进行参考评分。</td></tr>
</table>

任务七
曲线方向整正

任务导入

为什么要进行曲线整正？列车在曲线上运行时机车车辆对轨道的附加力比直线上的大得多；反之，不良的曲线方向又会增大列车对轨道的破坏力，从而形成恶性循环。

知识准备

一、曲线绳正法概述

曲线圆度通常是用半径来表达，如果一处曲线，其圆曲线部分各点半径完全相等，而缓和曲线部分从起点开始按照同一规律从无限大逐渐减少，到终点时和圆曲线半径相等，那就说明这处曲线是圆顺的。但是铁路曲线半径都是很大的。现场无法用实测半径的方法来检查曲线圆度，通常以曲线半径（R）、弦长（L）、正矢（f）的几何关系来检验，如图 4–14 所示。

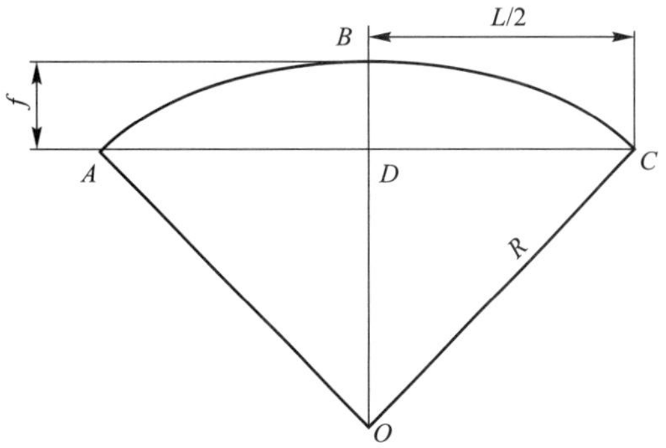

图 4–14　正矢示意

以弦线测量正矢的方法，即用绳正法来检查曲线的圆度，用调整正矢的方法，使曲线达到圆顺。测量现场正矢时，应用 20 m 弦或者 10 m 弦，在钢轨踏面下 16 mm 处测量正矢，其偏差不得超过规定的限度。

圆曲线近似写成为

$$f=\frac{L^2}{8R} \tag{4-9}$$

弦长 L 现场一般取 20 m，当 $L = 20$ m 时，$f=\dfrac{50\ 000}{R}$

取 10 m，当 $L = 20$ m 时，$f=\dfrac{2\ 5000}{R}$

例：已知曲线半径 $R = 500$ m，弦长为 20 m，求圆曲线的正矢值。

解：$f=\dfrac{50\ 000}{R}=\dfrac{50\ 000}{500}=100$

$f_Y = 100$ mm

注：f_Y 表示圆曲线的正矢。

二、曲线正矢允许偏差管理值

曲线应保持圆顺，用弦在钢轨踏面下 16 mm 处测量正矢，半径 $R > 400$ m 曲线用 20 m 弦测量，半径 $R \leqslant 400$ m 曲线用 10 m 弦测量，其偏差不得大于表 4–13、表 4–14 曲线正矢容许偏差表。

表 4–13　曲线正矢容许偏差表（20 m 弦）

曲线半径 / m	作业验收						经常保养					
	缓和曲线的正矢与计算正矢差 / mm		圆曲线正矢连续差 / mm		圆曲线正矢最大最小值差 / mm		缓和曲线的正矢与计算正矢差 / mm		圆曲线正矢连续差 / mm		圆曲线正矢最大最小值差 / mm	
	正线及试车线	段场线	正线及试车线	段场线	正线及试车线	段场线	正线及试车线	段场线	正线及试车线	段场线	正线及试车线	段场线
400 ＜ R ≤ 800	3	4	6	8	9	12	4	5	8	10	12	15
R ＞ 800	2	3	4	6	6	8	3	4	6	8	9	12
注：曲线正矢用 20 m 弦在钢轨踏面下 16 mm 处测量。												

表 4–14　曲线正矢容许偏差表（10 m 弦）

曲线半径 / m	作业验收						经常保养					
	缓和曲线的正矢与计算正矢差 / mm		圆曲线正矢连续差 / mm		圆曲线正矢最大最小值差 / mm		缓和曲线的正矢与计算正矢差 / mm		圆曲线正矢连续差 / mm		圆曲线正矢最大最小值差 / mm	
	正线及试车线	段场线	正线及试车线	段场线	正线及试车线	段场线	正线及试车线	段场线	正线及试车线	段场线	正线及试车线	段场线
R ≤ 250		3		4		6		4		6		9
250 ＜ R ≤ 400	2	2	3	4	4	5	3	3	4	5	5	6
注：曲线正矢用 10 m 弦在钢轨踏面下 16 mm 处测量。												

三、曲线整正的外业测量

测量现场正矢是曲线整正计算前的准备工作，这项工作的质量好坏直接关系到计算工作，并影响拨后曲线的圆顺。因此应注意以下几点：

（1）测量现场正矢前，先用钢尺在曲线外股按计划的桩距（10 m、5 m）丈量，并画好标记和编出测点号。测点应尽量与直缓、缓圆等点重合。

（2）测量现场正矢时，应避免在大风或雨天进行，弦线必须抽紧，弦线两端位置和量尺的位置要正确。在踏面下 16 mm 处量，肥边大于 2 mm 时应铲除，每个曲线至少要丈量 2 ～ 3 次，取其平均值。

（3）如果直线方向不直，就会影响整个曲线，应首先将直线拨正后再量正矢；如果曲线头尾有反弯（鹅头）应先进行整正；如果曲线方向很差，应先粗拨一次，但拨动部分应经列车碾压且稳定以后，再量取现场正矢，以免现场正矢发生变化，而影响拨道量计算的准确性。

（4）在测量现场正矢的同时，应注意线路两旁建筑物的界限要求，桥梁、隧道、道口、信号机等建筑物的位置，以供计划时考虑。

四、曲线整正的基本原理

1. 假定

（1）假定曲线两端切线方向不变，即曲线始终点拨量为零。

切线方向不变，也就是曲线的转角不变。即

$$\sum f_{现}=\sum f_{计}$$

式中　$\sum f_{现}$——现场正矢总和；

$\sum f_{计}$——计划正矢总和。

同时要保证曲线两端直线不发生平行移动，即始终点拨量为零，即

$$e_{始}=e_{终}=2\sum_{0}^{n-1}\sum_{0}^{n-1}df=0 \quad (4\text{-}10)$$

式中　$e_{始}$——曲线始点处拨量；

$e_{终}$——曲线终点处拨量；

df——正矢差，等于现场正矢减计划正矢；

$2\sum_{0}^{n-1}\sum_{0}^{n-1}df$——全拨量，即二倍的正矢差累计的合计。

（2）曲线上某一点拨道时，其相邻测点在长度上并不随之移动，拨动后钢轨总长不变。

2. 基本原理

（1）曲线上任一点拨动，对相邻点均有影响，对相邻点正矢的影响量为拨点处拨动量的二分之一，其方向相反。

（2）拨道前与拨道后整个曲线正矢总和不变。

（3）在拨道时整个曲线各测点正矢发生的增减量总和必相等。

任务实施

工作任务一　简述曲线绳正法概述

制作PPT，复述曲线绳正法概述。

工作任务二　简述曲线正矢允许偏差管理值，曲线整正的外业测量，曲线整正的基本原理

制作PPT，分析曲线正矢允许偏差管理值，曲线整正的外业测量，曲线整正的基本原理。

任务实施

曲线方向整正评价表，见表 4–15。

表 4–15 曲线方向整正评价表

项目任务	曲线方向整正				
班 级		姓 名		评价时间	
考核内容					
考核项目		考核标准		分值	得分
曲线绳正法概述		简述曲线绳正法概述		15	
曲线正矢允许偏差管理值，曲线整正的外业测量，曲线整正的基本原理		比较分析，能正确复述		10	
		分类清晰，有依据		25	
制作内容		制作能清晰展示 PPT 演讲稿		15	
		要求类型分析图形准确，文字流畅		15	
		做到业务分析熟练、图文并茂		20	
指导教师意见：					
说明：1. 建议采用四级评分制（如 90% ～ 100%、80% ～ 90%、60% ～ 80%、＜ 60%）。 2. 主要采用小组互评的方式进行评价，教师最后进行参考评分。					

思维拓展

1. 曲线轨道与直线轨道在构造上有哪些不同？
2. 线路平、纵断面的组成要素有哪些？
3. 简述轨距、水平、轨向、高低、三角坑的概念。
4. 简述轨底坡的概念及判断方式。
5. 在曲线轨道上为什么设置外轨超高？如何计算外轨超高？
6. 小半径曲线如何进行轨距加宽？
7. 曲线上为什么要配置缩短轨？
8. 简述量测曲线正矢的目的和方法。

项目五
道岔

项目背景

道岔是一种使机车车辆从一股道转入另一股道的线路连接设备，也是轨道的薄弱环节之一，通常在车站、编组站大量铺设。有了道岔，可以充分发挥线路的通过能力。即使是单线铁路，铺设道岔，修筑一段大于列车长度的叉线，就可以对开列车。道岔在铁路线路上起到重要的作用。

由于道岔具有数量多、构造复杂、使用寿命短、限制列车速度、行车安全性低、养护维修投入大等特点，与曲线、接头并称为轨道的三大薄弱环节。其基本形式有线路的连接、交叉、连接与交叉的组合三种。常用的线路连接有各种类型的单式道岔和复式道岔；交叉有垂直交叉和菱形交叉；连接与交叉的组合有交分道岔和交叉渡线等。如图 5–1 所示为某车站进、出站的道岔图。

图 5–1　某车站进、出站的道岔图

项目任务书

道岔任务书，见表 5–1。

表 5–1　道岔任务书

名称	道岔	
学习目标	知识目标	1. 掌握道岔的作用及分类 2. 掌握单开道岔的组成部分及工作原理 3. 了解道岔的分类及其特点 4. 掌握道岔的基本组成结构，了解转辙器、辙叉、护轨的基本结构组成 5. 熟悉道岔各部分标准，掌握道岔轨距、水平、尖轨动程、查照间隔、护背距离、导曲线支距等概念及量测，了解道岔总布置图 6. 熟悉道岔常见病害及处理措施

续表

<table>
<tr><td>名称</td><td colspan="2">道岔</td></tr>
<tr><td rowspan="2">学习目标</td><td>技能目标</td><td>1. 能正确复述道岔的作用及分类
2. 能正确复述单开道岔的组成部分及工作原理
3. 能正确复述道岔的分类及其特点
4. 能正确复述道岔的基本组成结构，转辙器、辙叉、护轨的基本结构组成
5. 能正确复述道岔各部分标准，道岔轨距、水平、尖轨动程、查照间隔、护背距离、导曲线支距等概念及量测，道岔总布置图
6. 能正确复述道岔常见病害及处理措施</td></tr>
<tr><td>素质目标</td><td>1. 具有良好的社会公德、职业道德和专业基本素质
2. 具有强烈的法律意识、安全环境保护意识、安全与自我保护意识
3. 具有沟通协调能力、语言表达能力、班组管理能力
4. 培养团结协作、热情有礼、认真细心、沉着冷静、遇乱不惊的职业素养</td></tr>
<tr><td>学习内容</td><td colspan="2">知识准备：阅读资料
任务一　道岔分类介绍
工作任务　简述道岔的作用和分类
任务二　单开道岔构造认知
工作任务一　简述单开道岔的基本组成
工作任务二　简述单开道岔的结构分析
任务三　单开道岔几何尺寸检查
工作任务一　单开道岔轨距、水平检查、道岔轨道静态几何尺寸容许偏差
工作任务二　尖轨动程．辙叉查照间隔与护背距离、导曲线支距
工作任务三　道岔总布置图
任务四　道岔常见病害处理
工作任务一　道岔结构缺陷
工作任务二　转辙器常见病害
工作任务三　辙叉及护轨常见病害</td></tr>
<tr><td>任务
实施要求</td><td colspan="2">1. 将授课班级学生分组，每小组 5 ～ 8 人为一个学习团队
2. 每个学习团队组织学习，进行项目任务分析，任务分配，制订团队工作任务分配表
3. 资料学习、相关知识准备完成项目的资讯环节
4. 现场教学、资源利用完成项目的实施演练环节
5. 学习团队讨论，编制项目任务知识点学习计划书
6. 学习团队现场实践，制订现场实践的实施方案
7. 学习团队按任务分配表制作项目任务的汇报演讲稿，团队派代表上台演讲
8. 制订该项目任务的评价表，考核要素，进行小组互评</td></tr>
<tr><td>任务
实施要点</td><td colspan="2">1. 教学资源收集与整理
2. 确认任务学习的重点与难点
3. 任务学习计划制订，小组任务分工，汇报 PPT 制作，小组交流演讲
4. 学习团队进行讨论，可让老师参与讨论，通过团队合作获取问题的解决
5. 能够识别安全标识，注意安全与环保意识的培养</td></tr>
<tr><td>任务拓展</td><td colspan="2">1. 会收集具有国内、外领先水平的具有代表性的城市轨道交通站场与线路的资料
2. 按“准员工”的要求来学习，结合本城市的情况，组织团队成员去现场学习
3. 能够进行城市轨道交通相关资料的查找与整理
4. 会制作任务书要求的多媒体课件（PPT）</td></tr>
<tr><td>任务
下发人</td><td colspan="2">日期：　　年　　月　　日</td></tr>
<tr><td>任务
执行人</td><td colspan="2">日期：　　年　　月　　日</td></tr>
</table>

任务一 道岔分类介绍

任务导入

道岔是实现股道转换的重要设备，广泛存在于铁路线路中。

现在，电液控制自动道岔已经取代落后的人工道岔，由于道岔区的接头数量多、曲线复杂，往往是行车安全事故的高发地带。

知识准备

一、道岔的作用

把两条或两条以上的轨道，在平面上进行连接或交叉的设备，统称为道岔。根据用途和条件不同，可以利用道岔将许多股道连接组合成不同形式的车站或车场。

道岔具有数量多、构造复杂、使用寿命短、限制列车速度、行车安全性低、养护维修投入大等特点，道岔与曲线、接头并称为铁路轨道的三大薄弱环节。

二、道岔的分类

根据道岔的用途不同，道岔可分为单开道岔、三开道岔、交叉道岔、交分道岔和渡线道岔等；根据道岔的构造形式不同，道岔可分为连接设备、交叉设备、连接与交叉设备。连接设备主要有普通单开道岔、对称双开道岔；交叉设备主要有菱形交叉；连接与交叉设备主要有渡线道岔、复式交分道岔。

1. 普通单开道岔

普通单开道岔又称单开道岔，是以直线为主线，侧线向主线的左侧或右侧分支的道岔，如图 5–2 所示。

2. 对称双开道岔

对称双开道岔是将直线轨道分为左右对称的两条轨道的道岔，如图 5–3 所示。

3. 菱形交叉

菱形交叉是两条轨道在同一平面相交成菱形的交叉，如图 5–4 所示。

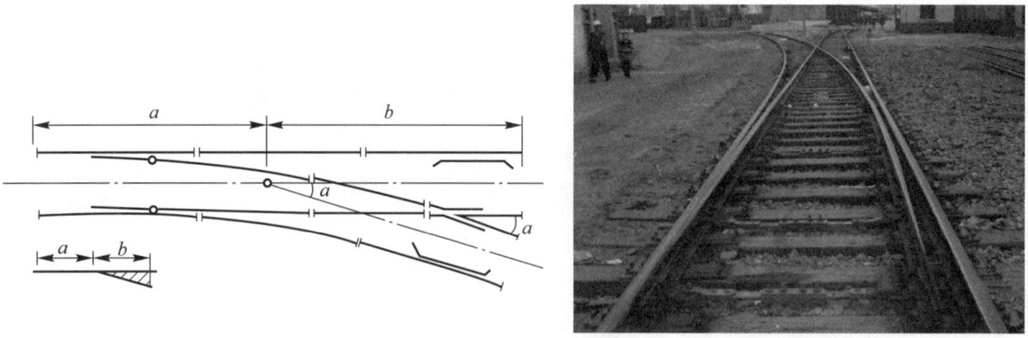

图 5–2　普通单开道岔

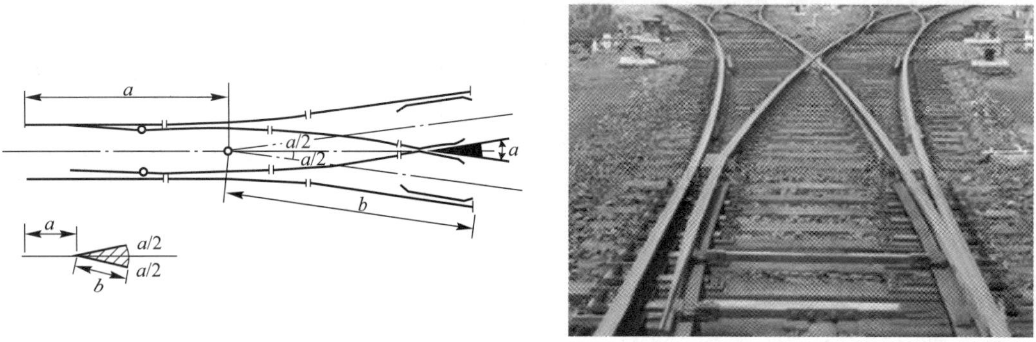

图 5–3　对称以开道岔

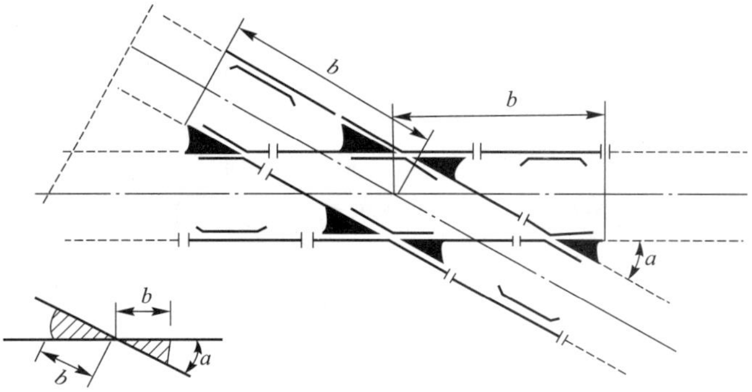

图 5–4　菱形交叉

4. 渡线

渡线是连接两条平行股道的轨道设备，常有单渡线和交叉渡线，如图 5–5、图 5–6 所示。

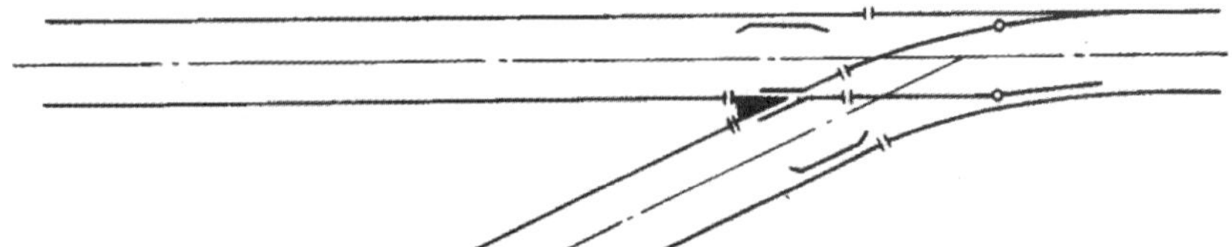

图 5–5　单渡线

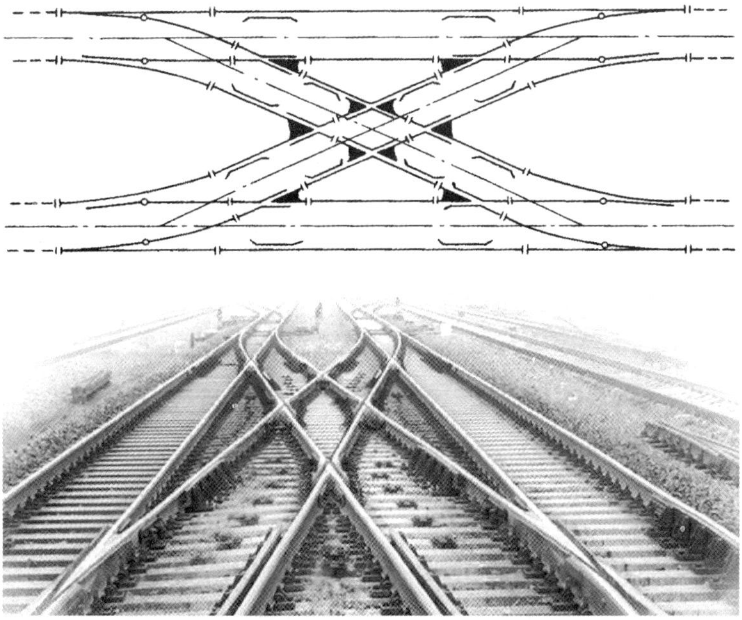

图 5-6　交叉渡线

5. 复式交分道岔

在菱形交叉的基础上，增设两组双转辙器和两个方向不同的侧线，让机车车辆既可以沿交叉轨道直向运行，又可以沿曲线转入侧线的道岔，如图 5-7 所示。

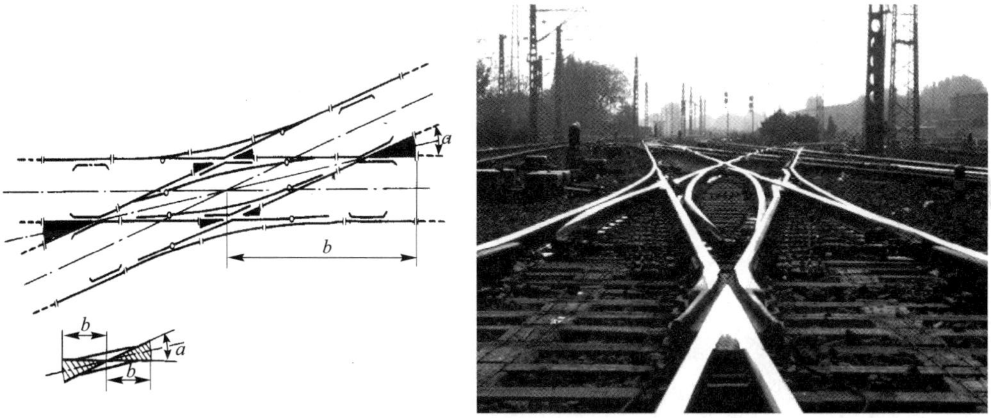

图 5-7　复式交分道岔

6. 三开道岔

三开道岔可以同时衔接三条线路，常用于铁路轮渡桥头引线、驼峰编组场以及地形狭窄又有特殊需要的地段，由一组转辙器控制，运行条件较差，非十分困难时，不轻易采用，如图 5-8 所示。

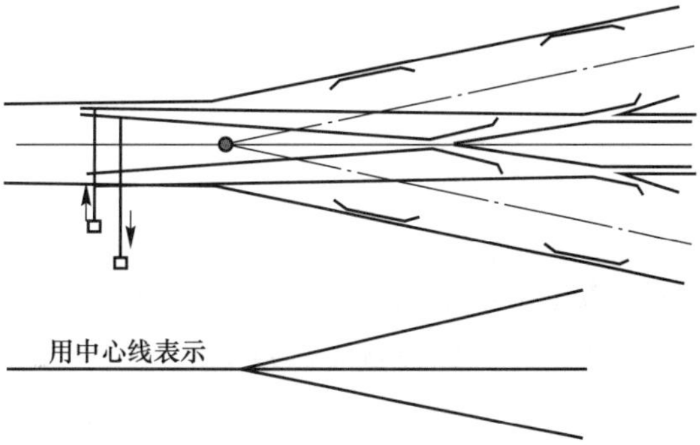

图 5-8　三开道岔

任务实施

工作任务　简述道岔的作用和分类

制作 PPT，简述道岔的作用和分类。

任务评价

道岔的作用和分类评价表，见表 5-2。

表 5-2　道岔的作用和分类评价表

项目任务	道岔的作用和分类				
班级		姓名		评价时间	
考核内容					
考核项目		考核标准		分值	得分
道岔的作用		简述道岔的作用		25	
道岔的作用		比较优缺点		10	
		分类清晰，有依据		15	
制作内容		制作能清晰展示 PPT 演讲稿		15	
		要求类型分析图形准确，文字流畅		15	
		做到业务分析熟练、图文并茂		20	
指导教师意见：					
说明：1. 建议采用四级评分制（如 90% ～ 100%、80% ～ 90%、60% ～ 80%、＜ 60%）。 2. 主要采用小组互评的方式进行评价，教师最后进行参考评分。					

任务二 单开道岔构造认知

任务导入

道岔是将一条轨道分支为两条或两条以上的轨道，使机车车辆由一条线路转往另一条线路的基本设置。道岔是特殊的轨道设备，不仅影响列车运行安全，而且使用寿命也比其他设备短，现场的养护维修工作量大。我国最常用的单开道岔，其主线为直线，侧线由主线向左或向右岔出，也称左开道岔和右开道岔，其数量占各类道岔总数的 90% 以上。

知识准备

单开道岔由转辙器、连接部分、辙叉及护轨组成，如图 5-9 所示。

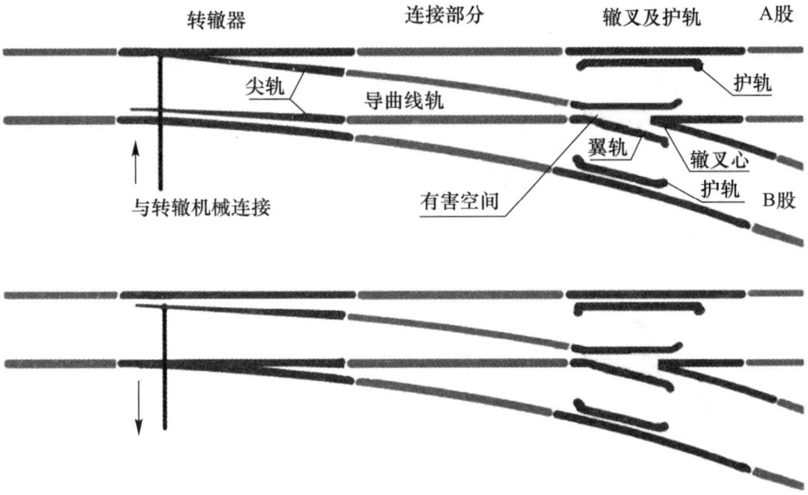

图 5-9　单开道岔构造图

尖轨尖端前基本轨端轨缝中心处称为道岔始端（或称岔头）；辙叉跟端轨缝中心处则称为道岔终端（或称岔尾）。

站在道岔始端面向道岔终端，凡侧线位于直线左方的称为左开道岔；侧线位于直线右方的称为右开道岔。

列车通过道岔时，凡由道岔终端驶向道岔始端时，称顺向通过岔；由始端驶向终端时，称逆向通过道岔。

一、转辙器

转辙器是引导列车进入道岔不同方向的设备。其作用是通过将尖轨扳动到不同的位置，使列车沿直线或侧线行驶。其由基本轨、尖轨、连接零件（包括拉杆、连接杆、顶铁、滑床板、轨撑等），跟端结构、辙前垫板、辙后垫板及转辙机械等组成，如图 5-10 所示。

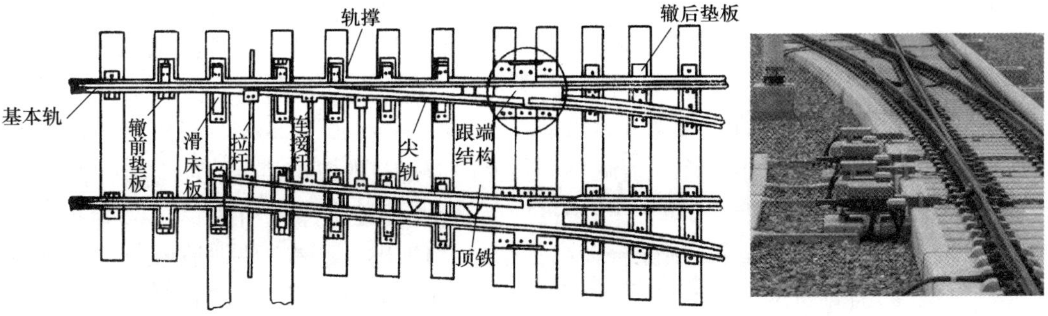

图 5-10　转辙器

1. 基本轨

基本轨由标准断面的钢轨制成，直线方向的为直基本轨，侧线方向的为曲基本轨。

基本轨除承受车轮的垂直压力外，还与尖轨共同承受车轮的横向水平推力，并保持尖轨位置的稳定。

基本轨应在工厂事先按要求进行弯折，以保持转辙器轨距、方向的正确及尖轨和基本轨的密贴。为提高尖轨的耐磨性，基本轨轨头顶面应进行淬火处理。

2. 尖轨

尖轨是用与基本轨同类型的标准断面钢轨或特种断面钢轨刨制而成。尖轨的作用是依靠其被刨尖的一端与基本轨紧密贴靠，以引导车轮的运行方向，列车靠它引进直股或侧股线路。

（1）尖轨平面形状。尖轨按平面形状可分为直线尖轨和曲线尖轨两种。

①直线尖轨。直线尖轨工作边为直线，如图 5-11 所示。直线尖轨工作边与基本轨工作边所成的夹角 β 称为转辙角，与车轮轮缘冲击尖轨工作边的冲击角相等。显然，冲击角越大，车轮撞击尖轨的水平力和动能损失也越大，不但增大了列车进入侧线时的摇晃，而且也限制了列车侧向通过道岔的速度。

直线尖轨制造加工简单，更换使用方便，左、右开道岔皆可互换使用，如需减小尖轨的冲击角、提高列车的侧向通过速度及缩短道岔长度时，则宜采用曲线尖轨。

②曲线尖轨。曲线尖轨的曲线形状一般多为圆曲线，如图 5-12 所示。按其与基本轨贴靠形式的不同可分为切线形、半切线形和割线形三种。

在曲线尖轨转辙器中，只有通向侧线的尖轨为曲线尖轨，而通向直线的尖轨仍须采用直线尖轨，左、右开道岔不能互换使用，在铺设更换曲线尖轨的道岔时应特别注意。

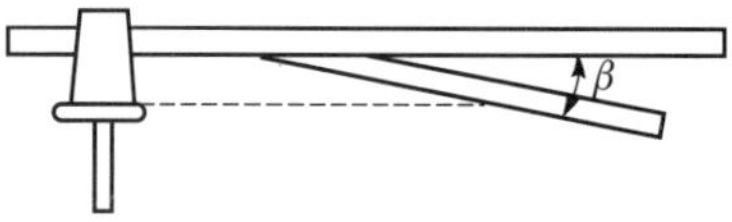

图 5-11 直线尖轨

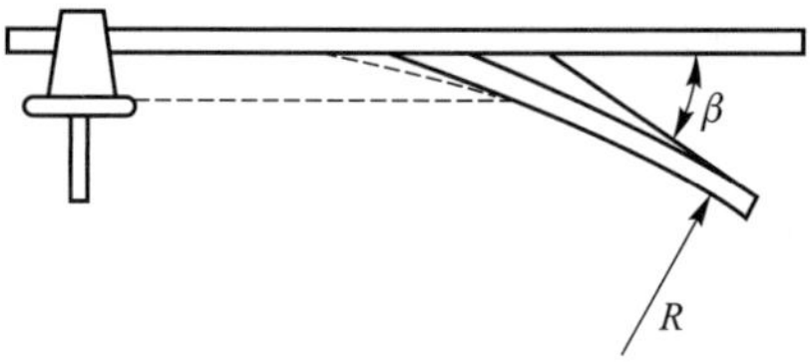

图 5-12 曲线尖轨

（2）尖轨断面形状。尖轨按断面形状可分为普通断面尖轨和矮型特种断面尖轨。

①普通断面尖轨。采用普通断面钢轨制作的尖轨，为了使尖轨尖端紧密贴靠基本轨，须将尖轨尖端轨头两侧及轨底内侧（靠基本轨之一侧）进行刨切，并使尖轨覆盖在基本轨轨底之上，尖轨轨底未刨切的部分，则放在高出基本轨底面 6 mm 的滑床台上，形成爬坡式尖轨，如图 5-13 所示。

由于尖轨整断面轨顶比基本轨轨顶高 6 mm，这样也就造成列车过岔的垂直不平顺，这是普通断面尖轨的一个显著缺点。另外，加工补强板、钻孔等加工制造复杂。

②矮型特种断面尖轨（简称 AT 尖轨）。矮型特种断面尖轨用较同型基本轨高度低的特种断面钢轨制成，须配合较高的滑床台使用，跟端需要锻造成普通钢轨断面，以便与导轨连接，如 60AT 轨，如图 5-14 所示。当采用 AT 尖轨时，基本轨的轨头下颚轨距线以下做 1 ： 3 的斜切，使尖轨尖端藏于基本轨的轨距线之下，形成

藏尖式尖轨，如图 5-15 所示。这样就保护了尖轨尖端不被车轮轧伤，并使尖轨在动荷载作用下保持良好的竖向稳定性。

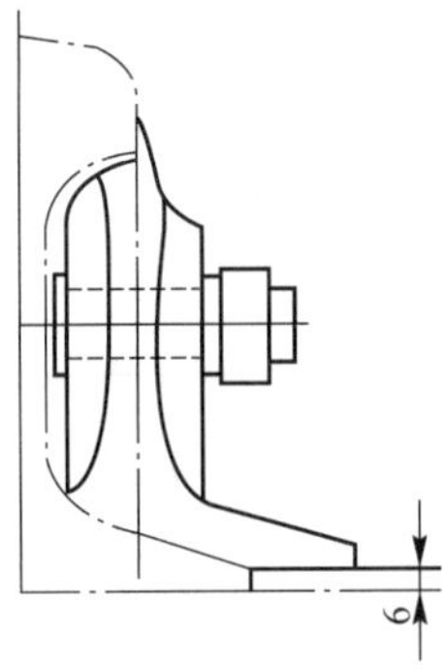

图 5-13 普通断面尖轨

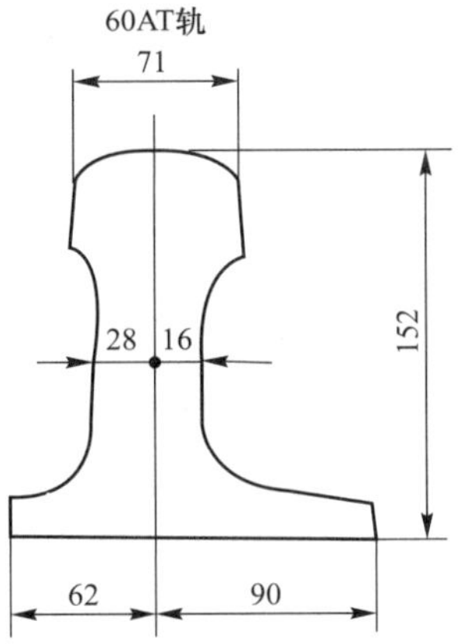

图 5-14 60AT 轨

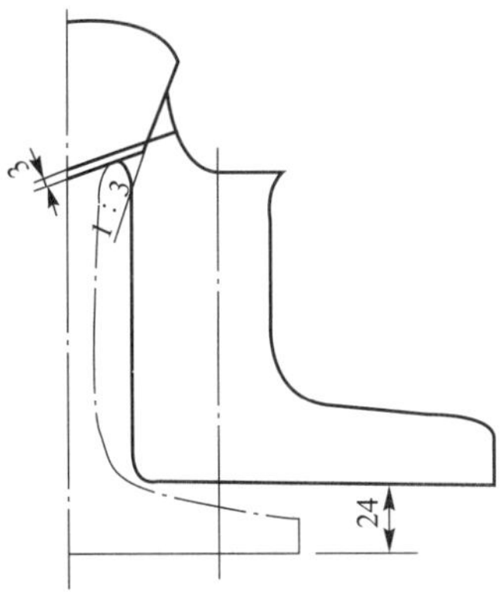

图 5-15 藏尖式尖轨

AT 尖轨取消了普通钢轨尖轨 6 mm 抬高量，消除了列车过岔的垂直不平顺，可提高道岔直股过岔速度。AT 尖轨整体性强，刚度大，在使用中不易出现拱腰鼓肚现象，养护维修工作量小。同时尖轨下设 24 mm 高滑床台，可将基本轨轨底扣住，增加了基本轨的稳定性和道岔的整体性，还可以减少沙、雪的影响，提高行车的安全性。

（3）尖轨顶面纵坡。为了保证尖轨具有承受车轮压力的足够强度，规定在尖轨顶宽 50 mm 以上部分才能完全受力，而在尖轨顶宽 20 mm 以下部分，则应完全由基本轨受力。尖轨顶宽 20 ～ 50 mm 的部分，为车轮荷载的过渡段，如图 5-16 所示，即在尖轨顶面宽 35 mm 处，刨切成与基本轨顶面齐平，在尖轨整断面以后，尖轨顶面高出基本轨顶面 6 mm，由顶宽 35 mm 至整断面范围内均匀顺坡，在顶宽 20 ～ 35 mm 一段，使车轮压力逐渐由尖轨转移到基本轨上，因此，在尖轨顶宽 20 mm 处，尖轨顶面应比基本轨顶面低 2 mm，使车轮的圆锥形踏面同时压在尖轨和基本轨顶面上。尖轨顶宽在 20 mm 以下的断面，就不再承受车轮的竖直压力，完全由基本轨受力。尖轨实际尖端比基本轨顶面低 23 mm，可以避免具有最大垂直磨耗的车轮轮缘爬上尖轨。

当采用 AT 尖轨时，尖轨顶宽 50 mm 以后部分与基本轨是等高的，尖轨顶宽 20 ～ 50 mm 一段为过渡段，如图 5-17 所示。

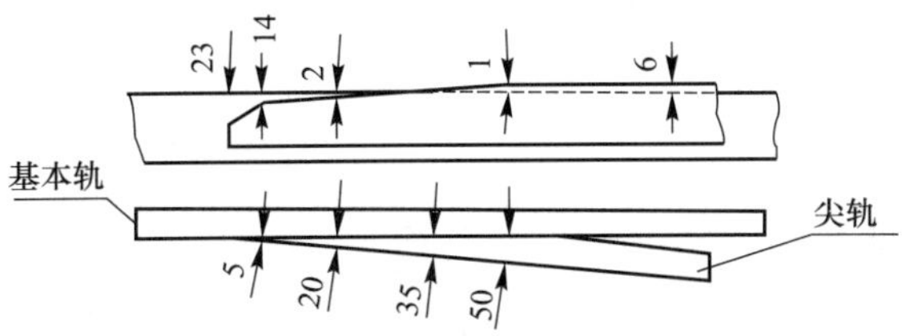

图 5-16 尖轨顶面尺寸（单位：mm）

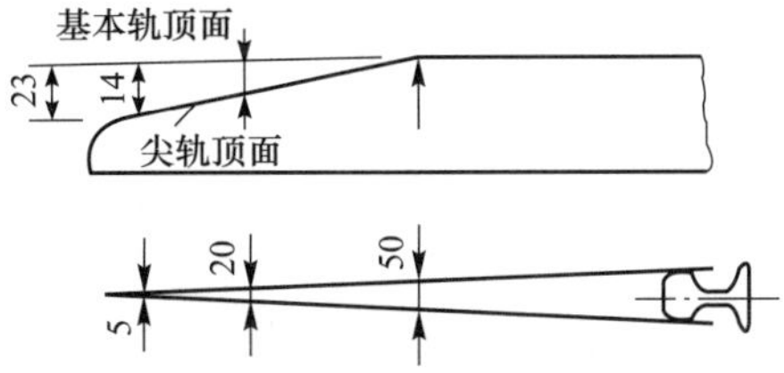

图 5-17 AT 尖轨顶面尺寸（单位：mm）

（4）尖轨跟端结构。尖轨跟端结构是转辙器中的一个重要连接点，应保证尖轨由一个位置扳动至另一个位置时扳动灵活，还要保证与基本轨的连接牢固可靠，在列车通过时稳定而无变位和跳动，并且构造简单、维修方便。单开道岔的尖轨跟端结构，主要采用夹板间隔铁式和弹性可弯式。

①夹板间隔铁式（活接头式）。如图 5-18 所示，夹板间隔铁式用于直线形尖轨道岔中。该结构是由间隔铁、弯折夹板、辙跟外轨撑、防爬卡铁（辙跟内轨撑）和双头螺栓等组成的。

间隔铁的作用是保持尖轨跟端处与基本轨有固定的间隔宽度，保证车轮的正常通过。弯折夹板与双头螺栓相配合，既能保证跟端的连接具有一定的牢固性，又可以使尖轨尖端灵活摆动。辙跟内轨撑和外轨撑的作用是固定跟端结构的位置，并防止尖轨和基本轨的爬行。夹板间隔铁式结构稳定性较差，容易发生病害。

②弹性可弯式。如图 5-19 所示，弹性可弯式用于 AT 弹性可弯尖轨道岔。其在跟部采用普通钢轨接头形式，用间隔铁保持与基本轨的距离，并用轨撑保持跟部位置和稳定性。为减轻振动力，在间隔铁前将尖轨轨底一侧或两侧刨掉一部分（长为 1 ～ 2 m），成为柔性点，尖轨便可围绕该点转动和弹性弯曲。弹性可弯式结构简单、坚固、易于保养。

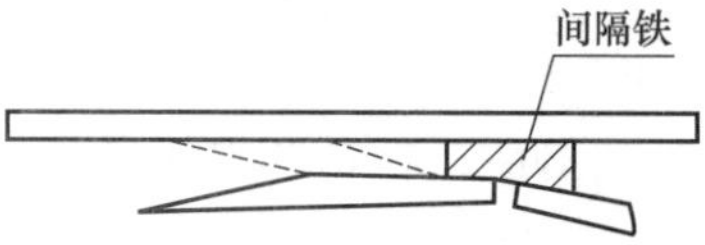

图 5-18　夹板间隔铁式

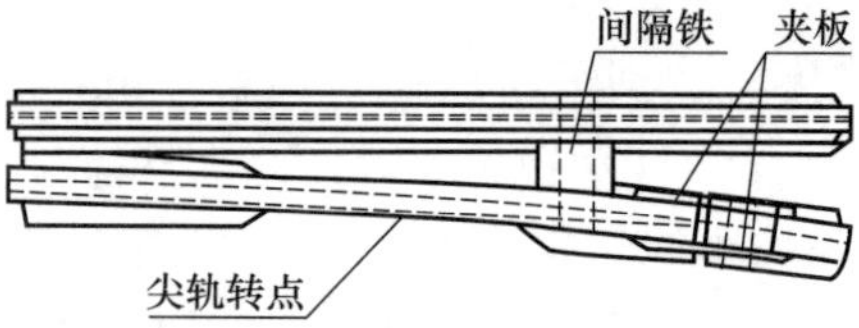

图 5-19　弹性可弯式

3. 其他主要零件

（1）拉杆及连接杆。道岔拉杆是尖轨与转辙设备相连的方钢杆件，用以转换尖轨的位置。拉杆设置在尖轨前部距离尖轨尖端 380 mm 处。使用 AT 弹性可弯尖轨的道岔，还在尖轨轨头刨切起点附近设有第二拉杆。

连接杆是转辙器中连接两根尖轨的杆件。其作用是将两根尖轨连接成一个框架式整体，提高尖轨的稳定性。在有轨道电路的道岔上，拉杆、连接杆中部必须有隔断电流的绝缘装置。

另外，当道岔转换设备采用分动外锁闭装置时，两尖轨之间不设连接杆。

（2）顶铁。尖轨与轨枕没有扣件固定，为了保持尖轨在列车通过时不被车轮横向压力所挤弯，应在尖轨轨腰上安装顶铁，这样，车轮作用于尖轨的横向力便通过顶铁传递于基本轨，共同抵抗车轮的横向压力。

（3）轨撑。为了增强转辙器的横向稳定性，在基本轨外侧安装轨撑。其作用是承受横向力和防止基本轨产生横向移动和外翻，以保持轨距。轨撑有双墙式和可调式。

①双墙式轨撑是通过水平螺栓与基本轨连接，用垂直螺栓与垫板连接，以保证基本轨的位置牢固稳定，如图 5-20 所示。

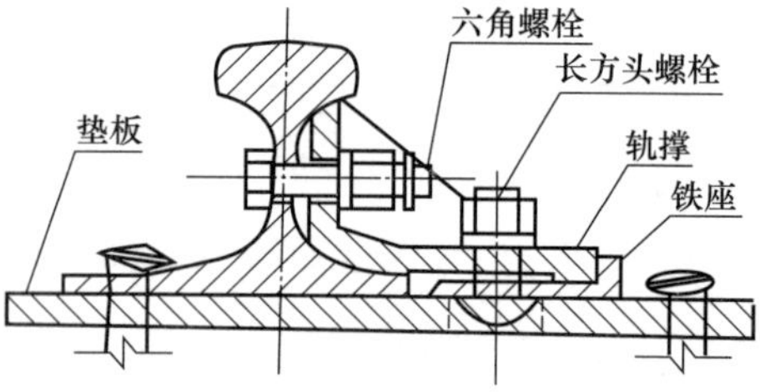

图 5-20　双墙式轨撑

②可调式轨撑是由轨撑、调整楔、垫板挡铁、两个垂直螺栓和一个水平螺栓组成的。通过调整楔升降进行调整，即当调整楔的螺栓拧紧时，可将基本轨固定在滑床板

上。调整楔设有凸出部分以卡住轨撑，可防止基本轨爬行，如图 5–21 所示。

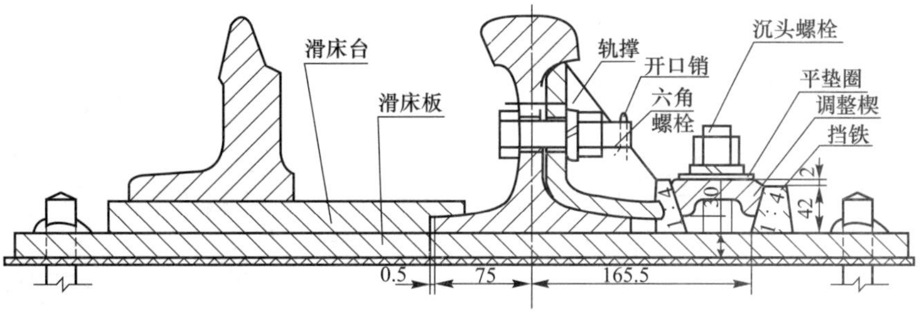

图 5–21　可调式轨撑

（4）滑床板。滑床板是承垫基本轨并供尖轨滑动，或承垫翼轨并供可动心轨滑动的垫板。单开道岔的滑床板用厚度不少于 20 mm 的钢板制成，在板面上有凸出的滑床台。滑床板的作用是承托由尖轨与基本轨传来的压力，并传递到岔枕上，同时应保证尖轨在滑床台上能正常地左右平滑摆动，滑床台具有阻止基本轨向内侧移动的作用。另外，滑床板靠轨枕端头的一侧焊有挡肩（或弯折成直角钩肩），可作为轨撑的支座。为了减小尖轨摆动时的阻力，在使用中应对滑床台经常清扫并涂以润滑剂。

（5）辙前垫板（轨撑垫板）。辙前垫板铺设在尖轨尖端前面的一段基本轨下面，与轨撑共同配合起着防止基本轨向外横向移动的作用。另外，在导曲线部分也铺设有这种垫板。

（6）辙后垫板（顺坡垫板、支距垫板）。在尖轨跟端以后，因基本轨与导轨相距较近，不能设普通平垫板，故需在两轨下设置两轨共用的辙后垫板。

普通断面尖轨道岔为了使尖轨高出基本轨 6 mm 的轨面高差逐渐顺坡降低下来，并保持尖轨跟后导曲线支距的准确，在尖轨跟后一段长度内，应铺设辙后垫板。这种垫板的特点是在跟端接头后连续三块垫板的板面上，分别焊有高度 4.5 mm、3.5 mm、1.5 mm 的凸台，由第四块开始即使邻近两股钢轨保持同一水平的长垫板，直至两股钢轨之间的宽度能个别铺设平垫板为止，辙后垫板有左、右开和上、下股之别，铺设更换道岔时应特别注意。

（7）平垫板。平垫板是铺设在转辙器最前面的两块垫板。其平面形状与普通木枕垫板相同，但没有轨底坡，故称平垫板。这是因为道岔内的所有垫板皆不设置轨底坡（提速道岔除外）的缘故。另外，在道岔的连接部分及直线、侧线的钢轨末端，也铺设这种垫板。

（8）转辙机械。转辙机械的作用是扳动尖轨到不同的位置上，使道岔准确地向直向或侧向开通。最常用的道岔转换设备的种类有机械式和电动式。转辙机械都必须具备三个功能，即能扳动尖轨到不同的位置上，能锁闭道岔使尖轨密贴基本轨，能显示道岔的开通方向（定位或反位）。

二、辙叉及护轨

辙叉及护轨包括辙叉、护轨、主轨（安装护轨的基本轨）及其他连接零件。辙叉与护轨共同配合发挥作用，如图 5–22 所示。

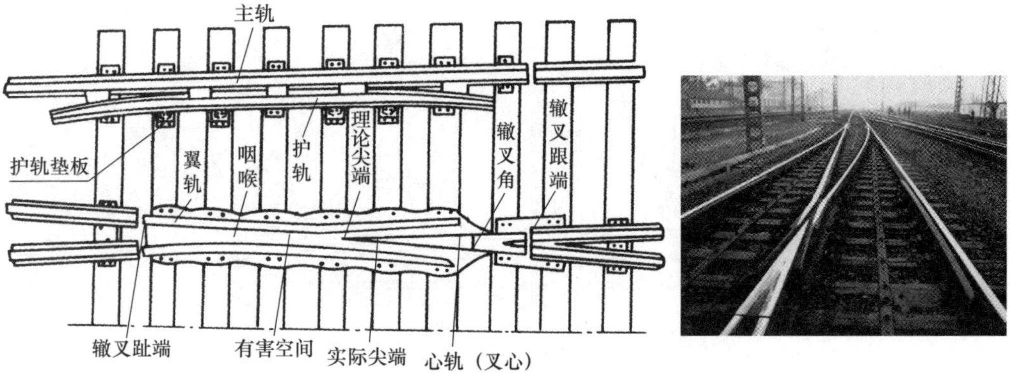

图 5-22　辙叉及护轨

1. 辙叉

辙叉是道岔中两股线路相交处的设备。其作用是使列车能够按确定的行驶方向，跨越线路正常通过道岔。

（1）辙叉构造。辙叉是由翼轨和心轨（叉心）组成的。翼轨的始端称为辙叉趾端；叉心的末端称为辙叉跟端；叉心两个工作边的交点称为辙叉理论中心（理论尖端）；由于制造工艺原因，实际上辙叉尖端有 6 ～ 10 mm 的宽度，其顶端称为辙叉实际尖端；叉心两个工作边的夹角 α 称为辙叉角。

辙叉趾端处两个工作边之间的宽度称为前开口；辙叉跟端两个工作边之间的宽度称为后开口；两根翼轨之间的最窄处称为辙叉咽喉；由咽喉至实际尖端之间的距离，因轨线中断，车轮在此处对钢轨产生剧烈冲击，此空间称为道岔的“有害空间”；由辙叉理论尖端至趾端的距离称为辙叉趾长 n，由辙叉理论尖端至跟端距离称为辙叉跟长 m；由趾端至跟端沿一股轨道线量取的长度称为辙叉全长。

（2）辙叉号数。辙叉号数也称道岔号数，是表示辙叉角大小的一种方法。因为辙叉角是以度、分、秒表示的，运用不方便，故在实际工作中都以辙叉号数 N 表示。

我国规定是以辙叉角的余切值表示辙叉号数的。

①直线辙叉，如图 5-23 所示。

$$N = \cot\alpha = \frac{AC}{BC} \tag{5-1}$$

式中　N——辙叉号数（道岔号数）；

α——辙叉角；

BC——叉心工作边任一点 B 至另一工作边的垂直距离；

AC——由叉心理论尖端至垂足 C 的距离。

②曲线辙叉，如图 5-24 所示。

$$N = \cot\alpha = \frac{BD}{BC} \tag{5-2}$$

式中　D——曲边跟端 C 点的切线与直边工作边的交点；

BC——跟端 C 至直边工作边的垂直距离。

辙叉角越大，道岔号数越小；反之辙叉角越小，道岔号数越大。我国常用的几种道岔号数与辙叉角的对应值见表 5-3。

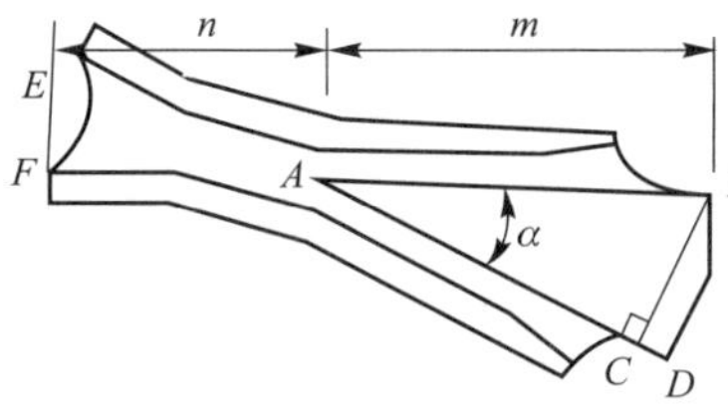

图 5-23　直线辙叉

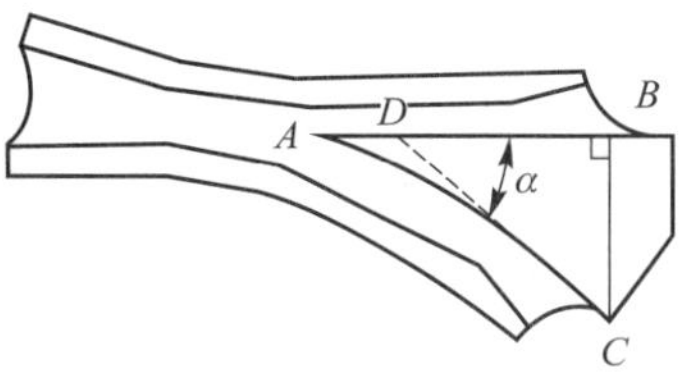

图 5-24　曲线辙叉

表 5-3　道岔号数与辙叉角的关系

道岔号数	7	9	12	18	30
辙叉角	8° 07′ 48″	6° 20′ 25″	4° 45′ 49″	3° 10′ 47″	1° 54′ 33″

（3）辙叉类型。按构造材料分类，辙叉有高锰钢整铸式和钢轨组合式之分；按翼轨与心轨的固定关系分类，辙叉有固定式和可动心轨式之分；按平面形状分类，辙叉有直线式和曲线式之分。

①钢轨组合式固定辙叉。钢轨组合式固定辙叉的主要特点是翼轨、心轨（包括长心轨和短心轨）都用普通钢轨经过弯折、刨切加工与连接零件拼装组合而成，长心轨应铺设在正线或运量较大的线路方向上，如图 5-25 所示。

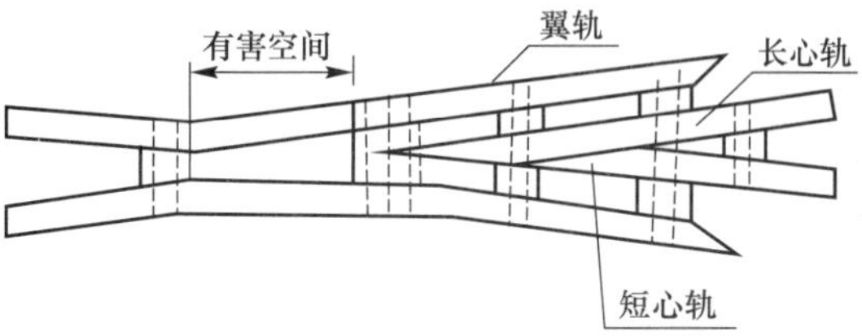

图 5-25　钢轨组合式固定辙叉

②高锰钢整铸式固定辙叉。高锰钢整铸式固定辙叉的主要材料是用含锰量为 11%～14%和含碳量为 1.0%～1.4%的高锰合金钢，将翼轨和心轨铸成一个整体，既无间隔铁、螺栓等零件，也无须刨切加工，如图 5-26 所示。

图 5-26　高锰钢整铸式固定辙叉

③可动心轨式辙叉。由于固定辙叉都存在着“有害空间”，形成轨线断开，当列车通过辙叉时，具有车轮剧烈冲击钢轨，产生车体的振荡，加速辙叉主要部件的磨耗损伤等缺点，限制了过岔速度的提高。而可动心轨式辙叉，则是利用心轨可以摆动并与翼轨紧密贴靠的特点，来达到消灭“有害空间”的一种辙叉，这种辙叉直股可以不设置护轨。由于心轨贴靠翼轨使轨线连续不断，不但避免了车轮对翼轨和心轨的冲击，提高了列车运行的平顺性，为提高列车过岔速度创造了条件，可延长辙叉使用寿命，减少养护维修工作量。但因其结构复杂，且可动心轨正反位转换需另设转换装置，主要用于高速列车运行的正线上。

（4）辙叉纵断面。当车轮沿翼轨向叉心方向滚动时，由于车轮踏面是锥形的，车轮逐渐下降，当车轮离开翼轨完全滚到心轨后，又恢复到原来的高度，因此，产生了垂直不平顺。为了消除垂直不平顺，并防止心轨在其前端断面过分削弱部分承受车轮荷载，采用了提高翼轨顶面和降低心轨前端顶面的做法，并将翼轨顶面做成

1：20 的横坡，使翼轨和心轨顶面之间保持必要的相对高差。

对高锰钢整铸式固定辙叉，规定叉心顶面 35 mm 及其以上部分承受全部车轮压力，而在 20 mm 及其以下部分则完全不受压力。因此，将翼轨顶面从辙叉咽喉到叉心顶宽 35 mm 一段以堆焊法加高。为防止车轮撞击心轨尖端，应使该处叉心顶面低于翼轨顶面 35 mm，如图 5-27 所示。

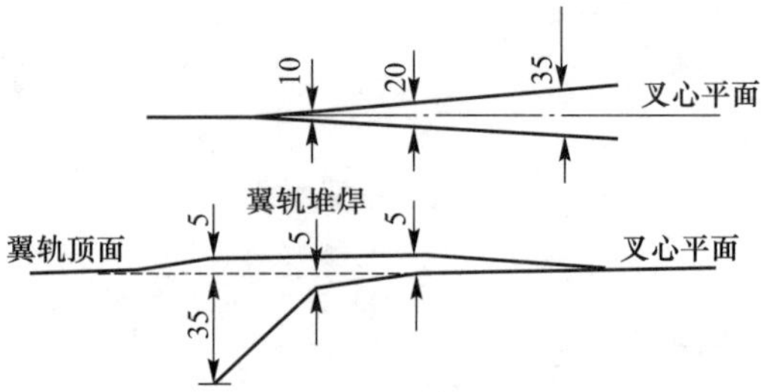

图 5-27　辙叉纵断面（单位：mm）

2. 护轨

护轨设置在辙叉两侧，是固定型辙叉的重要组成部分。其作用是控制车轮运行方向，使之正常通过“有害空间”而不错入轮缘槽，防止轮缘冲击或爬上辙叉心轨尖端，保证行车安全。

护轨由平直段、缓冲段和开口段组成，如图 5-28 所示。

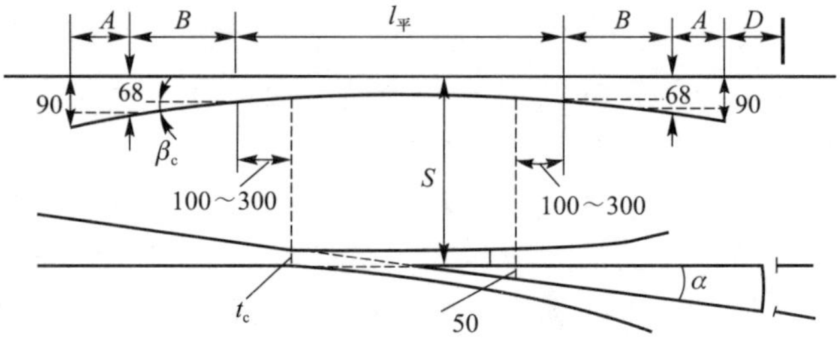

图 5-28　护轨设置图（单位：mm）

平直段（1平）是护轨实际起作用的部分，其长度从咽喉起到心轨宽 50 mm 处。根据构造要求，两端还应设 100 ～ 300 mm 的安全余量，平直段护轨与主轨之间的轮缘槽宽度为 42 mm。

缓冲段（*B*）起着将车轮平稳引入平直段的作用。其是由平直段两端各向轨道内侧弯折的一段。其弯折角（护轨缓冲角）的大小应与列车允许的侧向速度相匹配，一般采用值近似尖轨的冲击角。缓冲段末端轮缘槽宽应为 68 mm。

护轨两端的开口段（*A*）是将车轮导入护轨轮缘槽内的部分，以保证行车安全。其长度一般采用 150 mm，如受结构限制时可采用 100 mm。开口段外端的轮缘槽宽度为 90 mm。

固定辙叉由于存在“有害空间”，直、侧向都应设置护轨。可动心辙叉消灭了“有害空间”，直向不设置护轨，只在侧向设置护轨，起防磨作用，还可以避免轮缘侧线通过由心轨导向产生磨耗而影响直股转换密贴，同时，有利于提高侧向行车的安全可靠性。

道岔的护轨类型主要有钢轨间隔铁型、H 形和槽形三种。

（1）钢轨间隔铁型护轨结构。钢轨间隔铁型护轨结构用普通钢轨作护轨，用间隔铁保持轮缘槽宽度，在护轨内侧设置轨撑以保持护轨的位置，如图 5-29 所示。

（2）H 形护轨结构。H 形护轨结构由普通钢轨加工成的 H 形护轨、护轨垫板、调整片和连接螺栓组成。护轨与基本轨不直接连接，故又称分开式护轨结构。查照间隔和护背距离可使用护轨和撑板之间的调整片进行调整。为提高护轨的作用，将护轨轨顶比基本轨轨顶提高 12 mm，如图 5-30 所示。

（3）槽形护轨结构。槽形护轨结构由槽形钢护轨、护轨垫板、扣板、调整片及连接螺栓等组成。这种形式为完全分开式结构，不但可以调整查照间隔和护背距离，还可以调整轨距。因基本轨内侧可设扣件，在运营中能保持紧扣状态，克服 H 形护轨台板因制造误差或磨耗而扣不紧现象，如图 5-31 所示。

图 5-29　钢轨间隔铁型护轨结构

图 5-30　H 形护轨结构

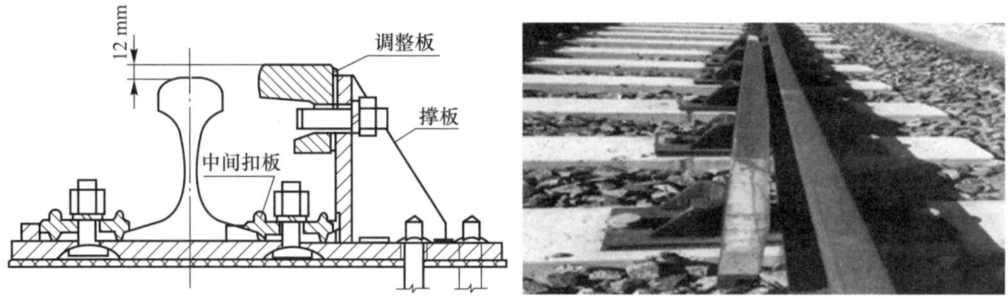

图 5-31　槽形护轨结构

三、道岔连接部分

连接部分是转辙器和辙叉之间的连接线路。其包括直股连接线和曲股连接线（也称导曲线）。直股连接线与区间线路构造相同，下面主要介绍导曲线的平面和构造特征。

导曲线平面形一般采用圆曲线，大号码道岔也可以采用缓和曲线。例如，法国 UIC60 轨 65 号道岔、我国 38 号道岔采用三次抛物线形导曲线。

圆曲线型导曲线设计简单，铺设养护方便。圆曲线型导曲线半径的大小视道岔号数大小而定。道岔号数越大，导曲线半径越大，列车侧向通过道岔速度也越高，同时，道岔长度也必相应加长。转辙器尖轨或辙叉为曲线形时，尖轨或辙叉本身就是导曲线的一部分，确定导曲线平面形式时，应将尖轨或辙叉平面一并考虑。道岔号数一定时，曲线尖轨的导曲线半径比直线尖轨的导曲线半径大。常用的几种道岔号数及其对应的导曲线半径见表 5-4。

表 5-4　常用的道岔号数及其对应的导曲线半径

道岔号数 N	7	9
导曲线半径 R / mm	150 717.5	200 717.5

普通断面尖轨道岔导曲线起点位于尖轨跟端处，AT 尖轨道岔导曲线起点落在尖轨的前部。导曲线终点位于辙叉理论尖端前一段直线长度处，这段直线的作用是

使车体转向架进入叉心前，处于直线位置上，使列车平稳地通过辙叉。

为了保持导曲线的位置和圆顺度，除铺设支距垫板和平垫板外，还在导曲线钢轨内、外侧设置一定数量的轨撑，必要时增设轨距拉杆。也可以在导曲线范围内设置一定数量的防爬设备，以减少钢轨爬行。

单开道岔的导曲线，由于长度和限界的限制，一般不设置超高和轨底坡。也可以根据构造设置 6 mm 的超高，对防止反超高的出现是有利的。

四、岔枕

岔枕有木岔枕、混凝土岔枕、钢岔枕、合成轨枕。

木岔枕的长度为 260 ～ 480 cm 共 12 级，每级长度差为 20 cm，高度为 16 cm，底宽为 24 cm。旧标准木岔枕长度为 16 级，最短为 260 cm，最长为 485 cm，每级长度差为 15 cm。

混凝土岔枕的长度为 240 ～ 490 cm 共 26 级，每级长度差为 10 cm。

任务实施

工作任务一　简述单开道岔的基本组成

制作 PPT，复述单开道岔的基本组成。

工作任务二　简述单开道岔的结构分析

制作 PPT，单开道岔的结构分析。

任务评价

单开道岔构造认知评价表，见表 5–5。

表 5–5　单开道岔构造认知评价表

项目任务	单开道岔构造认知			
班 级		姓 名	评价时间	
考核内容				
考核项目	考核标准		分值	得分
单开道岔的基本组成	简述单开道岔的基本组成		15	
单开道岔的结构分析	比较优缺点		10	
	分类清晰，有依据		25	
制作内容	制作能清晰展示 PPT 演讲稿		15	
	要求类型分析图形准确，文字流畅		15	
	做到业务分析熟练、图文并茂		20	
指导教师意见：				
说明：1. 建议采用四级评分制（如 90% ～ 100%、80% ～ 90%、60% ～ 80%、＜ 60%）。 2. 主要采用小组互评的方式进行评价，教师最后进行参考评分。				

任务三 单开道岔几何尺寸检查

任务导入

道岔是将一条轨道分支为两条或两条以上的轨道，使机车车辆由一条线路转往另一条线路的基本设置。道岔是特殊的轨道设备，不仅影响列车运行安全，而且使用寿命也比其他设备短，现场的养护维修工作量大。我国最常用的单开道岔，其主线为直线，侧线由主线向左或向右岔出，也称左开道岔和右开道岔。其数量占各类道岔总数的90%以上。

知识准备

一、单开道岔轨距、水平检查

（1）任何道岔最大轨距不得超过1 456 mm。

（2）轨距检查顺序一般由岔头到岔尾，逐处进行检查并填写记录。

（3）单开道岔各部分轨距及检查部位，见表5-6。

表5-6 单开道岔各部分的轨距及检查部位表 （mm）

序号	检查部位	7号单开道岔	9号单开道岔
S1	尖轨前顺坡终点	1 435	1 435
S2	尖轨尖端	1 445	1 440
S3	尖轨中部	1 445	1 440
S4	尖轨根部（直股）	1 435	1 435
S5	尖轨根部（曲股）	1 446	1 440
S6	导曲线前（直股）	1 435	1 435
S7	导曲线前（曲股）	1 445	1 440
S8	导曲线中（曲股）	1 445	1 440
S9	导曲线中（直股）	1 435	1 435

续表

序号	检查部位	7 号单开道岔	9 号单开道岔
S10	导曲线后（直股）	1 435	1 435
S11	导曲线后（曲股）	1 445	1 440
S12	辙叉前（曲股）	1 435	1 435
S13	辙叉中（曲股）（91 和 48）	1 435	1 435
S14	辙叉后（曲股）	1 435	1 435
S15	辙叉后（直股）	1 435	1 435
S16	辙叉中（直股）（91 和 48）	1 435	1 435
S17	辙叉前（直股）	1 435	1 435

二、道岔轨道静态几何尺寸容许偏差

道岔轨道静态几何尺寸容许偏差管理值，见表 5-7。

表 5-7　道岔轨道静态几何尺寸容许偏差值　（mm）

项目		维修验收 / mm		经常保养 / mm		临时补修 / mm	
		正线及试车线	段场线	正线及试车线	段场线	正线及试车线	段场线
轨距		+ 3、-2	+ 3、-2	+ 5、-3	+ 5、-3	+ 6、-3	+ 6、-3
水平		4	4	6	8	9	10
高低		4	4	6	8	9	10
轨向	直线	4	6	6	8	9	10
	支距	2	2	3	3	4	4
三角坑（扭曲）		4	5	6	8	9	10

三、尖轨动程

尖轨动程是指在第一连接杆（拉杆）处，尖轨与基本轨之间的摆动宽度，如图 5-32 所示。尖轨动程 60-1/9 道岔尖轨动程第一牵引点为 160 mm，第二牵引点为 70 mm，50-1/7 道岔尖轨动程为 152 mm。

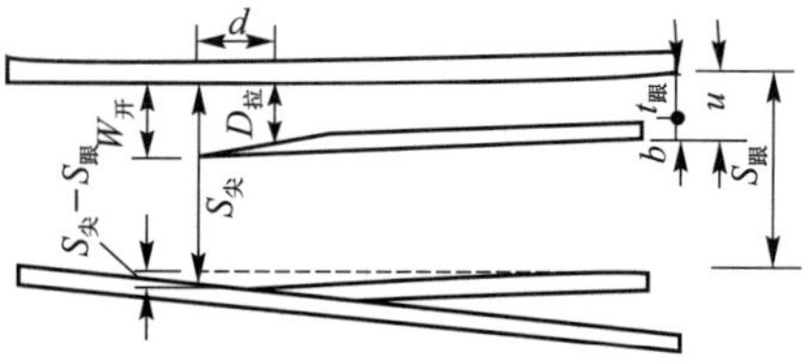

图 5-32　尖轨动程

四、辙叉查照间隔与护背距离

查照间隔与护背距离是指辙叉与护轨相互之间保持着一定的两个控制尺寸，如图 5-33 中的 $D_{心}$为查照间隔，$D_{翼}$为护背距离。

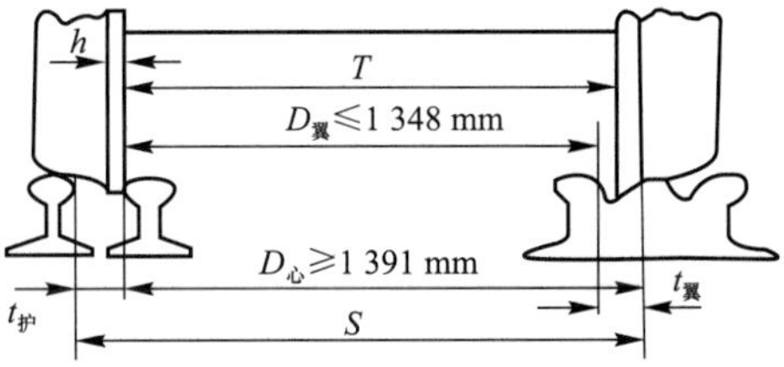

图 5-33 辙叉查照间隔与护背距离

按《铁路技术管理规程》规定：

$D_{心}$——辙叉心轨工作边至护轨头部外侧的距离，$D_{心}$≥ 1 391 mm；

$D_{翼}$——翼轨工作边至护轨头部外侧的距离，$D_{翼}$≤ 1 348 mm。

$D_{心}$和 $D_{翼}$是保证机车车辆的轮对在最不利情况下安全通过辙叉的两个重要尺寸，也是铺设和维修道岔必须严格遵守的标准。一方面要使 $D_{心}$≥ 1 391 mm，但也不可过大，否则会形成护轨槽宽过小或轨距过大的现象，使得 $D_{心}$值反而超过限度，因此，$D_{心}$值保持在 1 391 ～ 1 394 mm；另一方面还要使 $D_{翼}$≤ 1 348 mm，但也不能过小，否则会出现护轨槽宽过大或轨距过小的情况，使车轮轮缘通过时撞伤辙叉尖的危险，因此，$D_{翼}$值应保持在 1 346 ～ 1 348 mm。

五、导曲线支距

导曲线支距即导曲线外轨工作边上各点以直向基本轨作用边为横坐标轴之间的垂直距离。导曲线支距量测的目的是观测导曲线是否圆顺，与基本轨的相对位置是否准确，如图 5-34 所示。

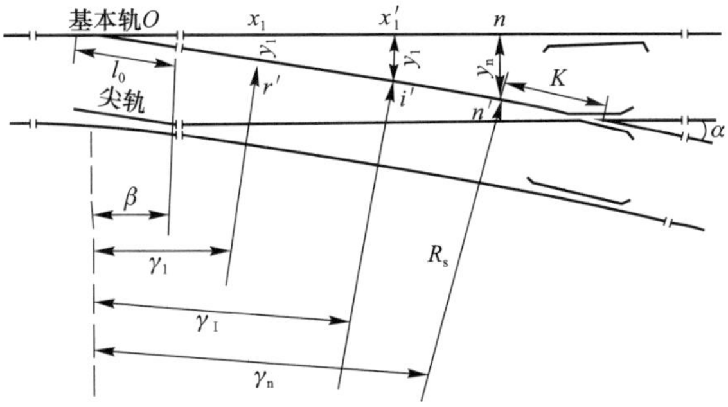

图 5-34 导曲线设置示意

导曲线支距每 2 m 设置一个测点，支距在导曲轨与基本轨工作边之间测量，一般设置 7 点，第一支距点位置为直基本轨轨端，其后间隔 2 m 设一处。60-1/9 道岔第 7 点与第 6 点间距为 1 312 mm；50-1/7 道岔第 7 个点与第 6 点间距为 2 490 mm，按道岔设计图设置（表 5-8）。

表 5-8 地铁常见道岔支距表 （mm）

支距点	1	2	3	4	5	6	7
50-1/7	156	261	394	552	738	951	1 254
60-1/9	316	434	572	731	909	1 108	1 250

六、护轨槽宽和翼轨槽宽

护轨槽宽主要是指护轨平直段的槽宽。该槽宽的范围是由辙叉咽喉至辙叉心轨顶面宽 50 mm 处相对应的一段长度。护轨槽宽为 42 mm，如侧向轨距为 1 441 mm 时，则侧向轮缘槽的标准宽为 48 mm。

显然，翼轨槽宽不能采用最小值，但过大又会使有害空间变长，加大车轮对辙叉的冲击，故为 46 mm。

七、道岔总布置图

普通单开道岔布置图如图 5-35 所示。

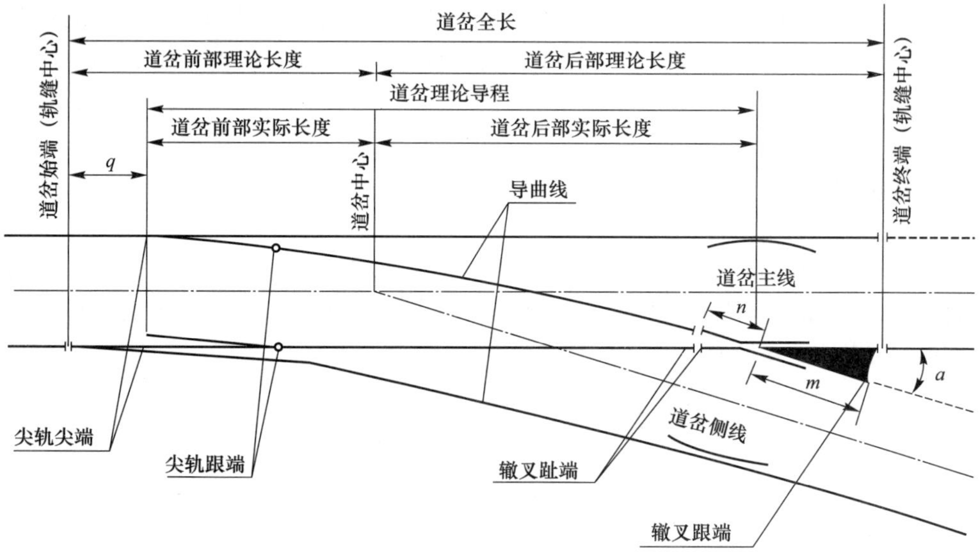

图 5-35　普通单开道岔布置图

任务实施

工作任务一　单开道岔轨距、水平检查、道岔轨道静态几何尺寸容许偏差

制作 PPT，复述单开道岔轨距、水平检查、道岔轨道静态几何尺寸容许偏差的尺寸检查方法。

工作任务二　尖轨动程、辙叉查照间隔与护背距离、导曲线支距

制作 PPT，复述尖轨动程、辙叉查照间隔与护背距离、导曲线支距的尺寸检查方法。

工作任务三　道岔总布置图

制作 PPT，复述道岔总布置图的分析。

任务实施

单开道岔几何尺寸检查评价表，见表 5-9。

表 5-9　单开道岔几何尺寸检查评价表

<table>
<tr><td>项目任务</td><td colspan="5">单开道岔几何尺寸检查</td></tr>
<tr><td>班级</td><td></td><td>姓名</td><td></td><td>评价时间</td><td></td></tr>
<tr><td colspan="6">考核内容</td></tr>
<tr><td>考核项目</td><td colspan="3">考核标准</td><td>分值</td><td>得分</td></tr>
<tr><td>单开道岔几何尺寸</td><td colspan="3">简述单开道岔轨距、水平检查、道岔轨道静态几何尺寸容许偏差、尖轨动程、辙叉查照间隔与护背距离、导曲线支距的检查方法</td><td>25</td><td></td></tr>
<tr><td rowspan="2">单开道岔几何尺寸</td><td colspan="3">分析道岔总图</td><td>10</td><td></td></tr>
<tr><td colspan="3">分类清晰，有依据</td><td>15</td><td></td></tr>
<tr><td rowspan="3">制作内容</td><td colspan="3">制作能清晰展示 PPT 演讲稿</td><td>15</td><td></td></tr>
<tr><td colspan="3">要求类型分析图形准确，文字流畅</td><td>15</td><td></td></tr>
<tr><td colspan="3">做到业务分析熟练、图文并茂</td><td>20</td><td></td></tr>
<tr><td colspan="6">指导教师意见：</td></tr>
<tr><td colspan="6">说明：1. 建议采用四级评分制（如 90% ～ 100%、80% ～ 90%、60% ～ 80%、< 60%）。
2. 主要采用小组互评的方式进行评价，教师最后进行参考评分。</td></tr>
</table>

任务四
道岔常见病害处理

任务导入

道岔是组成铁路轨道的一种重要设备，它较一般线路设备构造复杂，弱点较多，因而容易产生病害。产生病害的原因错综复杂，有些是互为因果的。为了保持道岔的轨距、间隔、方向、水平、高低及各部分尺寸的良好状态，必须掌握其规律，分析造成病害的原因，有针对性地采取有效预防和整治措施，提高养护维修的质量，从而保证列车通过的平稳、安全及旅客的舒适性。

知识准备

一、道岔结构缺陷

道岔本身结构特点所带来的主要缺陷，一般有以下几点：

（1）尖轨经刨切后断面削弱，且只有连接杆和跟端结构（活接头）将其连接组成框架，在其全长范围内没有扣件将其固定在岔枕上，加上尖轨高于基本轨，当车轮通过时，尖轨容易发生跳动、横移和爬行，增大了尖轨尖端被轧伤的可能性。

（2）导曲线半径小，且无超高，因此轨距、水平、方向难以保持。

（3）从尖轨尖端起到导曲线终点止，轨距、方向和高度变化迅速，轨距、水平递减率较大，列车通过时对道岔的横向和纵向冲击力大于普通线路。

（4）固定型辙叉存在轨线中断的有害空间，车轮在辙叉翼轨与心轨间过渡时，由于高低和横向不平顺，对辙叉的翼轨和心轨的冲击明显大于普通钢轨接头，使翼轨与心轨容易被轧颓或轧伤。

（5）连接曲线与导曲线合成一对反向曲线，方向不易保持，导曲线无缓和曲线，始终点处发生横向冲击。

（6）道岔从转辙器到辙叉间，连接零件较多，容易发生松弛失效。同时钢轨密集、岔枕间隔窄小，给捣固带来困难，容易造成轨道坑洼，方向不良，助长爬行，破坏轨距，加剧钢轨及其零件的磨损。

二、转辙器常见病害

（一）尖轨与基本轨不密贴或较长距离不密贴

这种病害在行车线上铺设的单开道岔与交分道岔上是常见的，应视不密贴原因做不同处理。

1. 产生原因

（1）尖轨 50 mm 断面内刨切长度不够。

（2）尖轨顶铁过长，尖轨补强板螺栓凸出。

（3）扳道器或转辙机的位置与尖轨动作拉杆的位置不在同一水平直线上。

（4）基本轨弯折点错后。

（5）钢轨内侧有飞边。

（6）基本轨横向移动。

（7）基本轨或尖轨有硬弯。

（8）第一、二位连接杆与尖轨耳铁连接的距离不合适。

（9）基本轨、轨撑、滑床板挡肩之间有离缝。

2. 预防整治措施

（1）对刨切长度不足的尖轨再做刨切。

（2）顶铁与补强板螺栓可做打磨、焊补或更换。

（3）调整扳道器或转辙机及尖轨拉杆位置，使其在同一水平线上。

（4）拨正基本轨方向，矫正弯折点的位置和矢度。

（5）打磨基本轨内侧飞边。

（6）打靠道钉，消除假轨距。

（7）调直尖轨或基本轨，拨正方向，改好轨距。

（8）调整连接杆的长度，改变尖轨耳铁的孔位或者加入绝缘垫片，误差较大时更换尖轨耳铁或方钢。

（二）尖轨跳动

当车辆通过转辙器时，尖轨跟部受外力作用而致尖轨跳动，但不同道岔跳动的程度各不同，尤其是长度为 6.250 m 以下的尖轨，此种病害更为明显。

1. 产生原因

（1）尖轨跟部连接零件磨耗，特别是间隔铁、夹板、尖轨螺栓孔和双头螺栓磨耗。

（2）跟部桥型垫板和防跳卡铁等缺少和失效。

（3）捣固不均匀，岔枕弯曲，有吊板。

（4）跟部接头错牙。

（5）尖轨中部滑床板拱腰。

（6）尖轨拱腰。

2. 预防整治措施

（1）焊补或更换间隔铁、夹板，更换磨耗的双头螺栓。

（2）增补整修跟部桥型垫板和防跳卡铁。进一步采取尖轨防跳措施。如在基本轨轨底增设尖轨防跳器。或将尖轨连接杆两端安设防跳补强板，使其长出部分卡在基本轨轨底，以防尖轨跳动。

（3）加强尖轨跟部捣固，消除吊板处所，使轨底坚实，强度均衡。

（4）消灭接头高低、左右错牙。

（5）整治拱腰滑床板。

（6）整治或更换拱腰尖轨。

（三）尖轨轧伤与侧面磨耗

尖轨轧伤多发生在尖轨尖端断面比较薄弱部分，当轧伤的长度和深度达到一定程度时，车轮就有爬上尖轨的危险。轧伤范围一般发生在距离尖轨尖端 1 m 长度以内，300 mm 内较为明显，轧伤垂直深度很少超过 20 mm，曲股尖轨多于直股尖轨。

1. 产生原因

（1）尖轨与基本轨不密贴或假密贴。

（2）尖轨与滑床板不密贴。

（3）尖轨跳动。

（4）尖轨顶铁过短。

（5）基本轨垂直磨耗超限。

（6）尖轨前部顶面受车轮踏面和轮缘的轧、挤、碾作用。

2. 预防整治措施

（1）按照尖轨与基本轨不密贴、与滑床板不密贴和尖轨跳动等病害的整治办法，进行综合整治。

（2）尖轨顶面有飞边时，进行打磨。

（3）尖轨顶铁过短时，加长顶铁，使尖轨尖端不离缝。

（4）将垂直磨耗超限的基本轨与轧伤的尖轨同时更换，或采取焊补办法加强。

（5）导曲线可以根据需要，设置 6 mm 的超高，在导曲线范围内按不大于 2‰ 顺坡，严格禁止列车超速。

（6）必要时安装防磨护轨，减少尖轨侧面磨耗。在弯股基本轨里口，尖轨尖端前安装防磨护轨。

（四）尖轨中部轨距小

尖轨中部轨距小至 1 430 mm 以下时，将危及行车安全。这种情况多发生在 7.700 m 及以上长度的尖轨。

1．产生原因

（1）尖轨刨切不符合标准。

（2）尖轨密贴长度不足。

（3）尖轨中部反弹。

（4）尖轨动程小，非作用边被磨耗。

（5）中部连接杆尺寸过小。

2. 预防整治措施

（1）刨切尖轨，使其与基本轨密贴，矫直弯曲变形的尖轨。

（2）消除尖轨中部弹性矢度。

（3）调整连接杆、拉杆的长度。

（五）尖轨拱弯

尖轨拱弯是指尖轨拱腰和尖轨侧向弯曲。尖轨拱弯在型号较小、尖轨较短的道岔上较普遍。

1. 产生原因

（1）尖轨刚度较低。

（2）尖轨尖端和跟端道床捣固不实。

（3）尖轨尖端和跟端所受冲击力大于中间部分。

（4）尖轨在制造和运输装卸过程中形成的拱弯。

2. 预防整治措施

（1）将拱腰尖轨拆运至场内修整，采用气体火焰调直和烘炉加热调直两种方法，调直拱腰尖轨。

（2）为节省时间，现场通常采用在轨道上调直拱腰尖轨的方法，一般使用 30 ～ 50 t 液压尖轨调直器。这种工具构造简单，操作方便，除防护人员外，只需 4 人即可进行。利用列车间隔施工，设好防护后才能进行。调直时采用的调直量，一般为拱腰量的 3 倍左右。

（3）侧向弯曲尖轨的调直，一般可用调整连接长度的方法进行。弯曲长度不超过 1 m 时，只在弯曲顶点直一次即可。弯曲长度为 1 ～ 2 m 时，要根据弯曲形状按图示顺序进行调直。

（六）尖轨扳动不灵

1. 产生原因

（1）尖轨爬行，两股前后不一致。

（2）拉杆或连接杆位置不正。

（3）尖轨跟端双头螺栓磨损或间隔铁夹板磨耗严重，螺栓上紧后影响尖轨扳动。

（4）基本轨有弯，滑床板不平直。

（5）拉杆、连接杆、接头铁螺栓孔壁磨耗扩大，螺杆磨细，减弱了尖轨整体框架的刚性。

2. 预防整治措施

（1）串动尖轨、基本轨使之处于正当位置，并将尖轨跟端螺栓方正，锁定爬行。

（2）摆正拉杆或连接杆位置。

（3）焊补或更换已磨损超限的双头螺栓、间隔铁和夹板。

（4）整平不平直的滑床板。

（5）保持尖轨跟端轨缝不超过设计规定，不允许挤成瞎缝。

（七）尖轨与滑床板不密贴

尖轨与滑床板不密贴会使列车通过时尖轨上下跳动，尖轨与基本轨离缝，很易轧伤尖轨，还能使滑床板和尖轨跟端螺栓受到损伤，道岔扳动也不灵活，如图 5–36 所示。

图 5–36　尖轨与滑床板不密贴检查

1. 产生原因

（1）尖轨拱腰。

（2）滑床板弯曲。

（3）岔枕变形和岔枕吊板。

（4）滑床台磨耗或塌陷。

（5）基本轨有弯。

（6）捣固不实。

2. 预防整治措施

（1）刨切尖轨，使其与基本轨密贴，矫直弯曲变形的尖轨。

（2）消除尖轨中部弹性矢度。

（3）调整连接杆、拉杆的长度。

（八）尖轨动程过小

单开道岔或其他类型道岔的尖轨动程常有不标准的情况发生，尤其是曲尖轨。动程过小是造成双尖轨横向摆动的主要原因，车轮冲撞尖轨的机会增多，不利于行车，必须按照直尖轨或曲尖轨的标准动程做适当调整。

1. 产生原因

（1）第一位连接杆过长。

（2）转辙机与道岔拉杆调试位置不适当。

（3）尖轨耳铁加垫过厚。

2. 预防整治措施

（1）调好基本轨方向，使之达到要求标准。

（2）高速尖轨尖端第一连接杆处尖轨与基本轨的距离，使之合乎规定要求。

（3）对第一连接杆的距离尺寸，在电务人员配合下，调试合适后，即可固定下来，使动程合乎标准。

（九）三道缝

三道缝的概念，一是基本轨底边与滑床台槽边的缝隙超过 1 mm 以上；二是基本轨的颚部与外侧轨撑不密贴，缝隙超过 0.5 mm；三是基本轨轨撑与滑床板挡肩不密贴，缝隙超过 0.5 mm。三道缝如图 5-37 所示。

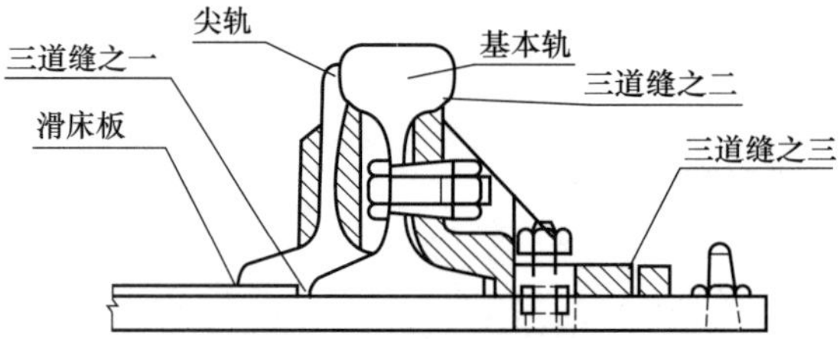

图 5-37　道岔三道缝

1. 产生原因

（1）滑床板本身不平直，轨撑的外形不标准，组装不合适。

（2）道岔爬行，滑床板和轨撑磨耗。

（3）基本轨横移及方向不良。

2. 预防整治措施

（1）从道岔的养护维修及道岔加强两方面进行整治，先将道岔位置拨正，使道岔的方向、高低处于良好状态，将转辙部分捣固坚实。

（2）焊补整修磨损挠曲不平的滑床台，更换磨耗严重的滑床板，使滑床板平直，并达到规定的厚度。

（3）用加铁块的办法焊补滑床板挡肩，使滑床台槽边与基本轨底边密靠。

（4）在轨撑与滑床板之间用 18 mm 以上直角的竖螺栓连接。

（5）用螺纹道钉将轨撑、滑床板与岔枕连接成一整体，避免用道钉钉在枕木上。

（6）用水平螺栓将轨撑横穿在基本轨腹部，牢固地连接在一起，个别尺寸不符合标准的轨撑应换掉。

（7）AT 型单开道岔采用可调分开式扣件，对防止基本轨外移效果很好。

三、辙叉及护轨常见病害

（一）辙叉垂直磨耗和压溃

1. 产生原因

（1）车轮从心轨上通过辙叉有害空间向翼轨过渡，或从翼轨向心轨过渡时，在较大的车轮冲击作用下，翼轨和心轨便产生严重磨耗和伤损，如图 5-38 所示。

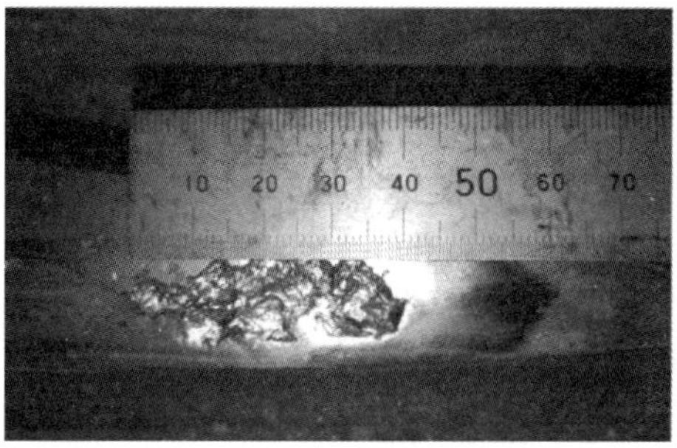

图 5-38　辙叉疲劳掉块

（2）磨耗和伤损常发生在翼轨弯折处和心轨断面 30 ～ 40 mm 处，因为此处受到车轮冲撞震动的力量比较大。

（3）辙叉心处的岔枕经常发生吊板，当列车高速通过时便会出现辙叉连同岔枕上下起伏颤动，因而，在下部破坏了道床基础的坚实性，引起排水不良、翻浆冒泥，在上部加重了翼轨和心轨的严重磨耗和损伤。

2. 预防整治措施

（1）针对辙叉底部存在的空洞和吊板，加强辙叉底部的捣固，特别是叉心和辙叉前后接头处的捣固。

（2）辙叉底板较宽，岔枕间距小，不好捣固。有时采取冒起道钉，抬起辙叉，在适当位置用垫板垫高 3 ～ 5 mm，然后撤除一根岔枕，用起道机抬起岔枕进行捣固。这样逐根进行，既能整治弯曲岔枕，又能提高捣固的坚实程度，提高辙叉基础强度。

（3）借助于有计划更换岔枕的机会，彻底加强辙叉底的捣固。

（4）利用翻转岔枕的办法，均匀地进行辙叉底捣固。

（5）运用经常保养中积累的经验，在辙叉底岔枕顶面垫胶垫，延缓冲受力，处长辙叉和岔枕使用寿命。

（6）为了保持辙叉的整体稳定性，锰钢整铸辙叉与岔枕之间需用螺纹道钉固定。

（7）钢轨组合辙叉底部和前后接头，应铺设大垫板和接头桥型垫板，用竖螺栓和板把辙叉固定在垫板上，如 AT 型道岔，加强辙叉的整体稳定性。

（8）在辙叉部位的岔枕上，安设特制铁座，用弹条 I 形扣件固定辙叉位置。弹性扣件扣压力大，既可防止辙叉横移，又可防止纵爬，对稳固辙叉可以取得较好的效果。

（二）辙叉偏磨

1. 产生原因

辙叉偏磨主要是指单侧通过列车次数较多，造成辙叉偏沉或一侧偏磨，水平和轨距不符合标准，岔枕弯曲。

2. 预防整治措施

（1）对偏磨的辙叉进行焊补。

（2）有条件时，可倒换方向使用。

（3）加强偏沉部位的捣固，但需兼顾辙叉的水平状态。

（三）固定型钝角辙叉撞尖

1. 产生原因

（1）钝角辙叉的护轨折角被轮背磨成圆弧，缩小了护轨作用，增大了有害空间的长度。

（2）钝角辙叉位置偏离菱形短轴而形成错位，造成车轮不能自护的一段有害空间，带来了撞尖的可能性。

（3）钝角辙叉轨距、轮缘槽宽不符合标准，影响查照间隔，造成撞尖。

2. 预防整治措施

（1）在养护维修中经常检查，及时焊补被磨耗的护轨折角。

（2）铺设、更换和养护维修时，保证两个钝角辙叉的位置准确，不偏离、不错位。

（3）对于固定型钝角辙叉，经常保持轨距为 1 440 mm，轮缘槽宽为 44 mm。

（4）属于道岔构造上的缺陷或铺设施工遗留下来的病害，则应有计划地在构造上进行综合改造。

（四）辙叉轨距不合标准

1. 产生原因

（1）辙叉翼轨作用边与护轨头部外侧距离大于 1 348 mm。

（2）辙叉心轨作用边与护轨头部外侧距离小于 1 391 mm。

（3）一般情况护轨轮缘槽宽度不在 42 ～ 44 mm 范围内。

（4）辙叉心轨尖端至心轨宽 50 mm 处，轮缘槽宽超出 45 ～ 48 mm 范围内。

（5）轨距及水平超限。

2. 预防整治措施

（1）拨正直股方向，改好辙叉心轨 50 mm 断面处轨距。

（2）调整辙叉和护轮轨轮缘槽的尺寸，使其达到标准，即护轨轮缘槽为 42 ～ 44 mm，辙叉心轮缘槽宽度在 45 ～ 48 mm 范围。

（3）钢轨作用边有飞边时，用电砂轮进行打磨，心轨、翼轨伤损处可焊补。

（4）为加强辙叉和护轨的整体联系，必要时可在护轨处增设轨撑加固。

（5）在整修查照间隔尺寸时，必须兼顾查照间隔 1 391 mm 和护背距离 1 348 mm 两个数值。

（6）整治超限时，必须在轨距和方向良好的前提下，通过调整护轨和轮缘槽、改动轨距来解决。

任务实施

工作任务一　道岔结构缺陷

制作 PPT，复述道岔结构缺陷。

工作任务二　转辙器常见病害

制作 PPT，复述转辙器常见病害。

工作任务三　辙叉及护轨常见病害

制作 PPT，复述辙叉及护轨常见病害。

任务评价

道岔常见病害处理评价表，见表 5-10。

表 5-10　道岔常见病害处理评价表

<table>
<tr><td>项目任务</td><td colspan="5">道岔常见病害处理</td></tr>
<tr><td>班 级</td><td></td><td>姓 名</td><td></td><td>评价时间</td><td></td></tr>
<tr><td colspan="6">考核内容</td></tr>
<tr><td colspan="2">考核项目</td><td colspan="2">考核标准</td><td>分值</td><td>得分</td></tr>
<tr><td colspan="2">道岔结构缺陷</td><td colspan="2">简述道岔结构缺陷</td><td>15</td><td></td></tr>
<tr><td colspan="2" rowspan="2">转辙器、辙叉及护轨常见病害</td><td colspan="2">比较优缺点</td><td>10</td><td></td></tr>
<tr><td colspan="2">分类清晰，有依据</td><td>25</td><td></td></tr>
<tr><td colspan="2" rowspan="3">制作内容</td><td colspan="2">制作能清晰展示 PPT 演讲稿</td><td>15</td><td></td></tr>
<tr><td colspan="2">要求类型分析图形准确，文字流畅</td><td>15</td><td></td></tr>
<tr><td colspan="2">做到业务分析熟练、图文并茂</td><td>20</td><td></td></tr>
<tr><td colspan="6">指导教师意见：</td></tr>
<tr><td colspan="6">说明：1. 建议采用四级评分制（如 90% ～ 100%、80% ～ 90%、60% ～ 80%、＜ 60%）。
2. 主要采用小组互评的方式进行评价，教师最后进行参考评分。</td></tr>
</table>

思维拓展

1. 铁路道岔的基本类型有哪些？
2. 简述单开道岔的组成及各部分的功用。
3. 单开道岔的尖轨有哪几种类型？
4. 简述道岔号码的表示方法，并说明道岔号码与辙叉角之间的关系。
5. 道岔的护轨有何作用？
6. 什么是有害空间？有害空间有何影响？如何消除？
7. 画出单开道岔图，并标出一种型号道岔各部分的几何尺寸。
8. 什么是查照间隔与护背距离？
9. 什么是导曲线支距？

项目六
无缝线路

项目背景

无缝线路是将标准长度的普通钢轨进行焊接，形成钢轨长度超过一定值的钢轨线路，又叫作焊接长钢轨线路，它是当今世界上轨道结构中的一项新技术，在该项技术上世界各国正在以积极的态度竞相发展。

对于一般的铁路线路，钢轨的接头往往是轨道的薄弱环节，由于轨缝的存在，列车在通过轨道时就会发生冲击和振动，并产生巨大的噪声，不但如此，钢轨受到的冲击力也会提升3倍以上。在行驶速度、列车轴重和密度不断增长的今天，普通铁路无法适应现代化运输的要求。无缝线路消灭了大量的接头，具备行车平稳、旅客舒适、车辆和轨道维护费用减低、轨道与道床使用寿命延长等众多优点，是今后铁路发展的方向和未来。

项目任务书

无缝线路任务书，见表6–1。

表6–1　无缝线路任务书

<table>
<tr><td>名称</td><td colspan="2">无缝线路</td></tr>
<tr><td rowspan="2">学习目标</td><td>知识目标</td><td>1. 了解无缝线路的概念、分类等基本知识
2. 了解闪光焊、气压焊、铝热焊的钢轨焊接特点
3. 掌握钢轨温度应力的变化规律，了解无缝线路内部应力的计算
4. 掌握无缝线路锁定轨温的概念，熟悉应力放散方法
5. 熟悉无缝线路胀轨跑道的原因及处理方法
6. 熟悉无缝线路断轨的原因及处理方法
7. 了解无缝线路位移观测</td></tr>
<tr><td>技能目标</td><td>1. 能正确复述无缝线路的概念、分类等基本知识
2. 能正确复述闪光焊、气压焊、铝热焊的钢轨焊接特点
3. 能正确复述钢轨温度应力的变化规律，无缝线路内部应力的计算
4. 能正确复述无缝线路锁定轨温的概念，熟悉应力放散方法</td></tr>
</table>

续表

<table>
<tr><th>名称</th><th colspan="2">无缝线路</th></tr>
<tr><td rowspan="2">学习目标</td><td>技能目标</td><td>5. 能正确复述无缝线路胀轨跑道的原因及处理方法
6. 能正确复述无缝线路断轨的原因及处理方法
7. 能正确复述无缝线路位移观测</td></tr>
<tr><td>素质目标</td><td>1. 具有良好的社会公德、职业道德和专业基本素质
2. 具有强烈的法律意识、安全环境保护意识、安全与自我保护意识
3. 具有沟通协调能力、语言表达能力、班组管理能力
4. 培养团结协作、热情有礼、认真细心、沉着冷静、遇乱不惊的职业素养</td></tr>
<tr><td>学习内容</td><td colspan="2">知识准备：阅读资料
任务一　无缝线路介绍
工作任务一　简述无缝线路概述
工作任务二　简述无缝线路的类型
任务二　钢轨焊接介绍
工作任务一　简述闪光接触焊
工作任务二　简述气压焊
工作任务三　简述铝热焊
任务三　无缝线路基本原理认知
工作任务一　钢轨温度力、伸缩位移与轨温变化的关系
工作任务二　无缝线路基本原理
任务四　无缝线路应力放散
工作任务一　锁定轨温
工作任务二　应力放散
任务五　无缝线路稳定性及防止措施
工作任务一　无缝线路稳定性的概念、稳定性的影响因素、无缝线路“失稳”的表现
工作任务二　胀轨、跑道防止措施、胀轨跑道处理方案
任务六　钢轨折断及防止措施
工作任务一　钢轨折断的危害、铝热焊缝折断的原因
工作任务二　预防焊缝断裂的措施、钢轨折断的处理
任务七　无缝线路位移观测
工作任务一　位移量反算锁定轨温
工作任务二　位移观测</td></tr>
<tr><td>任务
实施要求</td><td colspan="2">1. 将授课班级学生分组，每小组 5~8 人为一个学习团队
2. 每个学习团队组织学习，进行项目任务分析、任务分配、制订团队工作任务分配表
3. 资料学习、相关知识准备完成项目的资讯环节
4. 现场教学、资源利用完成项目的实施演练环节
5. 学习团队讨论，编制项目任务知识点学习计划书
6. 学习团队现场实践，制订现场实践的实施方案
7. 学习团队按任务分配表制作项目任务的汇报演讲稿，团队派代表上台演讲
8. 制订该项目任务的评价表，考核要素，进行小组互评</td></tr>
<tr><td>任务
实施要点</td><td colspan="2">1. 教学资源收集与整理
2. 确认任务学习的重点与难点
3. 任务学习计划制订，小组任务分工，汇报 PPT 制作，小组交流演讲
4. 学习团队进行讨论，可让老师参与讨论，通过团队合作获取问题的解决
5. 能够识别安全标识，注意安全与环保意识的培养</td></tr>
<tr><td>任务拓展</td><td colspan="2">1. 会收集具有国内、外领先水平的具有代表性的城市轨道交通站场与线路的资料
2. 按“准员工”的要求来学习，结合本城市的情况，组织团队成员去现场学习
3. 能够进行城市轨道交通相关资料的查找与整理
4. 会制作任务书要求的多媒体课件（PPT）</td></tr>
</table>

续表

名称	无缝线路
任务 下发人	日期：　　年　　月　　日
任务 执行人	日期：　　年　　月　　日

任务一 无缝线路介绍

任务导入

无缝线路是将标准长度的钢轨焊接而成的长钢轨线路，又称焊接长钢轨线路。其是当今轨道结构的一项重要新技术，在世界各国得到竞相发展。在普通线路上，钢轨接头是轨道的薄弱环节之一，由于接缝的存在，列车通过是发生冲击和振动，并伴随有打击噪声，冲击力可达到非接头区的 3 倍以上。接头冲击力影响行车的平稳和旅客的舒适，并促使道床破坏、线路状况恶化、钢轨及连接零件的使用寿命缩短、维修劳动费用的增加。养护线路接头区的费用占养护总经费的 35% 以上；钢轨因轨端损坏而抽换的数量较其他部位大 2 ～ 3 倍；重伤钢轨 60% 发生在接头区。随着列车轴重、行车速度和密度的不断增长，上述缺点更加突出，更不能适应现代高速重载运输的需要。

知识准备

一、无缝线路概述

无缝线路，是指将标准长度的钢轨一根一根地焊接成具有相当长度的钢轨（我国铁路规定不短于 200 mm）用以代替标准钢轨而铺设的线路。与普通线路相比，无缝线路在很大程度上消灭了钢轨接头，减少了列车对轨道的动力冲击和振动作用，因而具有行车平稳、噪声小、减少材料消耗、降低养护维修费用、延长维修周期、延长线路设备和机车车辆的使用寿命、减少行车阻力等优点。其既是轨道结构技术进步的重要标志，也是当今世界高速、重载铁路轨道结构的最佳选择，它以无可争议的优越性，得到世界各国铁路的承认。

无缝线路由于消灭了大量的接头，因而具有行车平稳、旅客舒适，同时，机车车辆和轨道的维修费用减少，使用寿命延长等一系列优点。有资料表明，从节约劳动力和延长设备寿命方面计算，无缝线路比有缝线路可节约维修费用 30% ～ 70%。

在桥梁上铺设无缝线路，可以减轻列车车轮对桥梁的冲击，改善列车和桥梁的运营条件，延长设备使用寿命，减少养护维修工作量。这些优点在行车速度提高时尤为显著。

二、无缝线路的类型

无缝线路根据处理钢轨内部温度应力方式的不同，可分为温度应力式和放散温度应力式两种。

（1）温度应力式无缝线路是由一根焊接长钢轨及其两端 2 ～ 4 根标准轨组成的，并采用普通接头的形式。无缝线路铺设锁定后，焊接长钢轨因受线路纵向阻力的抵抗，两端自由伸缩受到一定的限制，中间部分完全不能伸缩，因而，在钢轨内部产生很大的温度力，其值随轨温变化而异。温度应力式无缝线路结构简单，铺设维修方便，因而得到广泛应用。对于直线轨道，铺设 50 kg/m 和 60 kg/m 钢轨，每千米配置 1 840 根混凝土枕时，铺设温度应力式无缝线路允许轨温差分别为 100 ℃和 108 ℃。

（2）放散温度应力式无缝线路，又可分为自动放散式和定期放散式两种。其适用于年轨温差较大的地区。自动放散式是为了消除和减少钢轨内部的温度力，允许长轨条自由伸缩，在长轨两端设置钢轨伸缩接头，为了防止钢轨爬行，在长轨中部使用特制的中间扣件。由于结构复杂，已不使用。定期放散温度应力式无缝线路的结构形式与温度应力式相同。根据当地轨温条件，把钢轨内部的温度应力每年调整放散 1 ～ 2 次。放散时，松开焊接长钢轨的全部扣件，使它自由伸缩，放散内部温度应力，应用更换缓冲区不同长度调节轨的办法，保持必要的轨缝。每次放散应力需耗费大量劳动力，作业很不方便。

放散温度应力式无缝线路曾在苏联和我国年温差较大的地区使用，目前已不使用。现在世界各国主要采用温度应力式无缝线路。

无缝线路按长钢轨是否跨越闭塞分区以及车站道岔分为普通无缝线路、全区间无缝线路和跨区间无缝线路。普通无缝线路是指长轨不跨越闭塞分区，长度为 1 000 ～ 2 000 m 的无缝线路；全区间无缝线路是指长轨不跨越车间只跨越闭塞分区，整个区间用长轨连接的无缝线路；跨区间无缝线路也称超长无缝线路，是指长轨跨越车站道岔并贯穿区间的无缝线路。

任务实施

工作任务一　简述无缝线路概述

制作 PPT，复述无缝线路概述。

工作任务二　简述无缝线路的类型

制作 PPT，复述无缝线路的类型。

任务评价

无缝线路介绍评价表，见表 6–2。

表 6–2　无缝线路介绍评价表

<table>
<tr><td>项目任务</td><td colspan="5">无缝线路介绍</td></tr>
<tr><td>班 级</td><td></td><td>姓 名</td><td></td><td>评价时间</td><td></td></tr>
<tr><td colspan="6">考核内容</td></tr>
<tr><td>考核项目</td><td colspan="3">考核标准</td><td>分值</td><td>得分</td></tr>
<tr><td>无缝线路概述</td><td colspan="3">简述无缝线路概述</td><td>25</td><td></td></tr>
<tr><td rowspan="2">无缝线路的类型</td><td colspan="3">比较优缺点</td><td>10</td><td></td></tr>
<tr><td colspan="3">分类清晰，有依据</td><td>15</td><td></td></tr>
<tr><td rowspan="3">制作内容</td><td colspan="3">制作能清晰展示 PPT 演讲稿</td><td>15</td><td></td></tr>
<tr><td colspan="3">要求类型分析图形准确，文字流畅</td><td>15</td><td></td></tr>
<tr><td colspan="3">做到业务分析熟练、图文并茂</td><td>20</td><td></td></tr>
<tr><td colspan="6">指导教师意见：</td></tr>
<tr><td colspan="6">说明：1. 建议采用四级评分制（如 90% ～ 100%、80% ～ 90%、60% ～ 80%、＜ 60%）。
2. 主要采用小组互评的方式进行评价，教师最后进行参考评分。</td></tr>
</table>

任务二 钢轨焊接介绍

任务导入

随着铁路向高速和重载方向的迅速发展，无缝线路被广泛应用，其具有使行车更加平稳，使用寿命较长的优点，成为现在铁路建设中的主要方法。作为一种新技术，无缝线路在铺设中，长钢轨的焊接是铺设的重要内容。目前，常见的无缝线路钢轨的焊接方式主要有钢轨接触焊、气压焊、铝热焊和电弧焊四种。

知识准备

一、闪光接触焊

接触焊基本原理是利用电流通过某一电阻时所产生的热量来加热焊件，达到塑性状态后施以压力挤压以达到焊接目的。

钢轨焊接时，将两根待焊钢轨固定在焊机的两个相对夹钳内，向轨端通以强大的电流。由于两根对接钢轨的接触面之间有很大电阻，产生大量热能把钢轨加热，当钢轨被加热到塑性状态后，以极快速度予以挤压，将两根钢轨牢固地焊接在一起。闪光焊机可分为固定焊机和移动焊机。目前中国铁路各焊轨厂都采用接触焊接法（固定焊机），固定焊机常见的有瑞士引进 GAAS-80 焊机、乌克兰引进 K1000 焊机等；移动焊机是乌克兰引进的 K922 焊机。

闪光焊焊接主要用于新线铺设以及线路换轨大修中的线路焊接。焊接工艺过程如下：

（1）配轨及调直工序与气压焊相同，在钢轨被夹紧部位（距离端头为 50 ～ 500 mm）处及两轨接触端面应打磨除锈，使钢轨具有良好的接触导电性能。

（2）断续加热阶段。焊接钢轨之间的断续接触和分开，使熔化的金属粒子以火花形式由两轨缝隙中间向外拼射，称为闪光，目的是使钢轨端部加热到一定温度和深度。

（3）连续闪光加热阶段。通过连续闪光使端面轨温一步均匀化，并建立一薄层熔化金属和防止周围气体侵入而造成焊接端部金属的强烈氧化。

（4）顶锻阶段。当轨端加热到一定程度后，迅速施加压力，使轨端焊成一整体，顶锻压力为 36 ～ 50 MPa，顶锻量为 7 ～ 15 mm，顶锻作用必须使接头全部闭合，并使之来不及在焊缝中产生新的氧化层。

（5）焊接后推除焊缝凸出量、碾磨钢轨、矫直及探伤等工艺过程与气压焊接相同。接触焊接法、焊接质量好，生产效率高，现为世界各国普遍采用。

移动闪光焊及其焊接过程如图 6-1、图 6-2 所示。

图 6-1　移动闪光焊

图 6-2　移动闪光焊焊接过程

二、气压焊

气压焊是用氧气和乙炔混合气体，在一定压力下燃烧加热钢轨端头，当其温度达到 1 200 ℃时，轨端成塑性状态，此时加以一定压力，将两根钢轨挤压焊接在一起。

1936年，匈牙利的林涅尔首先在铁路上进行了钢轨焊接试验。从1937年开始，该方法在美国和加拿大得到了应用。由于焊接接头的机械性能基本上和钢轨母材相同，焊接稳定性好，质地优良，成本低，设备简单，1955 年以后为世界各国铁路广泛采用。

20 世纪 90 年代小型气压焊机在我国广泛流行，如图 6–3 所示，由于其稳定性差、焊接焊头质量不高等原因，随着接触焊焊机的广泛使用，小型气压焊机已经淘汰，还有少量数控气压焊在线路上使用。

图 6–3　小型气压焊机

三、铝热焊

铝热焊是将铝粉和氧化铁制成焊剂，点燃后，产生液态钢，注入接头处，所形成的焊接。1924 年，德国首先将铝热焊接方法用于长钢轨的焊接。现今铝热焊接法已公认为高效、快速的焊接方法（图 6–4）。

图 6–4　铝热焊

铝热焊原理是利用铁的氧化物通过铝热还原作用加热焊接。铝热焊剂用还原剂金属铝和氧化物（氧化铁）铁合金和铁钉头等按比例配制而成。铝在一定的高温条件下，与氧有较强的化学亲和力，它可以从金属的氧化物中夺取氧，使金属还原，同时放出一定的热量（大约 1 kg 铝焊剂可产生 3.55 MJ 的热量），将金属熔化成铁水，以便浇铸施焊。铝热焊接就是利用这种氧还原化学反应作用进行的。它的主要化学反应式为

$$3FeO + 2Al = 3Fe + Al_2O_3 + 835.3\ J$$

$$Fe_2O_3 + 2Al = 2Fe + Al_2O_3 + 830.2L\ J$$

$$3Fe_3O_4 + 8Al = 9Fe + 4Al_2O_3 + 3\ 237.7\ J$$

为了提高铝热焊接的质量，在铝热焊剂中掺入少量的合金元素，如锰、钛、钼及硅等提高焊接材料的硬度和密度。

常见有法国拉伊台克公司生产的铝热焊焊剂（QPCJ）和德国施密特公司生产的铝热焊剂。铝热焊主要用于道岔焊接和断轨修复。

任务实施

工作任务一　简述闪光接触焊

制作 PPT，复述闪光接触焊。

工作任务二　简述气压焊

制作 PPT，复述气压焊。

工作任务三　简述铝热焊

制作 PPT，复述铝热焊。

任务实施

钢轨焊接介绍评价表，见表 6-3。

表 6-3　钢轨焊接介绍评价表

<table>
<tr><td>项目任务</td><td colspan="5">钢轨焊接介绍</td></tr>
<tr><td>班 级</td><td></td><td>姓 名</td><td></td><td>评价时间</td><td></td></tr>
<tr><td colspan="6">考核内容</td></tr>
<tr><td>考核项目</td><td colspan="3">考核标准</td><td>分值</td><td>得分</td></tr>
<tr><td>闪光接触焊</td><td colspan="3">简述闪光接触焊：设备、工艺流程、操作方法、特点等</td><td>15</td><td></td></tr>
<tr><td rowspan="2">气压焊、铝热焊</td><td colspan="3">比较优缺点（特点），设备、工艺流程、操作方法</td><td>10</td><td></td></tr>
<tr><td colspan="3">分类清晰，有依据</td><td>25</td><td></td></tr>
<tr><td rowspan="3">制作内容</td><td colspan="3">制作能清晰展示 PPT 演讲稿</td><td>15</td><td></td></tr>
<tr><td colspan="3">要求类型分析图形准确，文字流畅</td><td>15</td><td></td></tr>
<tr><td colspan="3">做到业务分析熟练、图文并茂</td><td>20</td><td></td></tr>
<tr><td colspan="6">指导教师意见：</td></tr>
<tr><td colspan="6">说明：1. 建议采用四级评分制（如 90% ～ 100%、80% ～ 90%、60% ～ 80%、< 60%）。
2. 主要采用小组互评的方式进行评价，教师最后进行参考评分。</td></tr>
</table>

任务三
无缝线路基本原理认知

任务导入

无缝线路也称长钢轨线路，就是将若干根标准长度的钢轨经焊接成为 1 000 ～ 2 000 m 而铺设的铁路线路。

通常是在焊轨厂将无孔标准轨焊接成 200 ～ 500 m 的轨条，再运到现场就地焊接后铺设。

知识准备

一、钢轨温度力、伸缩位移与轨温变化的关系

无缝线路的特点是轨条长，当轨温变化时，钢轨要发生伸缩，但由于有约束作用，不能自由伸缩，在钢轨内部要产生很大的轴向温度力。为保证无缝线路的强度和稳定，应了解长轨条内温度力及其变化规律。为此首先要分析温度力、伸缩位移与轨温变化及阻力之间的关系。

一根长度为 l 可自由伸缩的钢轨，当轨温变化 Δt 时，其伸缩量为

$$\Delta l=\alpha \cdot l \cdot \Delta t \tag{6-1}$$

式中　α——钢轨的线膨胀系数，取 11.8×10^{-6}/℃；

l——钢轨长度（mm）；

Δt——轨温变化幅度（℃）。

如果钢轨两端完全被固定，不能随轨温变化而自由伸缩，则将在钢轨内部产生温度应力。根据胡克定律，温度应力 σ_t 为

$$\sigma_t = E \cdot \varepsilon_t = E \cdot \frac{\Delta t}{l} = E \cdot \alpha \cdot \Delta t \tag{6-2}$$

式中　E——钢的弹性模量，$E = 2.1\times10^5$ MPa；

ε_t——钢的温度应变。

将 E、α 之值带入式（6-2），则温度应力为

$$\sigma_t = 2.1\times10^5\times11.8\times10^{-6}\,\Delta t=2.50\,\Delta t\ (\text{MPa}) \tag{6-3}$$

一根钢轨所受的温度力 P_t 为

$$P_t = \sigma_t \cdot F = 2.50\,\Delta t \cdot F\ (\text{N}) \tag{6-4}$$

式中　F——钢轨断面面积（mm^2）。

二、无缝线路基本原理

（1）在两端锁定的钢轨中所产生的温度力，仅与轨温变化幅度有关，而与钢轨本身长度无关。因此，从理论上讲，钢轨可以焊成任意长，且对轨内温度力没有影响，控制温度力大小的关键是如何控制轨温变化幅度 Δt。

（2）对于不同类型的钢轨，同一轨温变化幅度产生的温度力大小不同。如轨温变化 1 ℃所产生的温度力。对于 75 kg/m、60 kg/m、50 kg/m 轨分别是 23.6 kN、19.2 kN、16.3 kN。

（3）无缝线路钢轨伸长量与轨温变化幅度 Δt、轨长 l 有关，与钢轨断面面积无关。为降低长轨条内的温度力，需选择一个适宜的锁定轨温，又称零应力状态的轨

温。在铺设无缝线路中，将长轨条始终端落槽就位时的平均轨温称为施工锁定轨温。施工锁定轨温应在设计锁定轨温允许变化范围之内。锁定轨温是决定钢轨温度力水平的基准，因此，根据强度、稳定条件确定锁定轨温是无缝线路设计的主要内容。

钢轨温度不同于气温。影响轨温的因素比较复杂，它与气候变化、风力大小、日照强度、线路走向和所取部位等有密切关系。根据多年观测，最高轨温 T_{max} 要比当地最高气温高 18 ℃～ 25 ℃，最低轨温 T_{min} 比当地的最低气温低 2 ℃～ 3 ℃。计算时通常取最高轨温等于当地最高气温加 20 ℃，最低轨温等于最低气温。表 6–4 为我国主要地区的轨温资料。

表 6–4　全国各地区的最高、最低轨温、中间轨温和最大轨温差　（℃）

城市	最高轨温	最低轨温	中间轨温	最大轨温差	城市	最高轨温	最低轨温	中间轨温	最大轨温差
北京	62.6	–27.4	17.6	90	昆明	52.3	–5.4	23.5	57.7
天津	65.0	–22.9	21.1	87.9	贵阳	61.3	–7.8	26.8	69.1
石家庄	62.7	–26.5	18.1	89.2	济南	62.5	–19.7	21.4	82.2
太原	61.4	–29.5	16.0	90.9	青岛	56.6	–20.5	18.1	77.1
呼和浩特	58.0	–36.2	10.9	94.2	南京	63.0	–14.0	24.5	77.0
沈阳	59.3	–33.1	13.1	92.4	上海	60.3	–12.1	24.1	72.4
大连	56.1	–21.1	17.5	77.2	杭州	62.1	–10.5	25.8	72.6
长春	59.5	–36.5	11.5	96.0	合肥	61.0	–20.6	20.2	81.6
哈尔滨	59.1	–41.4	8.9	100.5	福州	59.8	–2.5	28.7	62.3
齐齐哈尔	60.1	–39.5	10.3	99.6	厦门	58.5	–2.0	28.3	60.5
郑州	63.0	–17.9	22.6	80.9	广州	58.7	–0.3	29.2	59.0
武汉	63.1	–18.1	22.5	81.2	衡阳	61.3	–7.9	26.7	69.2
西安	65.2	–20.6	22.3	85.8	长沙	63.0	–11.3	25.9	74.3
兰州	59.1	–23.3	17.9	82.4	南宁	60.4	–2.1	29.2	62.5
西宁	53.5	–26.6	13.5	80.1	柳州	59.2	–3.8	27.7	63.0
银川	59.3	–30.6	14.4	89.9	拉萨	49.4	–16.5	16.5	65.9
乌鲁木齐	60.7	–41.5	9.6	102.2	香港	56.1	0.0	28.1	56.1
成都	60.1	–5.9	27.1	66.0	蚌埠	64.5	–19.4	22.6	83.9
重庆	64.0	–2.5	30.8	66.5	南昌	60.6	–9.3	25.7	69.9
台北	58.6	–2.0	28.3	60.6					

任务实施

工作任务一　钢轨温度力、伸缩位移与轨温变化的关系

制作 PPT，复述钢轨温度力、伸缩位移与轨温变化的关系。

工作任务二　无缝线路基本原理

制作 PPT，复述无缝线路基本原理。

任务评价

无缝线路基本原理认知评价表，见表 6–5。

表 6–5　无缝线路基本原理认知评价表

<table>
<tr><td>项目任务</td><td colspan="5">无缝线路基本原理认知</td></tr>
<tr><td>班 级</td><td></td><td>姓 名</td><td></td><td>评价时间</td><td></td></tr>
<tr><td colspan="6">考核内容</td></tr>
<tr><td colspan="2">考核项目</td><td colspan="2">考核标准</td><td>分值</td><td>得分</td></tr>
<tr><td colspan="2">钢轨温度力、伸缩位移与轨温变化的关系</td><td colspan="2">简述钢轨温度力、伸缩位移与轨温变化的关系</td><td>15</td><td></td></tr>
<tr><td colspan="2" rowspan="2">无缝线路基本原理</td><td colspan="2">比较优缺点</td><td>10</td><td></td></tr>
<tr><td colspan="2">分类清晰，有依据</td><td>25</td><td></td></tr>
<tr><td colspan="2" rowspan="3">制作内容</td><td colspan="2">制作能清晰展示 PPT 演讲稿</td><td>15</td><td></td></tr>
<tr><td colspan="2">要求类型分析图形准确，文字流畅</td><td>15</td><td></td></tr>
<tr><td colspan="2">做到业务分析熟练、图文并茂</td><td>20</td><td></td></tr>
<tr><td colspan="6">指导教师意见：</td></tr>
<tr><td colspan="6">说明：1．建议采用四级评分制（如 90% ～ 100%、80% ～ 90%、60% ～ 80%、< 60%）。
2．主要采用小组互评的方式进行评价，教师最后进行参考评分。</td></tr>
</table>

任务四
无缝线路应力放散

任务导入

无缝线路就是将标准长度的钢轨进行焊接，从而形成长钢轨线路。无缝线路是现阶段轨道结构中非常重要的一项技术，在世界各国得到了飞速发展。无缝线路有一个重要特点，轨条长度随着温度变化而发生改变，但是，在扣件的约束下，无法进行自由伸缩，进而在内部产生巨大温度力。为了更好地保障无缝线路的稳定与强度，必须充分掌握轨条温度力与变化规律。通过应力放散，进一步消除温度对线路的影响，最大限度地保障线路的稳定性能。

知识准备

无缝线路铺设的最理想季节是在春秋季节，此时的轨温较易达到锁定轨温。但是随着我国铁路的发展，需要铺设大量的无缝线路，所以要在一年四季铺设无缝线路。夏季铺设无缝线路，施工锁定轨温高于设计锁定轨温；冬季铺设无缝线路，施工锁定轨温低于设计锁定轨温；不利于无缝线路安全运行。另外，无缝线路在运行过程中钢轨发生爬行，导致温度力分布不均匀，甚至产生温度力局部集中现象。为此要对无缝线路进行应力放散和调整，以保证无缝线路温度力的均匀和实际锁定轨温在设计锁定轨温范围内。

一、锁定轨温

无缝线路锁定轨温是指无缝线路的零应力轨温，是指无缝线路钢轨被完全锁定时的轨温，此时钢轨内部的温度力为零，其初始数值是在无缝线路铺设时通过计算确定的，锁定轨温是决定钢轨温度力水平的基准，它所反映的是无缝线路在不同的温度条件下钢轨纵向内应力的问题，即无缝线路钢轨内部所承受的拉应力和压应力大小问题，是衡量无缝线路轨道强度与稳定性的量化表现，因此，锁定轨温是无缝线路最重要的技术指标之一，其准确与否，将直接关系到无缝线路的状态稳定和养、管、修安全。

在无缝线路中，锁定轨温在各个方面的运用是各有特点的，因此有所区分。其可分为设计锁定轨温、施工锁定轨温、实际锁定轨温。

1. 设计锁定轨温

设计锁定轨温又称中和轨温，是根据线路结构的具体条件，通过轨道强度和稳定性的计算确定的。

2. 施工锁定轨温

施工锁定轨温是指施工锁定时的轨温。施工中一段长轨条的锁定需要一定的时间，所以，大修施工规定把长轨条始、终端落槽就位时的轨温平均值作为施工锁定轨温。

3. 实际锁定轨温

实际锁定轨温强调的是“实际”二字，它既用以区别施工锁定轨温所表示的名义上的零应力轨温，又说明零应力轨温在运营过程中是可能发生变化的。

二、应力放散

无缝线路在施工或者运营过程中，要想让锁定轨温放散到设计锁定轨温范围内，就要在轨温适当时，将中间扣件、防爬设备松开，采取措施使钢轨伸缩，释放内部应力，再重新锁定，这一作业成为无缝线路应力放散。

1. 滚筒法

滚筒法也称自然放散法。采用滚筒放散法放散应力时，施工作业时的轨温应在设计锁定轨温范围内。作业前应设置好临时位移观测点，松开扣件和防爬器，长钢轨下垫滚筒使钢轨能自由伸长或缩短，并用撞轨器配合撞轨，当钢轨发生反弹现象时，即视为钢轨内为零应力，此时可落轨入承轨槽并重新锁定。自然放散法施工基本工艺流程如图 6–5 所示。

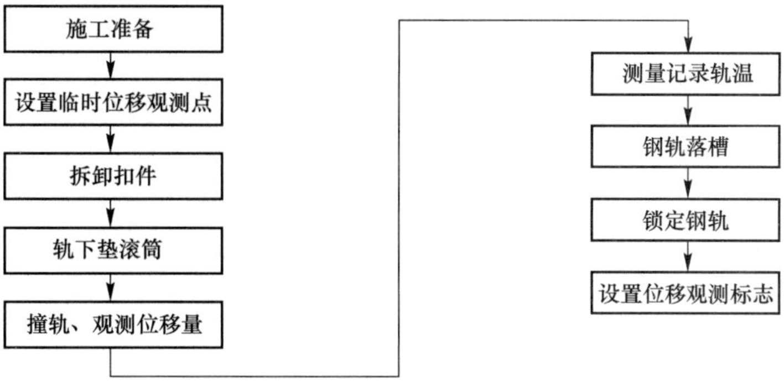

图 6–5　自然放散法施工基本工艺流程

2. 拉伸滚筒法

拉伸滚筒法也称综合放散法，是作业轨温在设计锁定轨温范围以下时，松开全部扣件，轨下垫滚筒，使钢轨能自由伸缩，并利用钢轨拉伸器和撞轨器配合作用，通过均匀拉伸长轨条，以提高它的零应力轨温，使锁定轨温一步到位的方法。综合放散法施工工艺流程如图 6–6 所示。

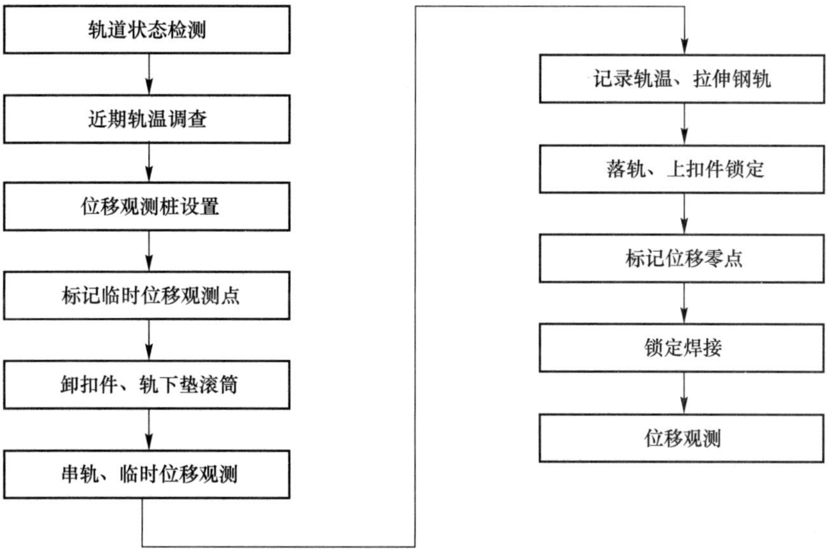

图 6–6　综合放散法施工工艺流程

任务实施

工作任务一　锁定轨温

制作 PPT，复述锁定轨温。

工作任务二　应力放散

制作 PPT，复述应力放散。

任务评价

无缝线路应力放散评价表，见表 6–6。

表 6–6 无缝线路应力放散评价表

<table>
<tr><td>项目任务</td><td colspan="5">无缝线路应力放散</td></tr>
<tr><td>班 级</td><td></td><td>姓 名</td><td></td><td>评价时间</td><td></td></tr>
<tr><td colspan="6">考核内容</td></tr>
<tr><td colspan="2">考核项目</td><td colspan="2">考核标准</td><td>分值</td><td>得分</td></tr>
<tr><td colspan="2">锁定轨温</td><td colspan="2">简述锁定轨温</td><td>25</td><td></td></tr>
<tr><td colspan="2" rowspan="2">应力放散</td><td colspan="2">比较优缺点</td><td>10</td><td></td></tr>
<tr><td colspan="2">分类清晰，有依据</td><td>15</td><td></td></tr>
<tr><td colspan="2" rowspan="3">制作内容</td><td colspan="2">制作能清晰展示 PPT 演讲稿</td><td>15</td><td></td></tr>
<tr><td colspan="2">要求类型分析图形准确，文字流畅</td><td>15</td><td></td></tr>
<tr><td colspan="2">做到业务分析熟练、图文并茂</td><td>20</td><td></td></tr>
<tr><td colspan="6">指导教师意见：</td></tr>
<tr><td colspan="6">说明：1. 建议采用四级评分制（如 90% ～ 100%、80% ～ 90%、60% ～ 80%、< 60%）。
2. 主要采用小组互评的方式进行评价，教师最后进行参考评分。</td></tr>
</table>

任务五
无缝线路稳定性及防止措施

任务导入

无缝线路在钢轨内部巨大的温度力作用下，容易引起轨道的横向变形，在列车动力或人工作业等干扰下，轨道弯曲变形有时会突然增大，这一现象常称为胀轨跑道，在理论上称为丧失稳定。这对列车运行的安全是个极大威胁。

知识准备

一、无缝线路稳定性的概念

无缝线路的稳定性，是指无缝线路在温度压力作用下不致发生胀轨、跑道的性能，如图 6–7 所示。其是一个和胀轨、跑道相对的概念。

无缝线路一旦进入胀轨阶段，就开始丧失稳定，而跑道之时，就是稳定性彻底丧失之时，通常轨道在温度压力作用下，横向变形 2 mm 作为无缝线路稳定与否的分界点；超过 2 mm 的横向弹性变形，恢复后要留下残余变形，更重要的是，它还将使线路阻力随变形量的增大而急剧下降，相应地就使临界温度压力和临界轨温急剧降低，加速无缝线路的失稳进程。

图 6–7　胀轨、跑道

二、稳定性的影响因素

无缝线路的稳定性，与很多因素有关。温度压力是诱发胀轨、跑道的原因，线路质量不高、稳定性不强则是胀轨、跑道的内因。在影响无缝线路稳定性的诸多因素中，轨道方向的初始不平顺是一个非常重要的因素。轨道初始弯曲让温度压力有隙可乘，是无缝线路不可忽视的薄弱环节。

轨道初始弯曲有两种，一种是钢轨在轧制和缓冷过程中形成的硬弯，其特点是范围小，难以矫直，或矫直后弹性恢复较严重；另一种是在列车动力作用下形成的轨道方向不良，其特点是容易整治，也容易再度出现。

1. 温度压力大

实际锁定轨温偏低，造成温度压力大，通过由以下几个方面的原因造成：

（1）铺设进度的影响，造成实际锁定轨温偏低。

（2）低温焊复钢轨造成锁定轨温偏低。

（3）冬季线路不均匀爬行，造成局部锁定轨温偏低。

（4）冬季超温超长作业，造成局部锁定轨温偏低。

2. 线路阻力小

导致无缝线路稳定性差或线路阻力小的原因如下：

（1）线路设备状态不良。线路设备不良的表现很多，如扣件螺栓松动、扣件零件缺损、道床疏松、道砟不饱满、道床肩宽不足、空吊板多、钢轨硬弯、胶垫损坏等。

（2）线路几何状态不良。诱发胀轨、跑道的温度压力的对立面是线路阻力，而线路阻力的大小除由设备状态决定外，还由线路几何状态决定。

（3）线路维修作业的影响。维修作业可使线路状态整体改善，但在一定程度上会降低线路的纵、横向阻力。特别是违章作业、超温、超长作业，会使纵、横向阻力大幅度降低。

三、无缝线路“失稳”的表现

无缝线路“失稳”就是胀轨。无缝线路的胀轨主要表现在以下几个方面：

（1）碎弯增多，矢度增大。此时的直观反映是方向反常的“不好看”，并呈现一种无规律的混乱现象，有的地段轨距反常扩大。

（2）空吊连续增多。应注意区别不成段的空吊板，多半是捣固质量不良所致，成段的空吊板，则多半是温度压力作用于高低不良地段所致。

（3）起道省力，捣固不易捣实。如果确认成段空吊是胀轨形成，就应在该段停止起道、捣固作业。如果此时起道，温度压力会成为起道机的附加力，起道自然过分轻松。如果此时捣固，轨道框架会乘势抬高，在温度压力没有释放完之前，是不可能捣实的。在有胀轨迹象的地段起道、捣固，将使无缝线路的稳定性迅速丧失，甚至有可能导致跑道，所以应绝对禁止。

（4）逆向拨道吃力或回弹量大。因为温度压力的径向力始终向弯曲方向的，所以逆向拨道会备感吃力。即使勉强拨回，拨力取消后，径向力依然会使轨道向弯曲方向弹，回弹量超乎常规，接近、等于甚至超出拨出量。

（5）轨枕头胀轨一侧道砟散落，另一侧离缝。

上述迹象都足以表明无缝线路正在胀轨、稳定性正在丧失。发现这些迹象，应严密监视并加以及时处理，停止作业；否则，跑道就有可能接踵而至，无缝线路的稳定性将彻底丧失。

四、胀轨、跑道防止措施

（1）正确掌握铺轨的锁定轨温，不使其偏低。如不得不偏低，应来年进行应力放散，重新锁定，使锁定轨温符合设计值。

（2）低温焊复钢轨，应在焊复前将钢轨拉伸至原有长度；否则，来年也要放散应力，重新锁定，使锁定轨温符合设计值。

（3）提高线路维修质量，做到阻力均衡，以避免冬季的不均匀爬行。

（4）禁止超温、超长作业，根据轨温合理安排作业项目。

（5）保持线路几何状态良好不超限，尤其是方向。

（6）保持线路设备状态全面、经常良好。

（7）加强线路监视和位移观测，发现胀轨迹象，及时处理。

五、胀轨跑道处理方案

（1）胀轨跑道矢量在 10 mm 左右时，采用浇水降温法降低钢轨温度，并结合现场情况实施调整轨缝处理。

（2）胀轨跑道矢量较大，且地形条件允许的情况下，采用拨道法，从跑道处两端向中间拨成半径不少于 200 m 的反向曲线，曲线夹直线不短于 10 m，双线地段，拨后应满足线间距要求。拨道后限速 5 km/h 放行列车，并派人看守。

（3）胀轨跑道矢量较大，且受地形条件限制时，采用割轨恢复法，用氧乙炔割断钢轨，松开扣件释放应力，然后用夹板和急救器加固，限速 5 km/h。

（4）在两锯口间插 6.25 m 长的同型钢轨，轨端钻孔上接头夹板，用 10.9 级螺栓拧紧加力，并在短轨前后各 50 m 内进行扣件加力后，恢复常速放行列车。

任务实施

工作任务一　无缝线路稳定性的概念、稳定性的影响因素、无缝线路“失稳”的表现

制作PPT，复述无缝线路稳定性的概念、稳定性的影响因素、无缝线路“失稳”的表现。

工作任务二　胀轨、跑道防止措施、胀轨跑道处理方案

制作 PPT，复述胀轨、跑道防止措施、胀轨跑道处理方案。

任务评价

无缝线路稳定性及防止措施评价表，见表 6–7。

表 6–7　无缝线路稳定性及防止措施评价表

项目任务	无缝线路稳定性及防止措施			
班 级		姓 名	评价时间	
考核内容				
考核项目	考核标准		分值	得分
简述无缝线路稳定性的概念．稳定性的影响因素．无缝线路“失稳”的表现	简述无缝线路稳定性的概念、稳定性的影响因素、无缝线路“失稳”的表现		25	
胀轨、跑道防止措施，胀轨跑道处理方案	比较优缺点		10	
	分类清晰，有依据		15	
制作内容	制作能清晰展示 PPT 演讲稿		15	
	要求类型分析图形准确，文字流畅		15	
	做到业务分析熟练、图文并茂		20	
指导教师意见：				
说明：1．建议采用四级评分制（如 90% ～ 100%、80% ～ 90%、60% ～ 80%、＜ 60%）。 2．主要采用小组互评的方式进行评价，教师最后进行参考评分。				

任务六 钢轨折断及防止措施

任务导入

为适应我国铁路既有线提速战略工程，全面提升山区铁路工务设备技术装备水平势在必行，根据成都铁路局的做法和经验，在曲线轨道结构综合强化方面，采用新理论、新技术、新材料、新设备是以提高运输效率、保证行车安全和旅客乘坐舒适为基础，并以其经济效益的大小来评价其合理性和决定其发展规模和速度。因此，轨道结构的现代化与合理化进程，应密切结合路局所辖线路的具体条件和实际情况，本质上是在有利于取得最佳技术经济效果基础上的统一。

知识准备

一、钢轨折断的危害

无缝线路的钢轨折断，如图 6-8 所示，除钢轨母材的严重伤损处外，几乎都发生在焊缝处及焊缝附近的热影响范围内。焊缝裂断多在冬季；由于温度拉力的存在，断缝两端钢轨必然收缩，将断缝拉大，直到温度拉力和线路阻力平衡为止。严重时，可形成 100 ～ 200 mm 的大断口。由于断口处并无夹板夹持，还容易形成钢轨的上下错牙和左右错牙。大断口和钢轨错牙，都直接威胁行车安全。

图 6-8　钢轧折断

二、铝热焊缝折断的原因

无缝线路钢轨折断的根本原因是温度拉力大，线路阻力小。而造成温度拉力大的主要原因则是锁定温度偏高。焊缝强度低则直接导致钢轨折断。铝热焊接头的折断原因如下：

（1）焊缝缺陷造成强度降低。

（2）焊缝疲劳强度及断裂韧性低。

铝热焊缝的屈服强度和冷弯强度只有母材的 70% 左右，疲劳强度则只有母材的 60% 左右，所以铝热焊缝容易断裂。

（3）焊缝低凹加大列车冲击。

焊缝的强度本来低于母材，焊缝及其热影响区的强度又不一致，因此，随列车碾压时间的延长，在焊缝前后 40 ～ 60 mm 范围内，就逐渐出现低凹。焊缝的低凹增加了车轮的附加冲击力，附加冲击力又加速焊缝的低凹，使钢轨受力状况更加恶化。形成类似于普通线路低扣接头那样的恶性循环。这种恶性循环不但造成石砟坍塌，轨枕断裂、扣件折损，增加了维修工作量，同时，也加速了焊缝的断裂。要求工区加强对焊缝接头的捣固，防止焊缝低凹的产生、发展。

（4）锁定轨温偏高，冬季温度拉力大，超过了焊缝的抗拉强度，加上列车动弯拉应力的影响，使焊缝断裂。

（5）线路几何状态不良，加大列车的附加冲击力，增加了焊缝的强度负担，造成焊缝断裂。

三、预防焊缝断裂的措施

1. 提高焊接质量

加强验收制度和探伤检查，冬季要适当增加探伤检查次数。认真鉴别伤痕类型，做好标记、严密监视。对已确认的暗伤焊缝，要及时上好特制拱型夹板和急救器，必要时可钻孔上夹板，然后尽快选择时机重新焊接。

2. 提高设备质量

加强线路养护维修，提高设备质量，也是保持焊缝质量的关键。线路上存在吊板、暗坑、三角坑、扣件松动、轨枕失效、线路爬行、焊缝紧靠轨枕等，都会增加焊缝的附加应力，促使焊缝断裂。起道、拨道作业时，压机应放在铝热焊缝 1 m 以外，严禁用压机直接顶撞铝热接头。保持线路几何状态良好，使行车平稳，放正轨枕位置，使焊缝受力均匀，这样会对焊缝起保护作用。

控制轨道爬行，保持纵向阻力，是防止钢轨断裂和断缝拉大的根本措施。为此，必须经常保持接头扣件和中间扣件的扣压力。

为减少列车运行的附加冲击力，必须对不平顺的焊缝进行打磨、焊补。焊缝的上下不平顺、左右错牙和经过运行产生的磨耗不平顺，用 1 m 直尺测量不得超过 0.5 mm。轨面和作用边要平顺光滑。缺陷严重者，应锯掉重焊。

3. 加强焊缝管理

造成焊缝断裂的因素很复杂。要减少焊缝断裂，必须掌握断裂规律，加强对焊缝的科学管理。要建立焊缝技术卡片，从焊接、铺设、锁定、平顺状态、伤损程度到养护维修情况，都要做好翔实的原始记录。发生断裂后，要分析原因，积累资料，总结经验，制订改进措施。

四、钢轨折断的处理

1. 紧急处理

钢轨断缝小于 50 mm 时，首先进行紧急处理。在断缝处上好夹板或特制拱形夹板，用急救器固定，在断缝前后各 50 m 拧紧扣件，限速放行列车。有条件时应在原位焊复，或者在轨端钻孔，上好夹板或特制拱型夹板，拧紧接头螺栓，然后可适当提高行车速度。同时在断缝两侧约 3.5 m 处，轨头非工作边上做出标记，并准确丈量两标记间的距离和轨头非工作边一侧的断缝值，做好记录。

2. 临时处理

钢轨折损严重或断缝大于 50 mm，以及紧急处理后，断缝仍继续扩大，应封锁线路进行临时处理。临时处理时，在断缝两侧约 3.5 m 处轨头非工作边上做出标记，并准确丈量两标记间的距离和轨头非工作边一侧的断缝值，做好记录。沿断缝两侧对称切除伤损部位，两锯口之间插入不短于 6 m 的同型钢轨，轨端钻孔，上接头夹板，用螺栓拧紧。在短轨前后各 50 m 范围内，拧紧扣件，按正常速度放行列车。

3. 永久处理

钢轨断缝经紧急处理或临时处理后，在接近或低于实际锁定轨温时，插入短轨重新采用铝热焊焊接修复，插入短轨长度等于切除钢轨长度减去两倍预留焊缝值。先焊好一端，另一端张拉到位后焊接。焊后长轨条基本上恢复原有状态，保持原锁定轨温不变。

在线路上焊接时的轨温不应低于 0 ℃。放行列车时，焊缝处轨温应降至 300 ℃以下。

任务实施

工作任务一 钢轨折断的危害、铝热焊缝折断的原因

制作 PPT，复述钢轨折断的危害、铝热焊缝折断的原因。

工作任务二 预防焊缝断裂的措施、钢轨折断的处理

制作 PPT，复述预防焊缝断裂的措施、钢轨折断的处理。

任务评价

钢轨折断及防止措施评价表，见表 6-8。

表 6-8 钢轨折断及防止措施评价表

<table>
<tr><td>项目任务</td><td colspan="4">钢轨折断及防止措施</td></tr>
<tr><td>班 级</td><td></td><td>姓 名</td><td></td><td>评价时间</td><td></td></tr>
<tr><td colspan="6">考核内容</td></tr>
<tr><td colspan="2">考核项目</td><td colspan="2">考核标准</td><td>分值</td><td>得分</td></tr>
<tr><td colspan="2">钢轨折断的危害、铝热焊缝折断的原因</td><td colspan="2">简述钢轨折断的危害、铝热焊缝折断的原因</td><td>25</td><td></td></tr>
</table>

续表

考核项目	考核标准	分值	得分
预防焊缝断裂的措施、钢轨折断的处理	比较优缺点	10	
	分类清晰，有依据	15	
制作内容	制作能清晰展示 PPT 演讲稿	15	
	要求类型分析图形准确，文字流畅	15	
	做到业务分析熟练、图文并茂	20	
指导教师意见：			
说明：1．建议采用四级评分制（如 90% ～ 100%、80% ～ 90%、60% ～ 80%、＜ 60%）。 2．主要采用小组互评的方式进行评价，教师最后进行参考评分。			

任务七
无缝线路位移观测

任务导入

在无缝线路长轨条铺设锁定之前，在线路两侧同样里程处按照一定的原则布设观测点，称为位移观测桩。长钢轨可能由于各种原因发生纵向位移，因此，可利用位移观测桩对长钢轨位移量进行测量，利用长钢轨位移量掌握温度力分布、实际锁定轨温及其变化规律。位移观测桩法是目前我国规范所规定必须采用的检测无缝线路温度力分布和锁定轨温变化的重要手段。

知识准备

一、位移量反算锁定轨温

如果各观测桩处钢轨的位移方向和位移数值是一致的，说明钢轨内的温度力是均匀的，如果各观测点（固定区）的爬行量不一致，则说明固定区内的钢轨温度力已经重新分布，各处的实际锁定轨温也是不均匀的。

实际锁定轨温与铺设时锁定轨温的变化值，可以用下式计算：

$$\Delta t = \Delta l / (a \cdot l) \tag{6-5}$$

式中　Δt——实际锁定温度与铺设时锁定温度的差数（℃）；

　　　Δl——两观测桩爬行量差（mm）；

a——钢轨线膨胀系数，取 0.011 8 mm/（m · ℃）；

l——两观测桩距离（m）。

如图 6–9 所示，一股钢轨各点观测到的爬行量如下，各桩号在上侧记录，桩距为 180 m，试计算 3 ～ 4 桩间和 4 ～ 5 桩间的锁定轨温变化度数。

下行 →

1	2	3	4	5	6	7
+3	+3	−3	+6	−4	+3	+3

图 6–9　位移量移动示意

【解】

（1）3 ～ 4 桩间：

$$\Delta l=+6-(-3)=9\ (℃)$$

$$\Delta t_{锁}=(84.7\times\Delta l)/l=84.7\times 9/180=4.2\ (℃)$$

说明锁定轨温上升了 4.2 ℃。

（2）4 ～ 5 桩间：

$$\Delta l=-4-(+6)=-10\ (℃)$$

$$\Delta t_{锁}=(84.7\times\Delta l)/l=84.7\times-(10/180)=-4.6\ (℃)$$

说明锁定轨温下降了 4.6 ℃。

二、位移观测

每段无缝线路设置钢轨位移观测桩 5 ～ 7 对。如固定区较长，可适当增加对数。其中，固定区中间点一对，伸缩区始终点各一对。其余设置在固定区。钢轨位移观测桩必须预先埋设牢固，在长钢轨两端就位后，立即进行标记，标记要明显、耐久、可靠，如图 6–10 所示。

现在主要利用准直仪进行观测，目前有光学准直仪和红外线准直仪，也可用弦线观测。

图 6–10　位移观测示意

任务实施

工作任务一　位移量反算锁定轨温

制作 PPT，复述位移量反算锁定轨温。

工作任务二　位移观测

制作 PPT，复述位移观测。

任务评价

无缝线路位移观测评价表，见表 6-9。

表 6-9　无缝线路位移观测评价表

项目任务	无缝线路位移观测				
班 级		姓 名		评价时间	
考核内容					
考核项目	考核标准		分值	得分	
位移量反算锁定轨温	简述位移量反算锁定轨温		15		
位移观测	比较优缺点		10		
	分类清晰，有依据		25		
制作内容	制作能清晰展示 PPT 演讲稿		15		
	要求类型分析图形准确，文字流畅		15		
	做到业务分析熟练、图文并茂		20		
指导教师意见：					
说明：1. 建议采用四级评分制（如 90% ～ 100%、80% ～ 90%、60% ～ 80%、＜ 60%）。 2. 主要采用小组互评的方式进行评价，教师最后进行参考评分。					

思维拓展

1．无缝线路按照钢轨长度可以分为哪几种类型？

2．钢轨焊接的方式有哪些？

3．当轨温升高时钢轨内部温度应力会如何变化？当轨温降低时钢轨内部温度应力会如何变化？

4．锁定轨温的概念是什么？有什么意义？

5．无缝线路胀轨跑道的原因有哪些？

6．钢轨断轨后该怎么处理？

7．无缝线路应力放散的方法有哪些？

8．两位移观测桩相距 100 m，如图 6-9 所示，1 号桩爬行＋ 10 mm，2 号桩爬行－ 8 mm，请问该段的线路锁定轨温会怎么变化？

项目七 铁路线路检查与维护

项目背景

由于火车机车车辆不断作用于铁路线路，再加上铁路轨道长期处于恶劣的自然环境中，使得铁路线路出现的机械磨损逐渐加剧，道床、路基及轨道的几何尺寸也在逐步地发生变形，因此，对于铁路线路进行检查、维修与养护就显得尤为重要。尤其是列车在运行过程中对轨道的结构及其部位的破坏非常大，造成严重的铁路线路变形，目前常见的铁路轨道结果破坏主要有曲线变形、钢轨与接头连接零件的破坏及线路爬行等。对其进行定期检查、维修和养护，则可以保证火车轨道的质量和设备的完整性，使轨道设备的使用寿命得以加强。

项目任务书

线路检查与维护任务书，见表 7-1。

表 7-1　线路检查与维护任务书

名称	线路检查与维护	
学习目标	知识目标	1. 熟悉线路维修的工作分类，了解巡检、综合维修、经常保养、临时补修、大修内容 2. 掌握线路常用的维修工具器 3. 掌握线路静态检测的工具、方法，熟悉轨道几何尺寸偏差管理值，熟悉线路检测常用表格 4. 掌握线路起道、拨道、改道、捣固、更换轨枕、更换夹板等作业程序 5. 掌握线路巡检、更换钢轨、更换辙叉、更换尖轨等作业程序
	技能目标	1. 正确复述线路维修的工作分类，巡检、综合维修、经常保养、临时补修、大修内容 2. 正确复述线路常用的维修工具器 3. 正确复述线路静态检测的工具、方法，轨道几何尺寸偏差管理值，熟悉线路检测常用表格 4. 正确复述线路起道、拨道、改道、捣固、更换轨枕、更换夹板等作业程序 5. 正确复述线路巡检、更换钢轨、更换辙叉、更换尖轨等作业程序

续表

<table>
<tr><td>名称</td><td colspan="2">线路检查与维护</td></tr>
<tr><td>学习目标</td><td>素质目标</td><td>1. 具有良好的社会公德、职业道德和专业基本素质
2. 具有强烈的法律意识、安全环境保护意识、安全与自我保护意识
3. 具有沟通协调能力、语言表达能力、班组管理能力
4. 培养团结协作、热情有礼、认真细心、沉着冷静、遇乱不惊的职业素养</td></tr>
<tr><td>学习内容</td><td colspan="2">知识准备：阅读资料
任务一　线路维修介绍
工作任务一　工作分类、巡检内容
工作任务二　线路综合维修内容、线路经常保养内容
工作任务三　线路临时维修内容、线路大修内容
任务二　常用维修工器具认知
工作任务一　常用线路量测工具
工作任务二　线路维修常用小型工具
工作任务三　线路维修常用小型机械
任务三　线路检查
工作任务　静态检测项目、静态检测标准、检测方法
任务四　捣固作业
工作任务一　作业范围、作业条件
工作任务二　捣固作业：手工、小型内燃捣固镐
任务五　起道作业
工作任务　作业范围、作业程序、作业要求
任务六　拨道作业
工作任务　作业范围、作业程序、作业要求
任务七　改道作业
工作任务　作业范围、作业条件、作业程序、作业要求
任务八　更换轨枕作业
工作任务　作业范围、作业条件、作业程序、作业要求、技术要求
任务九　更换夹板作业
工作任务　作业准备、作业程序、作业要求
任务十　线路巡检作业
工作任务　作业程序、质量控制、工作内容
任务十一　更换钢轨作业
工作任务　作业准备、作业程序、作业要求、注意事项
任务十二　更换辙叉作业
工作任务　作业准备、作业程序、作业要求、注意事项
任务十三　更换尖轨作业
工作任务　作业准备、作业程序、作业要求、注意事项</td></tr>
<tr><td>任务
实施要求</td><td colspan="2">1. 将授课班级学生分组，每小组 5~8 人为一个学习团队
2. 每个学习团队组织学习，进行项目任务分析、任务分配、制订团队工作任务分配表
3. 资料学习、相关知识准备完成项目的资讯环节
4. 现场教学、资源利用完成项目的实施演练环节
5. 学习团队讨论，编制项目任务知识点学习计划书
6. 学习团队现场实践，制订现场实践的实施方案
7. 学习团队按任务分配表制作项目任务的汇报演讲稿，团队派代表上台演讲
8. 制订该项目任务的评价表，考核要素，进行小组互评</td></tr>
<tr><td>任务
实施要点</td><td colspan="2">1. 教学资源收集与整理
2. 确认任务学习的重点与难点
3. 任务学习计划制订，小组任务分工，汇报 PPT 制作，小组交流演讲
4. 学习团队进行讨论，可让老师参与讨论，通过团队合作获取问题的解决
5. 能够识别安全标识，注意安全与环保意识的培养</td></tr>
</table>

续表

名称	线路检查与维护
任务拓展	1. 会收集具有国内、外领先水平的具有代表性的城市轨道交通站场与线路的资料 2. 按“准员工”的要求来学习，结合本城市的情况，组织团队成员去现场学习 3. 能够进行城市轨道交通相关资料的查找与整理 4. 会制作任务书要求的多媒体课件（PPT）
任务下发人	日期：　　年　　月　　日
任务执行人	日期：　　年　　月　　日

任务一 线路维修介绍

任务导入

中国铁路始建于1876年，铁路运输线是我国国民经济的大动脉，在我国交通运输体系中居于主导的骨干地位，它在国家的建设中占有重要地位。随着我国改革开放的深入，我国在修新线铁路时采用了国内、外先进科技成果，与此同时，对既有铁路进行补强和改造，并加强了对线路的养护和维修，较好地改善了铁路的运营状况，提高了铁路抵抗自然灾害的能力，丰富了预防和整治铁路线路病害的理论与实践，对发展国民经济，促进工农业生产，改善人民生活，改变边远地区交通闭塞和文化技术落后面貌，巩固国防，沟通国际交往，起到了国民经济大动脉的重要作用。在当今社会经济高速发展的情形下，铁路运输的需求量在逐渐增大，铁路运输的发展将偏向高速和重载运输。这样就会加重铁路线路的承载能力，造成铁路线路损害，严重影响铁路运输。为了保证铁路能够很好地完成运输任务，全面了解和掌握铁路线路常见病害分析及预防整治技术非常的重要。近年来，随着我国经济的飞速发展，综合国力的不断提升，铁路的发展也得到了质一样的飞跃。伴随着铁路的发展，势必会对铁路的需求和技术方面也越来越看重。铁路线路类型、设备、零件随时都在更新换代，因此，对于维修方法和技术要求也是越来越严格和科学。

知识准备

一、工作分类

线路设备修理可分为巡检、维修和大修三大层次。

（1）巡检是指根据线路设备变化规律和特点或者为排除影响行车安全的故障，通过目视及时发现问题并生成记录。

（2）维修工作可分为综合维修、经常保养和临时补修。

①综合维修是指根据线路及其各部件的变化规律、损耗情况和特点，对钢轨、道岔、扣件、道床、路基、轨枕及轨道几何形位等按相应周期进行的全面检查和修理，以恢复轨道完好技术状态。

②经常保养是指根据动态、静态检测结果及线路状态变化、损耗情况，对线路设备进行经常性的维护保养，以保持线路质量经常处于均衡状态。

③临时补修是指对线路几何尺寸超过临时补修容许偏差管理值或轨道设备伤损状态影响其正常使用的处所进行临时性修理，以保证行车安全和舒适。

（3）大修是指根据线路设备的使用寿命及损耗情况所组织进行的成段、成批全面更换轨道部件及全面改进线路纵横断面的修理。线路设备大修的基本任务是根据运输需要及线路设备损耗规律，周期性、有计划地对损耗部分更新和修理，恢复和提高设备强度，延长设备使用寿命和增强轨道承载能力。线路大修可分为两大类，即轨道大修和单项大修。前者具有轨道全面更新的性质；后者是指轨道中某一部件的单项更新。

二、巡检内容

（1）路基有无浸水、漫水，土质是否牢固，有无陷落坍塌现象，排水沟是否堵塞，路肩有无杂草并及时清理。

（2）检查桥面结构，伸缩缝、人行道和桥头接缝开放程度、有无阻塞和损坏，桥面排水设施是否正常有效，栏杆、声屏障有无松动、开裂。

（3）道床是否积水、起拱、下沉、有无翻浆冒泥、漏砟等现象，排水是否通畅，泵房入水口有无淤积堵塞。

（4）钢轨是否有折断、伤损、掉块、裂纹及异常磨耗，接头夹板连接是否正常，检查临时加固处理的伤损钢轨，对已发现的轻伤及有发展的伤轨进行观察，钢轨接头轨缝是否超限、有无错牙、轨端有无压溃。

（5）道岔尖轨尖与基本轨、尖轨与滑床板密贴是否良好，尖轨、辙叉、基本轨、导轨是否有伤损及异常磨耗，对已有伤损进行观察记录，滑床板是否移位、松脱、有明显划痕、裂纹，尖轨与基本轨之间、辙叉轮缘槽、护轨轮缘槽有无异物，尖轨是否爬行，尖轨尖端非工作边与基本轨工作边轨头下颚是否顶严，顶铁是否顶严或间隙过大。

（6）各种设施、材料有无侵入限界，对侵限障碍物进行搬除，是否有胀轨跑道迹象及其他轨道线路故障。

（7）道口板及设备是否侵入限界，道口轮缘槽的清理，检查道口板是否损坏，检查线路、道口标志标记是否齐全、牢固。

（8）车挡是否完整，连接零件作用是否良好及更换失效的部件，挡车器应保持良好的工作状态，检查确认车挡部件有无变形、无松动，润滑是否良好，缓冲滑动式挡车器有无位移。

（9）涂油器是否完整，支架、箱体、涂油板、油管固定是否牢靠，检查油量情况，油管有无损坏漏油、堵塞、老化现象，出油量是否符合出油标准，出油量是否稳定，工作状态是否良好。

（10）检查线路几何尺寸及钢轨磨耗。

（11）隧道顶部是否有掉块，顶部是否有漏水成线，发现有异常的情况要做好记录，并及时上报相关专业负责人。

（12）区间泵房门是否关闭及锁紧，隔断门开闭状态。

（13）疏散平台螺栓、紧固件有无松脱，疏散平台踏板是否明显松脱、变形或堆放异物等现象。

（14）其他巡道工作内容。

三、线路综合维修内容

（1）轨道设备质量动态检查。

（2）轨道几何尺寸和扣件扭矩静态检查。

（3）根据轨道状态适当起道，木枕地段全面捣固；混凝土枕地段，应撤除调高垫板全面捣固或重点捣固；整体道床地段，应更换已经失效的胶垫。

（4）改道，拨道，调整轨道、道岔各部分尺寸，全面拨正曲线。

（5）清筛枕盒，不洁道床和边坡土垄，处理道床翻浆冒泥，补充道砟和整理道床，保持整体道床面的清洁。

（6）更换、方正和修理轨枕、岔枕，修理支承块。

（7）调整轨缝，整修、更换和补充防爬设备，整治轨道线路爬行，锁定轨道线路、道岔。

（8）矫直钢轨硬弯，焊补、打磨钢轨，综合整治接头病害。

（9）整修、更换和补充连接零件，并进行连接零件防锈涂油、复拧。

（10）根据刚度变化情况，成段更换弹性垫板。

（11）有计划地对无砟道床进行检查及修补。

（12）无缝线路钢轨位移、钢轨伸缩调节器伸缩量的周期观测和分析。

（13）对沉降量较大地段的轨道状态进行周期检查和分析。

（14）整修道口及其附属设备，修理、补充和刷新标志。

（15）整修路肩，疏通排水设施，清除道床杂草、路肩大草，回收沿线旧料。

（16）清理涂油器油污、调整出油量，并加油。

（17）其他预防和整治病害工作。

四、线路经常保养内容

（1）对轨道几何尺寸超过经常保养容许偏差管理值的处所进行整修。

（2）根据钢轨表面伤损、光带及轨道动态检测情况，对钢轨进行修理。

（3）处理道床翻浆冒泥，均匀道砟和整理道床。

（4）更换失效轨枕及连接零件。

（5）恢复接头螺栓扭矩和扣件的扣压力，调整轨缝，整治接头病害。

（6）整修伤损扣件、道岔及钢轨伸缩调节器等轨道部件。

（7）无缝线路应力调整或放散。

（8）根据季节特点对轨道线路进行重点检查。

（9）修补达到伤损的无砟道床。

（10）整修道口，疏通排水设施。

（11）沉降地段轨道状态观测和分析。

（12）修理、补充和刷新标志、标识。

（13）清除道床杂草和路肩大草，保持整体道床面的清洁。

（14）保持标记、标志的正确、清晰。

（15）涂油器加注油脂及保养维护工作。

（16）其他需要经常保养的工作。

五、线路临时补修内容

（1）整修轨道几何尺寸超过临时补修允许偏差管理值的处所。

（2）更换重伤钢轨和达到更换标准的伤损尖轨、辙叉、夹板，更换折断的接头螺栓和护轨螺栓。

（3）处理伤损钢轨（含焊缝）和失效的绝缘接头；调整严重不良轨缝。

（4）进行无缝线路地段钢轨折断、重伤钢轨和重伤焊缝的紧急处理和临时处理。

（5）更换或整治失效无砟道床。

（6）其他影响行车安全的病害和需要临时补修的工作。

六、线路大修内容

（1）路基大修。

（2）按设计校正线路纵断面和平面。

（3）成段或全面更换新钢轨及其连接零件，以及更换掉不符合规定的桥上护轨。

（4）更换当年失效的轨枕并修理轨道线路伤损轨枕，按规定补充轨枕的配置根数。

（5）清筛道床，补充道砟、全起全捣，改善道床断面。

（6）加强半径为 400 m 及以下的曲线。

（7）整修大修地段的道岔和抽换失效岔枕。

（8）整修路基及其排水和防护加固设备，加宽路基、整治翻浆冒泥、冻害和下沉等病害。

（9）增设或整修道口设备。

（10）安装防爬设备。

（11）补充和修理线路标志，设置常备材料。

（12）整组更换涂油器。

（13）成段更换新钢轨和再用轨，成段焊接、铺设无缝线路。

（14）成段更换混凝土轨枕或木枕。

（15）成组更换新道岔或新岔枕。

任务实施

工作任务一　工作分类、巡检内容

制作 PPT，复述工作分类、巡检内容。

工作任务二　线路综合维修内容、线路经常保养内容

制作 PPT，复述线路综合维修内容、线路经常保养内容。

工作任务三　线路临时维修内容、线路大修内容

制作 PPT，复述线路临时维修内容、线路大修内容。

任务评价

线路维修介绍评价表，见表 7–2。

表 7–2　线路维修介绍评价表

项目任务	线路维修介绍				
班级		姓名		评价时间	
考核内容					
考核项目	考核标准			分值	得分
车站的分类工作分类、巡检内容	简述工作分类、巡检内容			15	
线路维修、保养、大修内容	比较优缺点			10	
	分类清晰，有依据			25	
制作内容	制作能清晰展示 PPT 演讲稿			15	
	要求类型分析图形准确，文字流畅			15	
	做到业务分析熟练、图文并茂			20	
指导教师意见：					
说明：1. 建议采用四级评分制（如 90% ～ 100%、80% ～ 90%、60% ～ 80%、＜ 60%）。 2. 主要采用小组互评的方式进行评价，教师最后进行参考评分。					

任务二
常用维修工器具认知

任务导入

铁路线路维修辅助工具，包括电动锯轨机、液压挤孔机、液压复位机、液压起道机、液压弯轨机、齿条式起道机、环链液压剪、轨距调整器、液压校正机、液压校直机、手提式气动钻机、风动水泵及检测仪器、切断器，还包括螺旋拉力机（俗称合龙器）、增力扳手等。

铁路电力维护工具有液压开孔器、液压角钢切断器、液压冲孔机、液压切排机、液压弯排机、液压钢筋切断器、液压钢丝绳切断器等。

知识准备

一、常用线路量测工具

1. 轨距尺

轨距尺也称道尺，用于线路轨道轨距、水平及道岔查照间隔、护背距离的测量，如图 7-1 所示。

图 7-1　轨距尺

轨距尺可分为标尺类和数显类，如图 7-2、图 7-3 所示。其准确度可分为 0 级、1 级、2 级三个等级。0 级轨距尺用于测量允许速度不大于 350 km/h 的线路；1 级轨距尺用于测量允许速度不大于 250 km/h 的线路；2 级轨距尺用于测量允许速度不大于 160 km/h 的线路。

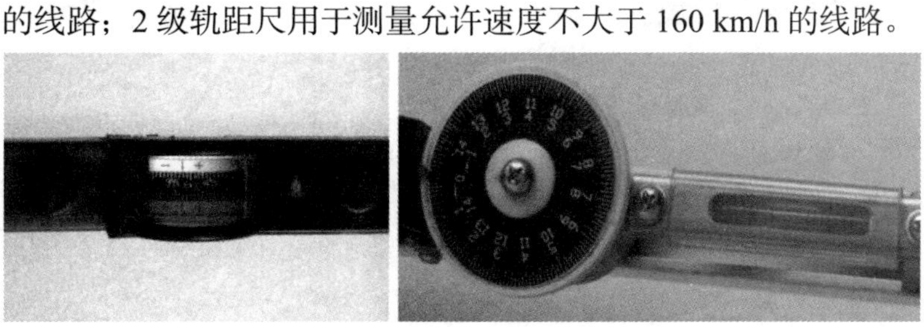

图 7-2　标尺类轨距尺

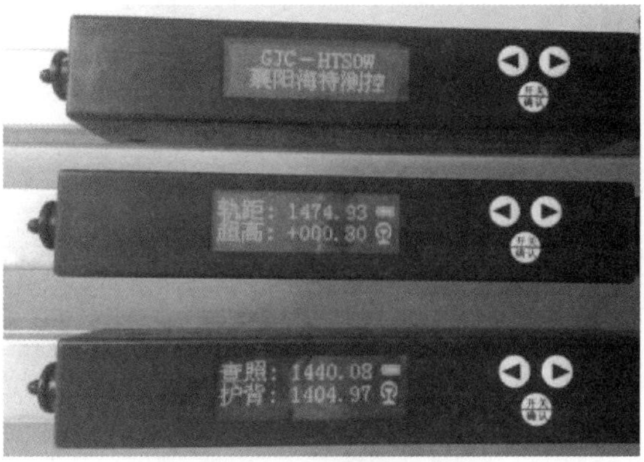

图 7-3　数显类轨距尺

2. 弦线

弦线主要用于线路轨向（曲线正矢）、高低的测量，如图 7-4、图 7-5 所示。可以从弦线盒里拉出两个测量端子，端子上有强力磁铁。吸附在钢轨上面，端子总长为 30 mm，线绳一边为 10 mm，另一边为 20 mm。

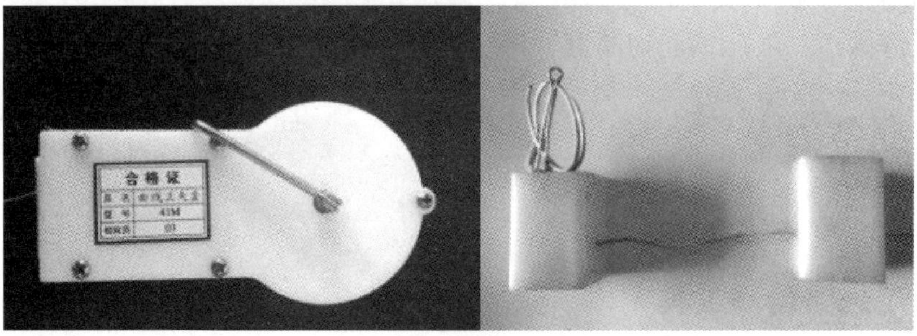

图 7-4　铁路弦线盒

图 7-5　轨向测量

3. 支距尺

支距尺用于铁路道岔导曲线支距的测量，TZC-1 支距尺的刻线至 1 300 mm，尺身长为 1 610 mm，不锈钢板尺镶嵌于尺身内，不易磨损，如图 7-6、图 7-7 所示。

4. 钢轨磨耗测量仪

钢轨磨耗测量仪用于钢轨磨耗的测量，图 7-8 所示。

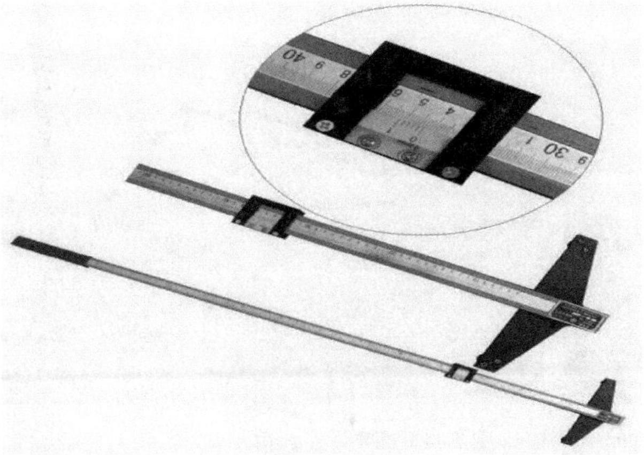

图 7-6　支距尺

图 7-7　支距尺测量

图 7-8　钢轨磨耗测量仪

5. 轨缝尺

轨缝尺用于有缝线路轨缝的测量，如图 7-9 所示。

图 7-9　轨缝尺

6. 平直尺

平直尺主要用于钢轨焊头平直度、钢轨硬弯、擦伤、波磨等测量，如图 7-10～图 7-12 所示。

图 7-10　高精度电子数显平直尺图

图 7-11　百分表数显平直尺

图 7-12　1 m 直钢尺

二、线路维修常用小型工具

1. 扳手

扳手主要用于扣件、接头螺栓等维修，有活动扳手、棘轮扳手、丁字扳手、弹条拉具（安装、拆卸弹条的专用工具）、扭力扳手等工具，如图 7-13～图 7-17 所示。

图 7-13　活动扳手

图 7-14　棘轮扳手

图 7-15　丁字扳手

图 7–16　弹条拉具

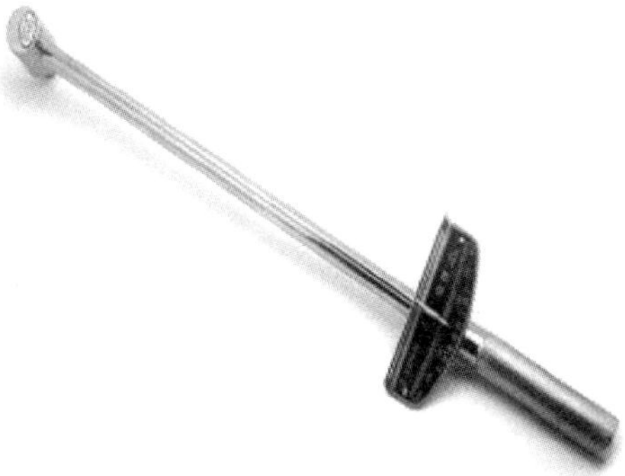

图 7–17　扭力扳手

2. 撬棍

撬棍主要用于拨动钢轨、轨枕等，起钉等撬棍可以拔起道钉，如图 7–18 所示。

图 7–18　撬棍拨钢轨

3. 捣镐

捣镐主要用于对线路道砟进行捣实、刨松、扒开的养护维修作业，如图 7–19 所示。

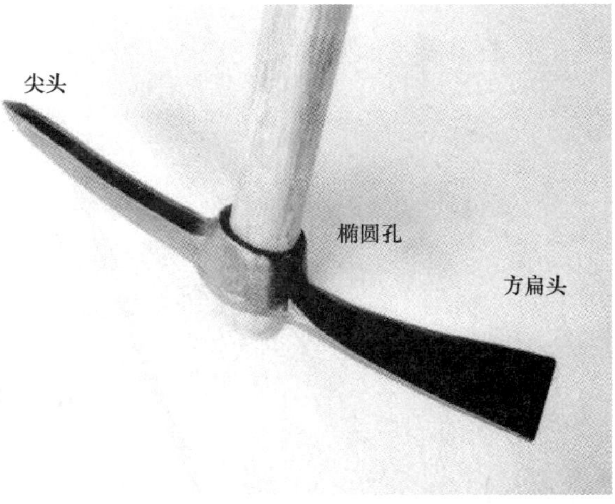

图 7–19　捣镐镐头组成示意

4. 铁锤

铁锤有大锤和道钉锤，如图 7-20、图 7-21 所示。

图 7-20　大锤

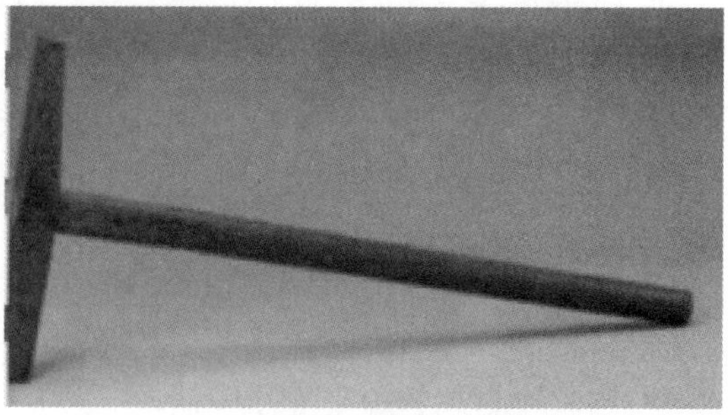

图 7-21　道钉锤

三、线路维修常用小型机械

1. 起道器

起道器包括齿条式起道器和液压起道器，如图 7-22、图 7-23 所示。

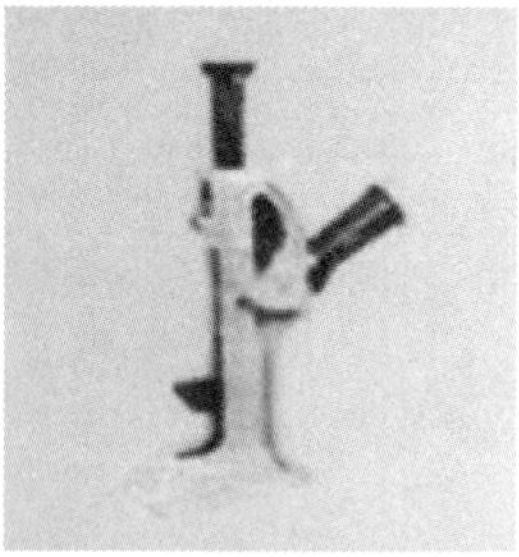

图 7-22　齿条式起道器

图 7-23　液压起道器

2. 拨道器

拨道器主要有液压拨道器，如图 7-24 所示。

3. 改道器

改道器主要有液压改道器，如图 7-25 所示。

图 7-24　液压拨道器

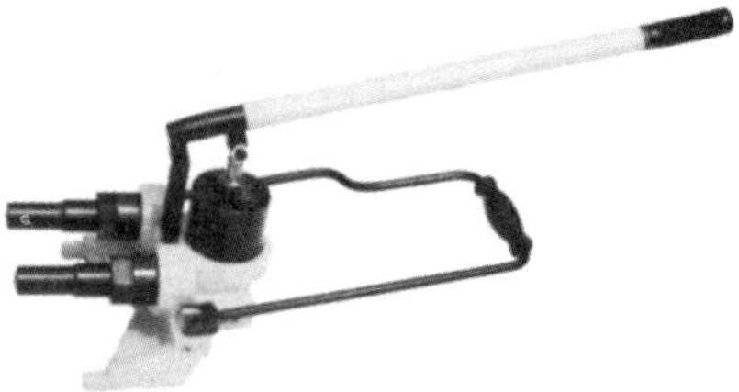

图 7-25　液压改道器

4. 方枕器

方枕器主要有液压方枕器，如图 7-26 所示。

5. 锯轨机

锯轨机如图 7–27 所示。

图 7–26　液压方枕器

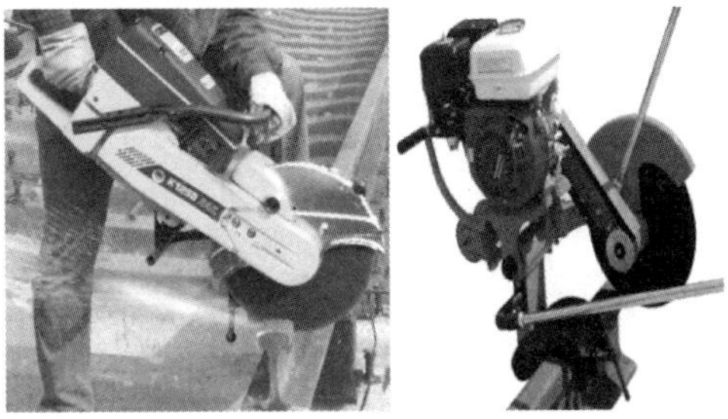

图 7–27　锯轨机

6. 内燃扳手

内燃扳手如图 7–28 所示。

7. 钻眼机

钻眼机如图 7–29 所示。

图 7–28　内燃扳手

图 7–29　钻眼机

8. 直轨器

直轨器如图 7–30 所示。

图 7–30　直轨器

9. 轨缝调整器

轨缝调整器如图 7–31 所示。

10. 仿形打磨机

仿形打磨机如图 7–32 所示。

11. 小型内燃捣固镐

小型内燃捣固镐如图 7–33 所示。

图 7–31　轨缝调整器

图 7–32　仿形打磨机

图 7–33　小型内燃捣固镐

任务实施

工作任务一　常用线路量测工具

制作 PPT，复述线路量测工具的使用。

工作任务二　线路维修常用小型工具

制作 PPT，复述线路维修常用小型工具的使用方法。

工作任务三　线路维修常用小型机械

制作 PPT，复述线路维修常用小型机械的使用方法。

任务评价

常用维修工器具认知评价表，见表 7–3。

表 7-3　常用维修工器具认知评价表

项目任务	常用维修工器具认知				
班 级		姓 名		评价时间	
考核内容					
考核项目	考核标准			分值	得分
常用线路量测工具	简述常用线路量测工具的使用方法			15	
线路维修常用小型工具、小型机械	使用方法			10	
	使用方法说明			25	
制作内容	制作能清晰展示 PPT 演讲稿			15	
	要求类型分析图形准确，文字流畅			15	
	做到业务分析熟练、图文并茂			20	
指导教师意见：					
说明：1．建议采用四级评分制（如 90% ～ 100%、80% ～ 90%、60% ～ 80%、＜ 60%）。 2．主要采用小组互评的方式进行评价，教师最后进行参考评分。					

任务三
线路设备检查

任务导入

线路设备检查是线路维修工作的主要环节。其是获得线路设备状态信息，掌握线路设备变化规律，编制维修作业计划和分析设备病害的主要依据。

知识准备

一、静态检测项目

静态检测利用检测工具沿线路逐点进行，包括线路和道岔几何形位检测。线路几何形位检测的主要项目有轨距（含曲线轨距加宽）、水平（含曲线外轨超高、线路扭曲或三角坑）、轨向（含曲线圆顺程度）、高低及轨底坡。道岔几何形位的检测项目主要有道岔各部分轨距、水平、高低、导曲线支距、查照间距、尖轨与基本轨的密贴程度等。

二、静态检测标准

轨道几何尺寸是指轨道的几何形状、相对位置和基本尺寸。但由于受列车荷载和自然条件变化的作用，轨道几何尺寸不可能都为标准数值。所以，在保证行车安全、平稳和线路质量均衡的前提下，规定了轨道静态几何尺寸容许偏差值，见表 4–13 ～表 4–14、表 7–4 ～表 7–5。

表 7–4　线路轨道静态几何尺寸容许偏差值　(mm)

项目		作业验收		经常保养		临时补修	
		正线及试车线	段场线	正线及试车线	段场线	正线及试车线	段场线
轨距		＋4、－2	＋5、－2	＋6、－4	＋8、－4	＋9、－4	＋10、–4
水平		4	5	6	8	10	11
高低		4	5	6	8	10	11
轨向（直线）		4	5	6	8	10	11
三角坑（扭曲）	缓和曲线	4	5	5	7	7	8
	直线和圆曲线	4	5	6	8	9	10

表 7–5　道岔轨道静态几何尺寸容许偏差值　(mm)

项目		维修验收		经常保养		临时补修	
		正线及试车线	段场线	正线及试车线	段场线	正线及试车线	段场线
轨距		＋3、–2	＋3、–2	＋5、–3	＋5、–3	＋6、–3	＋6、–3
水平		4	4	6	8	9	10
高低		4	4	6	8	9	10
轨向	直线	4	6	6	8	9	10
	支距	2	2	3	3	4	4
三角坑（扭曲）		4	5	6	8	9	10

三、检测方法

1. 标准股的确定

（1）检查水平时标准股确定：直线线路顺里程方向以左股为标准股，左股水平比右股高时，记录为“＋”，反之记录为“－”。

（2）曲线线路为：曲线以下股（曲线内轨）为标准股，曲线上股（曲线外轨）水平比曲线超高值高时，记录为“＋”，反之记录为“－”。

（3）道岔标准股为：以导曲线上股及外侧直股为标准股，标准股比内股高时，记录为“＋”，反之记录为“－”（含辙叉部分）。

2. 检查前的准备工作

（1）记录簿上的表头应事先填写好，如里程、股道、钢轨编号、曲线半径、超高、加宽、顺坡率、车站名、道岔类型、道岔编号、线别等，以方便记录人员使用，防止漏查漏记。

（2）检查前，一切量具须由检查人确认无误方准使用。道尺和支距尺等须在校验期内使用，严禁非标量具上道检查。检查量具和用品包括道尺、支距尺、方尺、弦线、木折尺（或小钢尺）、石笔、安全防护用品等。另备一把 2 m 钢卷尺做其他项目的检查。

3. 轨距、水平检查

（1）全面检查时，25 m 轨应均匀检查 8 处，12.5 m 轨应均匀检查 4 处。

（2）重点检查时，25 m 轨应均匀检查 4 处，12.5 m 轨应均匀检查 2 处。

（3）接头必须检查。

4. 三角坑检查

线路三角坑是指检查 18 m 范围内的轨道水平扭曲状况，即水平误差变化量。在检查时按前后水平的相对差来掌握线路的扭曲状况，对三角坑不再另行检查。发现 18 m 范围内有超限的三角坑时，应查出超限的起终点，并注明超限值，画撬，将超限值填记在三角坑栏内。

5. 轨向检查

直线方向，以 10 m 弦不定点检查；曲线方向，以 20 m 弦或 10 m 弦检查中央点矢值，曲线应保持圆顺，用弦在钢轨踏面下 16 mm 处测量正矢，半径 $R>400$ m 曲线用 20 m 弦测量，半径 $R\leqslant 400$ m 曲线用 10 m 弦测量；道岔导曲线方向采用支距法检查；岔后连接曲线方向以 10 m 弦定点或不定点检查正矢值。

曲线检查时要注意观看是否存在接头支嘴、反弯或鹅头（反弯是指曲线头或尾部的直线线路存在与曲线方向相反的弯曲；鹅头是指曲线头或尾偏离应有的平面位置，向曲线外侧凸出，越出直线方向，状似鹅头），并设法量出反弯或鹅头的数值，在曲线头或曲尾部的轨底上注明。检测正矢应选择晴天或无风的天气，弦线与测尺均应放在钢轨顶面下 16 mm 处，读数时，测尺、弦线、视线应互相垂直。轨向的超限值，应填记在记录簿上轨向一栏的相应轨号处。

6. 高低检查

（1）高低以 10 m 弦不定点检查。

（2）画高低撬时，应注意前后水平及三角坑超限情况，该合并的要合并，以避免混乱。

（3）高低的超限值记录在检查记录簿的高低一栏内，并与轨距、水平超限处所相对应，以便和水平、三角坑进行对照分析。

7. 道岔检查

（1）从尖轨接头轨距顺坡终点开始，至辙叉曲股前止。

（2）各项轨道几何尺寸均应按规定定点检查。

（3）道岔连接曲线按线路检查要求，记录在线路（曲线）检查记录本上。

8. 现场画撬的规定

（1）高低、水平画撬：> <。

（2）改道画撬：├↑ ↓┤ 。

（3）接头错牙画撬：—，水平方向画在接头夹板上部。

（4）拨道画撬：→，顺轨枕纵向画。

（5）失效轨枕标记：|，画在轨枕的中部。

（6）方正轨枕标记：方↑或↓，画在方轨枕的一端。

（7）检查出的轨距、水平数值记录，如 2、0、－3、＋4。

（8）其他现场画撬符号可由班组自己设定。

各指标检查记录本见表 7-6 ～表 7-8。

表 7-6 线路检查记录本

区段：　　　　　　起止里程：　　　　　　km ＋　　　　～　　　　km ＋

月份	检查项目	钢轨编号											
		接头	中间	接头	中间	接头	中间	接头	中间	接头	中间	接头	中间
	轨距												
	水平												
	备注	工程师：　　工班长：　　检查人：											

表 7-7 道岔检查记录本

站名：　　　　　　道岔编号：　　　　　　道岔型号：

检查月份	检查项目	转辙部分					导曲线部分						辙叉部分									
		前顺坡终点	尖轨尖端处	尖轨中	尖轨跟端		直线			导曲线			叉心前		叉心中		叉心后		查照间隔		护背距离	
					直	曲	前	中	后	前	中	后	直	曲	直	曲	直	曲	直	曲	直	曲
计划支距																						
	轨距																					
	水平			×												×	×			×	×	×
	支距																					
	备注	工程师：　　工班长：　　检查人：																				

表 7-8　曲线正矢检查记录本

区间 / 段场：　　　　　　　　曲线位置：　　　　　　km +　　　　~　　　　km +
曲线半径：　　　　　m，缓和曲线长：　　　　曲线全长：　　　　m，超高 ：　　　　mm

测点号	计算正矢	现场正矢	拨后正矢		备注
检查人		记录人			

任务实施

工作任务一　静态检测项目、静态检测标准、检测方法

制作 PPT，复述静态检测项目、静态检测标准、检测方法。

任务评价

线路检查评价表，见表 7-9。

表 7-9　线路检查评价表

项目任务	线路检查				
班级		姓名		评价时间	
考核内容					
考核项目	考核标准			分值	得分
静态检测项目	简述静态检测项目			15	
静态检测标准、检测方法	比较优缺点			10	
	分类清晰，有依据			25	
制作内容	制作能清晰展示 PPT 演讲稿			15	
	要求类型分析图形准确，文字流畅			15	
	做到业务分析熟练、图文并茂			20	
指导教师意见：					
说明：1. 建议采用四级评分制（如 90% ～ 100%、80% ～ 90%、60% ～ 80%、＜ 60%）。 2. 主要采用小组互评的方式进行评价，教师最后进行参考评分。					

任务四
捣固作业

任务导入

铁路有砟道床常用的填筑材料是粒径为 20 ～ 70 mm 的石砟，道床断面呈梯形，

正常厚度为 30 ～ 50 cm。道砟捣固是向指定方向迁移道砟和增加道砟密实度的过程。机械化捣固时，采用成对高频振动的捣镐在轨枕两侧同时插入道砟，在规定深度位置作相对夹持动作将道砟捣密，并使道砟产生流动、聚集并重组，起到稳定起拨道后轨道的位置、提高道床缓冲能力、消除某些线路病害（如空吊板等）等作用。道砟捣实的效果与捣固机构的构成、捣固频率及振幅有关。但捣固作业会造成道砟细碎化，捣固次数过多是道床板结的原因之一。

捣固方式有手工捣固、机械捣固。机械捣固可分为小型机械捣固、大型捣固车捣固。

知识准备

一、作业范围

（1）捣实线路轨道水平、三角坑及纵向高低超限处所道床。

（2）整治线路暗坑、吊板和低接头等病害。

（3）进行线路综合维修作业需要捣实枕底道床的作业。

二、作业条件

（1）配合起道时，按起道作业条件设置防护。

（2）无缝线路扒道床作业，应按照规定的作业轨温条件，掌握扒开道床的长度。

三、手工捣固作业

（1）调查画撬：一般消灭空吊板时，画好捣固撬和轻重捣固符号。符合重点起道时，按起道作业调查画清符号。

（2）起出防爬支撑：起出影响捣固作业的防爬支撑放于路肩上。

（3）扒右手镐窝：先按孔扒好外口，再扒里口，扒好轨底，将扒至外口的石砟进行清理，据起道高度保持适当留砟量，扒砟过程做到“三够”“一清”。镐窝长度为 400 ～ 450 mm，宽度距离轨枕侧面不小于 100 mm，镐窝深度，不起道时，至枕底面下 10 ～ 20 mm，起道量不超过 10 mm 时与枕底面平，起道量超过 10 mm 时，枕底面以上预留石砟厚度为起道量的两倍。

（4）起道：先按计划撤除找平用的垫板，后压打道钉，调整胶垫和拧紧扣件，按要求起道。

（5）捣固右手镐：配合起道后，两人一组，在钢轨两侧打对面镐，如两股钢轨均需捣固，则两组同捣一根轨枕，同起同落。捣固时打排镐，先由轨底处向外排镐，再由外排向轨底，第一排镐落镐点应距离枕底面边缘 10 ～ 20 mm，镐与轨枕侧面夹角约为 40°。第二排镐落镐点应距离枕底面边缘 20 ～ 30 mm，落镐角度约为 45°。道镐捣固的操作要领，前脚放在捣固的轨枕上，脚尖不得伸出轨枕边缘，后脚在轨枕盒内，脚尖不要深入轨底如图 7–34 所示。镐要举正，举镐时前手必须向镐把中央移动，举起后挺胸直立，落镐应目视落镐点，用力打下，握紧镐把，用力向后带镐，将石砟闷住。举镐高度，左手略与下腭齐平，右手自然上伸，镐的中心不超过头顶，如图 7–35 所示。捣固过程应做到“五够”即举镐高度够、下镐力度够、捣固宽度够、捣固镐数够、八面镐够。捣固镐数与镐序，根据起道量、轨枕情况而定。

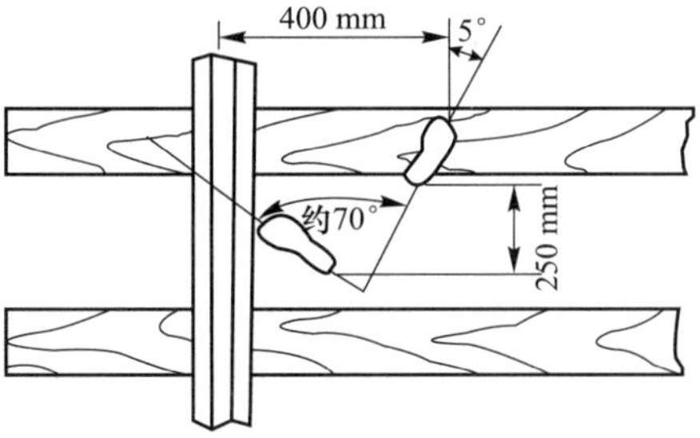

图 7–34　站脚示意

图 7–35　捣固姿势

（6）左手镐扒窝捣固：比照扒右手镐窝的做法，扒好左手镐窝，同时埋好右手镐窝。比照打右手镐的做法，打左手镐。

（7）质量回检：捣固结束后，全面检查水平、高低和空吊板情况，全面进行找细整修，对失格处所组织返修。

（8）回填整理道床：安装防爬支撑后，回填整理道床，夯拍坚实。

描图指标见表 7–10 ～表 7–12。

表 7–10　镐数表

描图深度 / 枕木类型	不超过 5 mm	6 ～ 14 mm	15 ～ 20 mm	超过 20 mm
木枕	16	18	20	22
混凝土枕	18	21	24	28

表 7–11 混凝土枕镐序表（18 镐、21 镐）

捣固长度	400 ~ 450 mm						400 ~ 450 mm						
镐数	18						21						
镐序	11	9	7	5	3	1	1	3	5	7	9	11	13
	12	10	8	6	4	2	2	4	6	8	10	12	14
	13	14	15	16	17	18	21	20	19	18	17	16	15

表 7–12 混凝土枕镐序表（24 镐、28 镐）

捣固长度	400 ~ 450 mm						400 ~ 450 mm						
镐数	24						28						
镐序	11	9	7	5	3	1	1	3	5	7	9	11	13
	12	10	8	6	4	2	2	4	6	8	10	12	14
	13	15	17	19	21	23	27	25	23	21	19	17	15
	14	16	18	20	22	24	28	26	24	22	20	18	16

四、小型内燃捣固镐捣固作业

（1）捣固姿势：两脚站在被捣固轨枕前或后的两根相邻轨枕上，前脚与钢轨平行，后脚站在枕盒内，身体弯直根据需要调整，两手握把。捣固时，首先使冲击镐与轨枕垂线成 30°。在捣固中，还必须将冲击镐沿中心线向四周摆动和左右倾斜约 20°，这样可以使镐头进入道床，提高捣固质量。

（2）排镐顺序：为加强轨底，先将镐头放在轨底处捣固，以后向两边移动进行捣固。

（3）捣固时间：捣固时间与起道量有关，起道量在 20 mm 以下，一般为 50 s，每面捣 4 个镐位；起道量在 20 ～ 40 mm 时，一般为 60 s，每面捣 5 个镐位。轨底应适当延长捣固时间。

（4）操作要求：两把冲击镐在捣固时应做到四一致：下镐位置一致，都捣固同一位置的镐位；下镐角度一致，冲击镐与地平面成 40° ～ 45°；下镐动作一致，捣固时间一致，一起下镐，一起转移。

（5）作业转移：捣固结束后，两人同时将内燃冲击镐提起，镐头应距离轨枕 20 ～ 30 mm。

（6）在捣固作业中，对水平、高低和空吊板情况，要进行一次中间检查，进行必要的找细整修。捣固结束后，要全面检查水平、高低和空吊板情况，全面进行找细整修。

任务实施

工作任务一　作业范围、作业条件

制作 PPT，复述捣固作业的作业范围、作业条件。

工作任务二　捣固作业：手工、小型内燃捣固镐等工具

制作 PPT，复述捣固作业的手工、小型内燃捣固镐等工具。

任务评价

捣固作业评价表，见表 7–13。

表 7–13　捣固作业评价表

<table>
<tr><td>项目任务</td><td colspan="5">捣固作业</td></tr>
<tr><td>班 级</td><td></td><td>姓 名</td><td></td><td>评价时间</td><td></td></tr>
<tr><td colspan="6">考核内容</td></tr>
<tr><td colspan="2">考核项目</td><td colspan="2">考核标准</td><td>分值</td><td>得分</td></tr>
<tr><td colspan="2">作业范围．作业条件</td><td colspan="2">简述作业范围．作业条件</td><td>15</td><td></td></tr>
<tr><td colspan="2" rowspan="2">捣固作业：手工．小型内燃捣固镐</td><td colspan="2">比较优缺点</td><td>10</td><td></td></tr>
<tr><td colspan="2">分类清晰，有依据</td><td>25</td><td></td></tr>
<tr><td colspan="2" rowspan="3">制作内容</td><td colspan="2">制作能清晰展示 PPT 演讲稿</td><td>15</td><td></td></tr>
<tr><td colspan="2">要求类型分析图形准确，文字流畅</td><td>15</td><td></td></tr>
<tr><td colspan="2">做到业务分析熟练、图文并茂</td><td>20</td><td></td></tr>
<tr><td colspan="6">指导教师意见：</td></tr>
<tr><td colspan="6">说明：1．建议采用四级评分制（如 90% ～ 100%、80% ～ 90%、60% ～ 80%、< 60%）。
2．主要采用小组互评的方式进行评价，教师最后进行参考评分。</td></tr>
</table>

任务五 起道作业

任务导入

为了捣固作业的需要，将钢轨连同轨枕抬起一定的高度称为起道作业。其目的是找平轨面，消灭或减少轨道下沉的残余变形，改善道床弹性。起道可分为重点起

道和全面起道两种。其是养路工作中技术要求较高的作业。

重点起道简称重起，即将轨道坑洼处抬平，凸包处顺坡的起道方法；全面起道的方法称为全起，即根据线路的实际情况，维修作业性质的要求，将轨面普遍抬起一定的水平高度。无论重起还是全起，每次起道长度应根据作业条件、列车间隔时间的长短加以确定，要求在列车未到前能够完成起道地段的捣固的顺撬工作。

知识准备

一、作业范围

（1）整正线路水平、三角坑及高低超限。

（2）整治线路坑洼、增加道床厚度、调整线路纵断面、局部或全面起道。

二、作业程序

（1）准备：起道作业前，由起道负责人对当日使用的各种量具进行检查核对，保持量具准确。由起道器手检查起道器状态是否完好。撤除找平用的垫板，如重点起道作业，对捣固结合处所，则按计划撤除或保留垫板，然后压打道钉，调整胶垫和拧紧扣件。

（2）调查和确定标准股：调查和确定标准股，直线以左股为标准股，曲线以下股为标准股，每隔 20 m 或 25 m 为一点，将计划起道量标记在钢轨上。

（3）指挥起道：全面起道时，由起道负责人按各点标记的起道量，先将标准股上各点起够，各点之间用目测起平。将标准股起出一段后，返回起好对面股水平。根据列车间隔时间或封锁时间，掌握起道长度，在列车通过前做完顺坡。

（4）起标准股：起道器手要按照起道负责人的手势，扒好起道器窝，放置起道器于适当位置，直线和曲线下股放在钢轨里口，曲线上股放在外口，混凝土枕地段和无缝线路应放在接缝、铝热焊缝以外不少于一个轨枕孔。

（5）起对面股：由起道负责人掌握，当标准股起出一段线路，视列车密度情况，一般起完 2 ～ 4 撬后，立即返回找对面股水平，来车前做好顺坡。

三、作业要求

起道时，除经测量设计调整纵断面外，应保持既有坡度、坡度变更点位置和竖曲线半径，同时，应考虑按规定不侵入建筑接近限界和不超过与相邻线规定的最大高度差。

（1）从事调查画撬工作：当全面起道时，要准确画好每撬的撬头、撬尾、坑底的位置，同时将钢轨低头、拱腰、死坑、吊板等画上增减镐标记。用标桩全面起道时，量取记录轨面与标桩的高度差，标记各点起道量。如重点起道时，直线以水平高的一股为标准股，曲线以下股为标准股，画好坑洼头尾和钢轨低接头、拱腰、空吊板等轻、重捣符号。

（2）指挥起道：重点起道时，先起标准股，起道负责人俯身在标准股钢轨上，一般距离起道器不少于 20 m 看道，目测钢轨外侧下腭高低情况，用手势指挥起道。起对面股时，轨距尺放在靠近起道器已起完的一端，起完一段水平后，如有高低不平情况，先在标准股目测补撬，后找对面股水平高低。

（3）起标准股：当全面起道时，在接头处起一次，混凝土枕每隔 6 根，木枕每隔 6 ～ 8 根起一次；当重点起道时，一般在坑底起一次，漫坑按长度增加次数。打塞时用道镐在钢轨外口枕下串实，接缝处在接缝两侧轨枕下打塞，如起过量时，应用镐尖透塞。

（4）起对面股：找准水平后，起道负责人要俯在钢轨上回看轨道纵平，根据高低不平情况进行补撬，将对面股前后轨平找好。

（5）起道组对打塞处不方正的轨枕应同时予以方正：起道负责人要与捣固组保持密切联系，对加重或减轻捣固处所要随时监督指导，防止由于捣固不良影响起道质量，造成反撬。

任务实施

工作任务一　作业范围、作业程序、作业要求

制作 PPT，复述起道作业的作业范围、作业程序、作业要求。

任务评价

起道作业评价表，见表 7-14。

表 7-14　起道作业评价表

<table>
<tr><td>项目任务</td><td colspan="5">起道作业</td></tr>
<tr><td>班级</td><td></td><td>姓名</td><td></td><td>评价时间</td><td></td></tr>
<tr><td colspan="6">考核内容</td></tr>
<tr><td colspan="2">考核项目</td><td colspan="2">考核标准</td><td>分值</td><td>得分</td></tr>
<tr><td colspan="2">作业范围</td><td colspan="2">简述作业范围</td><td>15</td><td></td></tr>
<tr><td colspan="2" rowspan="2">作业程序、作业要求</td><td colspan="2">比较优缺点</td><td>10</td><td></td></tr>
<tr><td colspan="2">分类清晰，有依据</td><td>25</td><td></td></tr>
<tr><td colspan="2" rowspan="3">制作内容</td><td colspan="2">制作能清晰展示 PPT 演讲稿</td><td>15</td><td></td></tr>
<tr><td colspan="2">要求类型分析图形准确，文字流畅</td><td>15</td><td></td></tr>
<tr><td colspan="2">做到业务分析熟练、图文并茂</td><td>20</td><td></td></tr>
<tr><td colspan="6">指导教师意见：</td></tr>
<tr><td colspan="6">说明：1. 建议采用四级评分制（如 90% ～ 100%、80% ～ 90%、60% ～ 80%、< 60%）。
2. 主要采用小组互评的方式进行评价，教师最后进行参考评分。</td></tr>
</table>

任务六 拨道作业

任务导入

在校正线路平面位置时，将轨枕和钢轨一起横向移动至准确位置的作业称为拨道。在线路维修和大中修整理作业中，在直线地段拨直线路轨向，曲线地段按计算出的拨道量拨顺曲线轨向。

知识准备

一、作业范围

（1）在线路养护维修中，有计划地调整线路平面时。

（2）根据季节特点和线路变化情况，进行春秋季全面拨正线路方向。

（3）方向超限处所，进行临时补修时重点拨道。

二、作业程序

（1）调查准备：拨正线路应事先做好调查，确定拨道量，按照相关规定，根据拨道量确定防护办法。再根据拨道量大小确定拨正步骤，以方向较好的一股为标准股，两股方向大致相同时，以左股为标准股，曲线以上股为标准股。

（2）扒松道床：拨道前根据需要将枕端道床扒开或刨松，拨动量大或道床坚硬时，应扒开拨量所需的间隙。拆除影响拨道的防爬设备，在防爬支撑处，要将拨动方向前面的石砟扒开。同时压打道钉和拧紧扣件。

（3）粗拨道：拨道负责人跨立在标准股上看道指挥，远处大方向看轨面光带，近处小方向看钢轨里口，向不动点目测穿直。拨道负责人用手势指挥拨道。使用撬棍时，两股人力大致相等，使用拨道器时，不少于前股两台，后股一台。拨道时在标准股上点撬。

（4）细拨道：细拨时与粗拨道程序相同。根据需要预留钢轨回弹量。

（5）整平夯实：拨道后进行重点捣固，安装防爬设备，将扒出的石砟整平，将拨后离缝的一侧枕头石砟埋实夯好，将支撑附近石砟整平，以保持拨后质量。因拨道引起的其他作业，应整修到标准。

（6）回检验收：拨道作业完成后进行回检，及时整修，对有关作业按技术标准要求进行验收。

（7）在进行曲线拨道时，在调查准备作业之后应先量取现场正矢，在无风天或风力较小时，用小钢板尺在钢轨踏面下 16 mm 处量取各测点现场正矢，每个测点一般要测量 3 次取平均值。然后进行拨道计算，用已测得的现场正矢，进行拨道计算，计算出各测点的拨道量。两曲线之间直线段较短时，可与两曲线同时计算拨正。根据拨道计算结果做拨道前准备工作，先在曲线外侧打临时拨道桩，根据行车条件和拨道量的关系确定拨道方案，设专人在拨道桩外用尺控制拨道量。拨道负责人站在 40 m 以外曲线外侧道床上，目测各测点及各测点间方向，用手势指挥拨道。使用撬棍时，两股钢轨人力大致相等，使用拨道器时，不少于前股两台，后股一台，呈三角形排列。

三、作业要求

拨道指挥，拨道负责人至拨道人员距离，当拨大甩弯时应在 100 m 左右，小拨时应在 50 m 左右，双腿跨在方向较好的钢轨上进行指挥。指挥者手势要及时、快速、准确。

指挥者手势如下：

（1）远离去：右臂屈举于右肩前，手掌向前，然后右臂平伸向前推去。

（2）靠近来：右臂向前平伸，手掌向上，然后屈臂向后招来。

（3）拨接头：屈举两臂，两手握拳于头上相碰。

（4）拨大腰：两臂微屈，两手张开，在头上比成大圆形。

（5）拨小腰：两臂弯曲，两手张开，在胸前比成小圆形。

（6）向左拨：左臂向左平伸。

（7）向右拨：右臂向右平伸。

（8）交叉拨：两臂在体前交叉。

（9）用力拨：两臂下垂，在体前向拨动方向快速摆动。

（10）停止拨道，两臂左右平伸。

（11）拨道结束，右臂划大圆圈。

用液压拨道器拨道时，拨道器不少于 3 台，前二后一，呈三角形排列。

拨道人密切观察指挥人手势，严禁超拨，但要设置合理回弹量。

任务实施

工作任务　作业范围、作业程序、作业要求

制作 PPT，复述拨道作业的作业范围、作业程序、作业要求。

任务评价

拨道作业评价表，见表 7–15。

表 7–15　拨道作业评价表

<table>
<tr><td>项目任务</td><td colspan="5">拨道作业</td></tr>
<tr><td>班 级</td><td></td><td>姓 名</td><td></td><td>评价时间</td><td></td></tr>
<tr><td colspan="6">考核内容</td></tr>
<tr><td colspan="2">考核项目</td><td colspan="2">考核标准</td><td>分值</td><td>得分</td></tr>
<tr><td colspan="2">作业范围</td><td colspan="2">简述作业范围</td><td>15</td><td></td></tr>
<tr><td colspan="2" rowspan="2">作业程序、作业要求</td><td colspan="2">比较优缺点</td><td>10</td><td></td></tr>
<tr><td colspan="2">分类清晰，有依据</td><td>25</td><td></td></tr>
<tr><td colspan="2" rowspan="3">制作内容</td><td colspan="2">制作能清晰展示 PPT 演讲稿</td><td>15</td><td></td></tr>
<tr><td colspan="2">要求类型分析图形准确，文字流畅</td><td>15</td><td></td></tr>
<tr><td colspan="2">做到业务分析熟练、图文并茂</td><td>20</td><td></td></tr>
<tr><td colspan="6">指导教师意见：</td></tr>
<tr><td colspan="6">说明：1. 建议采用四级评分制（如 90% ～ 100%、80% ～ 90%、60% ～ 80%、< 60%）。
2. 主要采用小组互评的方式进行评价，教师最后进行参考评分。</td></tr>
</table>

任务七

改道作业

任务导入

改道作业的目标是改正超限或接近超限的轨距及其变化率超限处所（直线和曲线）；改正轨道上因轨距引起的小方向；消除“三不密”扣件，即扣板或轨距挡板与轨底、铁座离缝，铁座与小胶垫离缝。

知识准备

直线以左股为标准股，也可以任选一股为标准股，曲线以上股为标准股，按规定的轨距值改动另一股钢轨位置的作业称为改道。

一、作业范围

（1）混凝土枕地段改正超限或接近超限的轨距及变化率。

（2）改正轨道上出现的不良小轨向。

（3）消除“三不密”扣件，用垫片整正线路水平、高低，整修扣件，以及其他有关松卸与组装扣件作业。

二、作业条件

（1）混凝土枕改道及组装扣件作业，由工班长批准经过考试合格的人员负责，区间设置作业标防护。

（2）瞭望条件不良及大站场改道时应设专人防护。

三、作业程序

（1）确定标准股调查划撬：用轨距尺详细检查轨距，对轨距超限和变化率不良处所，在轨底内侧用符号画出撬长。

（2）调换扣板或轨距挡板：调换标准股扣板或轨距挡板，调整或同时更换大小胶垫，使各有关部分互相靠贴，调换时防止挤动钢轨。

（3）改正对面股：卸掉改道范围内里外口螺母，调换扣板或轨距挡板，按先外口后里口的顺序将轨距改好，使各有关部分互相靠贴。

（4）拧紧螺母：安装垫圈、螺母，先用扭矩扳手试拧，用力为 80 ～ 140 N · m，各人对照出用力程度，然后各自掌握。改道处所的扣件螺栓，当天下班前应进行一次复紧。

（5）回检找细：检查轨距与扣件状态，复拧螺栓，使扭力矩为 80 ～ 140 N · m，弹条扣件前端下颏与轨距挡板靠贴，缝隙不超过 2 mm。对当天改道处所，收工前按标准进行回检找细。

四、作业要求

（1）调查画撬时，先确定标准股，直线以方向较好的一股为标准股，改正对面股；曲线以外股为标准股，改正里股。同时改正小方向时，先改正标准股。

（2）改道负责人应距离一根钢轨左右查看画撬处所的方向，最后确定基本股、改道方向和改道范围。如基本股有小量碎弯时，应首先改好基本股。

（3）结合改道作业，应更换整正伤损歪斜的小胶垫。不得盲目提高扣件扭力矩。

（4）不得以道钉锤敲打扣板，不得以螺栓为支点撬动钢轨，不得以挡肩为支点挤动螺栓。

任务实施

工作任务一　作业范围、作业条件、作业程序、作业要求

制作 PPT，复述改道作业的作业范围、作业条件、作业程序、作业要求。

任务评价

改道作业评价表，见表 7-16。

表 7-16　改道作业评价表

项目任务	改道作业		
班级		姓名	
评价时间			
考核内容			
考核项目	考核标准	分值	得分
作业范围	简述作业范围	15	
作业条件、作业程序、作业要求	比较优缺点	10	
	分类清晰，有依据	25	
制作内容	制作能清晰展示 PPT 演讲稿	15	
	要求类型分析图形准确，文字流畅	15	
	做到业务分析熟练、图文并茂	20	
指导教师意见：			
说明：1. 建议采用四级评分制（如 90% ～ 100%、80% ～ 90%、60% ～ 80%、＜ 60%）。 2. 主要采用小组互评的方式进行评价，教师最后进行参考评分。			

任务八 更换轨枕作业

任务导入

更换轨枕作业有更换单根轨枕、混凝土轨枕、成段轨枕等模式。有机械辅助更换、人工更换等操作形式。更换作业应在铁路运行开“天窗”时进行。

知识准备

一、作业范围

线路上铺设的混凝土枕达到相关规定的失效标准，应有计划地更换失效的或其他需要更换的混凝土枕。

二、作业条件

（1）单根更换混凝土枕，由工班长批准经过考试合格的人员负责，区间设置作业标防护。

（2）认真执行放行列车条件的有关规定，来车穿不进轨枕时，允许每隔 6 根有 1 根不穿入。

（3）与信号专业有关时，必须通知信号专业人员配合作业。

三、作业程序

（1）散布轨枕：将轨枕散布到更换位置附近，直线地段散布在作业方便的一侧，曲线地段一般散布在曲线下股一侧。

（2）拆除防爬设备和轨距杆：遇有防爬设备时，拆除影响更换轨枕作业的防爬器、防爬支撑，拆除轨距杆。

（3）扒道床：扒开一端轨枕头和一侧轨枕盒内道床，深度以能横移、抽出和穿入轨枕为度。

（4）卸下扣件：卸下螺母、垫圈、扣板或弹条、铁座、大小胶垫和防磨垫板、垫片等，集中存放在适当地点。

（5）抽出旧轨枕：将旧轨枕横向拨入扒开的轨枕盒内并放倒，用夹钳或绳索顺着道床槽将旧轨枕抽出，顺放在路肩上。

（6）整平枕底道床：整平原枕底道床，使其深度稍大于轨枕和胶垫的厚度，并留好中部凹槽。

（7）穿入新轨枕：将新轨枕放倒，用夹钳或绳索顺着道床槽将新轨枕穿入，立放并横拨至轨枕位置上。

（8）安装扣件：摆正轨枕位置，放好防磨垫板、胶垫，量好轨距，安好扣板或弹条、铁座，上紧扣件。

（9）捣固：加填部分道床，扒好另一侧镐窝，串砟捣实，打八面镐。

（10）安装防爬设备和轨距杆：把松移及拆下来的防爬器、防爬支撑和轨距杆按标准安设好。

（11）回检找细：全面检查，整修不良处所，列车通过后进行第二遍捣固，回填与整理好道床。

（12）整理料具：回收材料，将旧轨枕放在临时存放地点。

四、作业要求

（1）扒道床时，扒开与爬行方向相反一侧的轨枕孔石砟，将清砟混砟分开，混砟扔在路肩上，对含土量较多的石砟，要结合进行清筛。

（2）枕底道床清理深度较原枕底面低 20 mm 左右，宽度为 300 mm 左右，枕底的不洁石砟挖出放在路肩上。

（3）捣固前先回填部分石砟至枕底平，中部枕盒应低于枕底 20 mm，然后在钢轨两侧各 450 mm 范围内串砟进行八面捣固，做到均匀排镐，紧密坚实。当天收工进行第二遍捣固，根据列车密度，在 2 ～ 5 日内再安排进行一次复捣，同时复拧螺栓。

（4）装卸、运搬、更换轨枕时，防止损伤轨枕及螺栓。

五、技术要求

（1）轨枕应与轨道中心线垂直，位置正确，间距误差和偏斜不超过 20 mm。

（2）Ⅰ型轨枕中部道床凹槽应低于枕底 20 ～ 40 mm，凹下部分长度为 200 ～ 400 mm。Ⅱ、Ⅲ型混凝土枕中部道床可不掏空，但应保持疏松。

（3）轨道几何尺寸及扣件、道床、防爬设备等应符合各有关单项技术作业标准。

任务实施

工作任务　作业范围、作业条件、作业程序、作业要求、技术要求

制作 PPT，复述更换轨枕作业的作业范围、作业条件、作业程序、作业要求、技术要求。

任务评价

更换轨枕作业评价表，见表 7–17。

表 7–17　更换轨枕作业评价表

项目任务	更换轨枕作业			
班级		姓名	评价时间	
考核内容				
考核项目	考核标准		分值	得分
作业范围、作业条件	简述作业范围、作业条件		15	
作业程序、作业要求、技术要求	比较优缺点		10	
	分类清晰，有依据		25	
制作内容	制作能清晰展示 PPT 演讲稿		15	
	要求类型分析图形准确，文字流畅		15	
	做到业务分析熟练、图文并茂		20	
指导教师意见：				
说明：1. 建议采用四级评分制（如 90% ～ 100%、80% ～ 90%、60% ～ 80%、＜ 60%）。 2. 主要采用小组互评的方式进行评价，教师最后进行参考评分。				

任务九 更换夹板作业

任务导入

铁路线路上，达到伤损标准的夹板，应及时更换，实施更换夹板作业流程。

知识准备

一、作业准备

工具：扳手、撬棍、道钉锤、轨缝调整器、扭力扳手、夹板、长效油脂、钢丝刷和油刷。

检查：调查钢轨状态，确认夹板类型。

二、作业程序

1. 更换夹板操作

（1）调整轨缝，复紧接头前后 50 m 范围内的螺栓。

（2）拆卸夹板螺栓，先卸 1、3、5 位；后卸 2、4、6 位。

（3）检查钢轨腹部、螺栓孔、轨端有无裂纹和伤损。

（4）钢轨腹部及夹板除锈涂油，并将新夹板扣入。

（5）上紧夹板螺栓，先拧紧 1、6、3、4 位，再拧紧 2、5 位螺栓（如果接头处有暗坑或吊板还应进行捣固作业，找平接头，保持接头平顺）。

2. 初紧接头螺栓的次序

（1）直线地段：先紧夹板两端两个，再紧中间两个，最后紧剩余两个，如图 7–36 所示。

（2）曲线地段：先紧夹板两端两个，再紧每端进去第 2 个，最后紧中间两个，如图 7–37 所示。

1	2	3	4	5	6
①	⑤	④	③	⑥	②

图 7–36　直线轨道夹板拧紧顺序

1	2	3	4	5	6
①	④	⑤	⑥	③	②

图 7–37　曲线轨道夹板拧紧顺序

三、作业要求

（1）钢轨轨面和内侧错牙不超过 1 mm。

（2）接头螺栓扭力矩、接头扣件螺栓扭力矩应符合表 3–8 的规定。

任务实施

工作任务　作业准备、作业程序、作业要求

制作 PPT，复述更换夹板作业的作业准备、作业程序、作业要求。

任务评价

更换夹板作业评价表，见表 7–18。

表 7–18　更换夹板作业评价表

项目任务	更换夹板作业				
班 级		姓 名		评价时间	
考核内容					
考核项目		考核标准		分值	得分
作业准备		简述作业准备的内容		15	
作业程序、作业要求		比较优缺点		10	
		分类清晰，有依据		25	
制作内容		制作能清晰展示 PPT 演讲稿		15	
		要求类型分析图形准确，文字流畅		15	
		做到业务分析熟练、图文并茂		20	
指导教师意见：					
说明：1. 建议采用四级评分制（如 90% ～ 100%、80% ～ 90%、60% ～ 80%、< 60%）。 2. 主要采用小组互评的方式进行评价，教师最后进行参考评分。					

任务十

线路巡检作业

任务导入

加强线路状态检查是保证行车安全的措施之一。根据苏联铁路系统的经验，铁路在线路状态检查工作有 4 个方面：一是有一套严密的检查制度；二是基层干部，特别是线路领工员、工长的主要工作时间是用在检查和巡察线路方面；三是主要是依靠先进设备进行检查并指导作业；四是特别重视钢轨状态的检查工作。除根据苏联交通部的规定，按期使用钢轨探伤车、钢轨探伤仪进行探伤检查外，并坚持执行每年春、秋两次进行的手工、仪器相结合的联合大检查制度。另外，对超期使用的钢轨，根据钢轨状态及运量情况专门规定有探伤周期，有的严重地段，两三天就要使用仪器探伤一次，使 98％以上的重伤钢轨可以被检查出来，以保证行车安全。我国铁路每年钢轨折断数量与被事前发现的重伤钢轨数相比，所占比重相当大，对行车安全很不利，应当引起高度注意。

知识准备

一、作业程序

1. 巡道计划编制

由各线路班组长根据单位下发的当月《行车通告》车辆开行情况，编制线路巡道周计划，上报车间审核、汇总，车间报部门审核，由部门送调度部审核批准，批准后返回部门，再由部门以电子邮件形式发至车间，班组自行打印下发执行。

2. 巡道计划的执行

（1）正线巡道当班人员持当日作业令及施工负责人证提前至少 30 min 到指定的车站办理请点手续，在得到批准后，按照指定的路线，以 2 ～ 2.5 km/h 的速度进行巡检工作。

（2）车辆段线路巡道当班人员持当日作业令及施工负责人证办理请点手续，在得到批准后，与信号楼保持联系，随时掌握段内行车信息，按照指定的路线上道进行巡检工作。巡检结束后办理销点手续。

（3）对线路故障，应立即排除，不能立即排除时，应报班组长或专业技术人员；当发现危及行车安全的隐患或有外人破坏时，应立即报告控制中心（OCC）、部门调度和车间生产管理员，待相关人员赶到现场确认后方可离开或继续巡检。

二、质量控制

（1）巡道是掌握线路设备质量状况的重要手段，巡道人员应严格按照巡道管理办法进行线路巡检工作，细致认真地全面检查沿线的线路设备，做好巡道小补修，保持线路状态完好和外观整洁，保证行车安全。

（2）巡道人员在巡道过程中若发现影响行车安全或不能明确判断是否影响行车安全的现象时应立即向部门调度或行调报告，并及时向工班长或工程师汇报。

（3）巡道负责人（管辖内工班长）在接到巡道人员传回或交回的巡道记录表后，对巡道记录是否符合要求、问题处理方式是否合适进行审查，签署意见和签名确认，如发现有因处理方式不当影响列车行车的，应及时处理，处理不了的应及时向分管技术人员请示。

（4）巡道人员在巡道中发现异常情况，应进行详细的记录，并将有关情况通报车间技术组，车间技术组制订相应的跟踪措施。

（5）巡道人员在巡道中发现的物品（如疑似车辆或其他专业零配件、工器具等），应进行详细的记录，并将有关情况通报部门生产调度，所捡到的物品交到车间备查；部门调度须报告 OCC，由 OCC 通知相关部门确认物品归属。

三、工作内容

1. 路基

（1）检查路基侧沟有否堵塞，路肩有无杂草，并记录和处理。

（2）检查路基是否牢固，有无松塌现象，并记录和处理。

（3）及时处理侵限物体。

（4）检查防护与加固设施是否完好，并记录和处理。

2. 碎石道床

（1）检查道床的整洁度并记录和处理。

（2）检查是否有侵限物体并记录和处理。

（3）检查道床的异常变化情况。

（4）观察道床有无翻浆冒泥等病害。

3. 整体道床

（1）巡查道床侧沟排水情况并清除明显垃圾。

（2）检查道床有无起拱、塌陷与开裂等异常情况。

（3）检查并处理侵入限界的物体。

（4）道床的整体情况并记录。

4. 减振道床

（1）检查混凝土短枕槽是否有明显损坏，并记录混凝土短枕槽损坏情况。

（2）检查并记录道床面有无异常的开裂及移位。

（3）检查并记录排水沟排水是否顺畅，道床底部有无明显积水，及时清理堵塞物。

5. 轨枕

（1）检查轨枕（木枕、混凝土枕、合成枕、梯形轨枕）有否明显开裂、破损，并记录。

（2）检查轨枕是否有裂纹或其他异常情况并记录。

（3）检查并记录木枕是否腐朽、轨枕是否失效或超限。

6. 钢轨

（1）检查钢轨的外观并做好记录。

（2）检查并记录钢轨表面是否有伤损、掉块及裂纹。

（3）检查钢轨有无折断并做好记录。

（4）对已发现的轻伤及有发展的伤轨进行观察并做好记录。

（5）检查钢轨接头是否正常。

7. 连接零件

（1）检查并拧紧松动的接头螺栓。

（2）检查接头夹板连接是否正常，不正常者修正或及时报修。

（3）检查各种扣件连接情况、着位是否正常，不正常者修正或及时报修。

8. 轨道加强设备

（1）检查轨距杆使用是否正常，有否弯曲、裂纹或折断，有问题的应及时处理或报修。

（2）检查防爬器折损、变形，穿销是否打紧或作用不良，有问题的应及时处理或报修。

（3）检查轨撑安装位置是否正常，有否松动、移位或碎裂，有问题的应及时处理或报修。

9. 线路

（1）观察并记录线路几何形位是否有明显异常。

（2）检查是否有物体侵入线路限界，并及时处理或报修。

（3）检查并记录长轨伸缩区及缓冲区是否锁定。

（4）对地面无缝线路进行防爬观测。

10. 道岔

（1）检查尖轨尖端与基本轨之间是否密贴，不密贴应及时记录或报修。

（2）检查岔心是否有异物及伤损，并记录伤损情况。

（3）检查轮缘槽是否有异物及伤损，并记录伤损情况。

（4）检查尖轨尖端是否有损伤，并记录伤损情况。

（5）检查两尖轨之间的连接杆是否完整。

（6）检查连接夹板及螺栓是否完整，检查各种扣件及连接零件是否缺失、松动，及时处理或报修。

（7）检查滑床板是否正常，有问题的及时处理或报修。

（8）检查尖轨、基本轨、辙叉有无异常磨耗及裂纹情况，有问题的应及时处理或报修。

（9）检查尖轨与基本轨之间有无异物。

11. 道口及标志

（1）清理道口的轮缘槽内杂物。

（2）检查并记录道口板、护轮轨等部分是否异常。

（3）检查并记录道口板及设备有无侵限。

（4）检查并记录各种标志图形是否完整。

12. 扣件

（1）检查并记录锁紧弹条是否损坏或缺失。

（2）检查并记录各种连接是否正常。

（3）检查并记录各部件是否完好，是否变形或有位移。

（4）检查并记录扣件的伤损。

（5）检查并记录防撞垫是否存在。

（6）检查并记录侧板是否松动。

13. 挡车器

（1）检查车挡是否完整，工作状态是否良好。

（2）检查车挡连接零件作用是否良好，有无变形、无松动，缓冲滑动式挡车器有无位移，润滑是否良好。

（3）检查车挡位置处的轨道是否清洁，应注意清理挡车器滑行方向轨面上的障碍。

（4）记录车挡的异常情况。

14. 涂油器

（1）涂油器工作是否正常。

（2）支架、箱体、涂油板（刷）、油管固定是否牢靠。

（3）油管有无损坏漏油、老化现象。

（4）出油量是否符合出油标准，出油量是否稳定。

15. 隧道结构．疏散平台

（1）隧道顶部是否有掉块，顶部是否有漏水成线，发现有异常的情况要做好记录，并及时上报相关专业负责人。

（2）区间泵房门是否关闭及锁紧，隔断门开闭状态。

（3）疏散平台螺栓、紧固件有无松脱，疏散平台踏板是否明显松脱、变形或堆放异物等现象。

16. 其他

（1）泵房入水口前后排水是否畅通，有无垃圾堵塞并清理。

（2）声屏障是否固定牢固，有无歪斜松脱迹象。

（3）防脱护轨作用是否良好，连接零件有无缺失，是否锈蚀严重。

17. 巡道携带的主要工器具

巡道携带的主要工器具，见表 7–19。

表 7–19　巡道携带的主要工器具

序号	项目	单位	正线线路	段场线路
1	巡道包	个	1	1
2	活动扳手 450	把	1	1
3	活动扳手 200	把	1	1
4	钢直尺 300 mm	把	1	1
5	四磅锤	把	1	1
6	巡检锤	把	1	1
7	电筒	把	1	
8	石笔	支	2	2
9	垃圾袋	个	5	5
10	记录表	本	1	1

任务实施

工作任务　作业程序、质量控制、工作内容

制作 PPT，复述线路巡检作业的作业程序、质量控制、工作内容。

任务评价

线路巡检作业评价表，见表 7–20。

表 7–20　线路巡检作业评价表

<table>
<tr><td>项目任务</td><td colspan="5">线路巡检作业</td></tr>
<tr><td>班 级</td><td></td><td>姓 名</td><td></td><td>评价时间</td><td></td></tr>
<tr><td colspan="6">考核内容</td></tr>
<tr><td colspan="2">考核项目</td><td colspan="2">考核标准</td><td>分值</td><td>得分</td></tr>
<tr><td colspan="2">作业程序</td><td colspan="2">简述作业程序</td><td>15</td><td></td></tr>
<tr><td colspan="2" rowspan="2">质量控制、工作内容</td><td colspan="2">比较优缺点</td><td>10</td><td></td></tr>
<tr><td colspan="2">分类清晰，有依据</td><td>25</td><td></td></tr>
<tr><td colspan="2" rowspan="3">制作内容</td><td colspan="2">制作能清晰展示 PPT 演讲稿</td><td>15</td><td></td></tr>
<tr><td colspan="2">要求类型分析图形准确，文字流畅</td><td>15</td><td></td></tr>
<tr><td colspan="2">做到业务分析熟练、图文并茂</td><td>20</td><td></td></tr>
<tr><td colspan="6">指导教师意见：</td></tr>
<tr><td colspan="6">说明：1. 建议采用四级评分制（如 90% ～ 100%、80% ～ 90%、60% ～ 80%、< 60%）。
2. 主要采用小组互评的方式进行评价，教师最后进行参考评分。</td></tr>
</table>

任务十一 更换钢轨作业

任务导入

当钢轨伤损达重伤标准，更换不过夜；当钢轨伤损达轻伤标准，应有计划地组织更换。

知识准备

一、作业准备

（1）确认作业地点及工作量。

（2）准备作业工器具齐全，确认其处于良好状态，按规定着工作服及劳保用品。

（3）根据现场设备情况，通知信号或接触网专业配合作业。

（4）测量旧钢轨长度、轨缝及新钢轨长度，检查新钢轨有无伤损和病害。

（5）如备用钢轨与需更换钢轨的位置距离较远时，可提前将备用钢轨运至更换地点附近的安全位置存放。

（6）按规定请点封锁相关作业区间。

（7）准备工具：撬棍、弦线、起道器、钢丝刷、机油、钢圈尺、短路铜线、弹条、吊轨车、剁子、钢轨搬运装置、轨距尺、套筒扳手、扭矩扳手、油刷、翻轨卡、轨距垫、活动扳手、大锤、加力扳手、石笔、轨温计。

二、作业程序

（1）办理施工手续。施工负责人进行清点，并确认给点及作业时间，联系相关专业配合人员。

（2）布置工作任务、运送施工料具。施工负责人对作业人员明确分工，并说明注意事项和作业要求；给点后设好防护；将施工料具运送到位，摆放整齐。

（3）松卸夹板及扣件。拧紧需更换钢轨前后 50 m 扣件，防止钢轨伸缩；按要求卸下接头螺栓、夹板及扣件等；检查夹板是否伤损；拆除接续线及均回流线。

（4）更换钢轨。组装钢轨搬运装置，放置稳固；先使用钢轨搬运装置吊出伤损钢轨，再将新轨吊入线路落槽。

（5）安装夹板及扣件。按要求装好夹板，接头螺栓及扣件；调整轨距、水平、及钢轨接头错牙；安装接续线及均回流线。

（6）收尾工作。将伤损钢轨运至安全位置，放置稳固；进行作业质量回检，并做好记录；人员、工器具、材料出清，撤除防护后及时销点。

三、作业要求

（1）按作业令计划作业时间，提前 15 min 登记、确认给点时间。

（2）注意保护其他设备、设施，根据地理位置合理放置料具。

（3）卸下的螺栓及时套上垫圈和螺母；对夹板、螺栓进行除锈、涂油，并更换失效的零配件。

（4）钢轨搬运装置按要求组装、放置；起吊钢轨时，必须统一指挥，同起同落，两端需有人协助稳定钢轨。

（5）高强度接头螺栓扭矩不低于 900 N · m；Ⅰ型扣件螺栓扭矩力不低于 80 N · m；几何尺寸符合轨距＋4，－2 mm，高低、方向、水平 4 mm，无空吊；钢轨接头错牙不超过 1 mm。

（6）伤损钢轨要用白铅油做好标记，防止再次利用。

四、注意事项

（1）作业人员必须按要求穿戴好防护用品。

（2）按规定设好防护，方可施工。

（3）使用金属料具时要防止连电短路。

（4）不得肩扛、骑压撬棍，人员不得站在撬棍作业前方。

（5）作业中要保持一定的安全距离，防止工具碰撞伤人。

（6）使用手锤时要提醒他人注意，并防止锤头脱落。

（7）手脚不得伸入吊起的钢轨下面，不得从钢轨搬运装置的横梁下方通过。

任务实施

工作任务　作业准备、作业程序、作业要求、注意事项

制作 PPT，复述更换钢轨作业的作业准备、作业程序、作业要求、注意事项。

任务评价

更换钢轨作业评价表，见表 7–21。

表 7-21　更换钢轨作业评价表

项目任务	更换钢轨作业		
班级		姓名	
		评价时间	
考核内容			
考核项目	考核标准	分值	得分
作业准备、作业程序	简述作业准备、作业程序	15	
作业要求、注意事项	比较优缺点	10	
	分类清晰，有依据	25	
制作内容	制作能清晰展示 PPT 演讲稿	15	
	要求类型分析图形准确，文字流畅	15	
	做到业务分析熟练、图文并茂	20	
指导教师意见：			
说明：1. 建议采用四级评分制（如 90% ～ 100%、80% ～ 90%、60% ～ 80%、＜ 60%）。 2. 主要采用小组互评的方式进行评价，教师最后进行参考评分。			

任务十二 更换辙叉作业

任务导入

更换辙叉作业的目标是更换伤损辙叉，确保设备状态良好。其作业标准适用所有道岔。

知识准备

一、作业准备

（1）确认备用道岔与伤损道岔型号一致，准确丈量辙叉长度、翼轨槽宽、叉趾、叉跟宽度是否合适，并检查有无伤损。

（2）将备用道岔运送到伤损道岔附近，且将叉趾、叉跟方向摆放正确。

（3）测量辙叉前后轨缝，如有瞎缝或轨缝较小时，应调整好轨缝，以确保能顺利更换辙叉。

（4）与其他相关专业人员（信号专业或接触网专业）联系，预约配合作业时间及作业内容。

（5）备好更换辙叉作业所需相关材料、工具等。

（6）准备主要工具：辙叉、接头螺栓、道岔轨距块、三角铁、片护轨调整片、调高垫板、T 形螺栓、钢丝刷、涂油桶、T 形套筒扳手、加力扳手、活动扳手、小手锤、大锤、轨距尺、钢直尺、卷尺、起道机、撬棍、换轨器、红闪灯、短路铜线、角磨机、电缆盘、钢轨搬运装置、石笔、轨温计等。

二、作业程序

（1）办理施工手续。施工负责人请点，并确认给点及作业时间，联系相关人员配合作业。

（2）运送施工料具。施工负责人对作业人员明确分工，并说明注意事项和作业要求；给点后设好防护；将施工料具运送到位，摆放整齐。

（3）松卸夹板、螺栓、扣件。拧紧辙叉前后扣件，防止钢轨伸缩；按要求卸下接头螺栓、夹板及扣件等；检查夹板、钢轨是否伤损；拆除接续线及均回流线。

（4）更换辙叉。组装钢轨搬运装置，放置稳固；先吊出伤损辙叉，再把备用辙叉吊入线路。

（5）安装夹板及扣件。按要求装好夹板，接头螺栓及扣件；调整轨距、水平、接头错牙及护轨槽宽；安装接续线及均回流线。

（6）收尾工作。将伤损辙叉运至安全位置，放置稳固；进行作业质量回检，并做好记录；人员、工器具、材料出清，撤除防护后及时销点。

三、作业要求

（1）做好请点登记。

（2）注意保护其他设备、设施，根据地理位置合理放置料具。

（3）卸下的螺栓及时套上垫圈和螺母；对锈蚀螺栓、夹板进行除锈、涂油，并更换失效的零配件。

（4）钢轨搬运装置按要求组装、放置；起吊辙叉时，必须统一指挥，两台钢轨搬运装置的滚轮挂钩分别挂在辙叉同一对角线叉趾、叉跟的轨头上，且同起同落，两端需有人协助稳定辙叉。

（5）接头螺栓扭矩力不低于 900 N · m；扣件螺栓扭矩力不低于 80 N · m；查照间隔不小于 1 391 mm；护背距离不大于 1 348 mm；轨距＋3，－2 mm；高低、方向、水平 4 mm，无空吊；辙叉接头轨面及作用边一侧错牙不超过 1 mm。

（6）伤损辙叉要用白铅油做好标记，防止再用。

四、注意事项

（1）作业人员必须按要求穿戴好防护用品。
（2）按规定设好防护，方可施工。
（3）使用金属料具时要防止连电短路。
（4）不得肩扛、骑压撬棍，人员不得站在撬棍作业前方。
（5）作业中要保持一定的安全距离，防止工具碰撞伤人。
（6）使用手锤时要提醒他人注意，并防止锤头脱落。
（7）手脚不得伸入吊起的辙叉下面，不得从换轨器的横梁下方通过。

任务实施

工作任务　作业准备、作业程序、作业要求、注意事项

制作 PPT，复述更换辙叉作业的作业准备、作业程序、作业要求、注意事项等。

任务评价

更换辙叉作业评价表，见表 7-22。

表 7-22　更换辙叉作业评价表

项目任务	更换辙叉作业				
班级		姓名		评价时间	
考核内容					
考核项目	考核标准			分值	得分
作业准备、作业程序	简述作业准备、作业程序			15	
作业要求、注意事项	比较优缺点			10	
	分类清晰，有依据			25	
制作内容	制作能清晰展示 PPT 演讲稿			15	
	要求类型分析图形准确，文字流畅			15	
	做到业务分析熟练、图文并茂			20	
指导教师意见：					
说明：1. 建议采用四级评分制（如 90% ～ 100%、80% ～ 90%、60% ～ 80%、＜ 60%）。 2. 主要采用小组互评的方式进行评价，教师最后进行参考评分。					

任务十三　更换尖轨作业

任务导入

更换尖轨作业的目标是更换伤损尖轨，确保道岔设备良好。其作业标准适用于所有道岔尖轨。

知识准备

一、作业准备

（1）确认作业地点及工作量检查尖轨技术状态。

（2）检查基本轨垂直磨耗。

（3）联系信号或接触网专业人员配合作业。

（4）检查尖轨的各部分尺寸，顶铁长度及有无伤损。

（5）检查尖轨与连接杆相连的眼孔位置是否相符。

（6）检查尖轨前后轨缝是否均匀。

（7）如备用尖轨距需更换尖轨位置距离较远时，可提前将备用尖轨运至更换地点附近的安全位置存放。

（8）准备作业工器具齐全，确认其处于良好状态，按规定着工作服。

（9）按规定请点封锁相关作业区间。

（10）准备主要工具：撬棍、调轨车、轨距尺、活口扳手、轨缝尺、钢直尺、钢轨搬运装置、剁子、胶钳、大锤、道钉锤、钢卷尺、加力扳手、活动扳手、轨温计等。

二、作业程序

（1）办理施工手续。由施工负责人请点，确认给点及作业时间，并通知作业人员。

（2）布置工作任务、运送施工料具。施工负责人对作业人员明确分工，做好安全预想，并说明注意事项和作业要求，将施工料具运送到位。

（3）松卸夹板、扣件及连接零件。按要求卸下接头螺栓、夹板及扣件等，检查夹板是否伤损；拆除尖轨连接杆、牵引杆件及接续线、均回流线等。

（4）更换尖轨。组装钢轨搬运装置，放置稳固；先吊出伤损尖轨，再将备用尖轨吊入线路。

（5）安装夹板、扣件及相关连接零件。按要求安装好夹板，接头螺栓及扣件；调整轨距、水平、接头错牙；尖轨连接杆、牵引杆件、接续线及均回流线。

（6）收尾工作。将伤损尖轨运至安全位置，放置稳固；进行作业质量回检，并做好记录；人员、工器具、材料出清，撤除防护后及时销点。

三、作业要求

（1）按作业令计划作业时间，提前 15 min 登记、确认以便留出时间。

（2）搬运料具过程中防止人身伤害，不得损坏线路上其他设施设备，根据作业需要及地理位置合理放置料具。

（3）卸下的螺栓及时套上垫圈和螺母；对锈蚀螺栓、夹板进行除锈、涂油，并更换失效的零配件。

（4）钢轨搬运装置按要求组装、放置；起吊尖轨时，必须统一指挥，且同起同落，两端需有人协助稳定尖轨。

（5）接头螺栓扭矩力不低于 900 N · m；Ⅰ型扣件螺栓扭矩力不低于 80 N · m；几何尺寸符合轨距＋ 3，－ 2 mm，高低、方向、水平 4 mm，无空吊、接头错牙不超过 1 mm，尖轨与基本轨、滑床板应密贴良好，尖轨前端与基本轨及滑床板密贴不大于 0.2 mm，其余地段不大于 1 mm。

（6）伤损尖轨要用白铅油做好标记，防止再次利用。

四、注意事项

（1）作业人员必须按要求穿戴好防护用品。

（2）按规定设好防护方可施工。

（3）使用金属料具时要防止连电短路。

（4）不得肩扛、骑压撬棍，人员不得站在撬棍作业前方。

（5）作业中要保持一定的安全距离，防止工具碰撞伤人。

（6）使用手锤时要提醒他人注意，并防止锤头脱落。

（7）手脚不得伸入吊起的辙叉下面，不得从换轨器的横梁下方通过。

任务实施

工作任务　作业准备、作业程序、作业要求、注意事项

制作 PPT，正确复述更换尖轨作业任务的作业准备、作业程序、作业要求、

注意事项。

任务评价

更换尖轨作业评价表，见表 7-23。

表 7-23　更换尖轨作业评价表

项目任务	更换尖轨作业			
班 级		姓 名	评价时间	
考核内容				
考核项目	考核标准		分值	得分
作业准备、作业程序	简述作业准备、作业程序		15	
作业要求、注意事项	比较优缺点		10	
	分类清晰，有依据		25	
制作内容	制作能清晰展示 PPT 演讲稿		15	
	要求类型分析图形准确，文字流畅		15	
	做到业务分析熟练、图文并茂		20	
指导教师意见：				
说明：1. 建议采用四级评分制（如 90% ～ 100%、80% ～ 90%、60% ～ 80%、< 60%）。 2. 主要采用小组互评的方式进行评价，教师最后进行参考评分。				

思维拓展

1. 线路维修有哪些基本工作分类？
2. 综合检修、经常保养、临时补修的特点是什么？
3. 常见的线路量测工具有哪些？
4. 常见的线路小型维修机械有哪些？
5. 起道作业能够处理的病害有哪些？有什么注意事项？
6. 拨道作业能够处理的病害有哪些？有什么注意事项？
7. 改道作业能够处理的病害有哪些？有什么注意事项？
8. 更换轨枕的注意事项有哪些？
9. 更换接头夹板的注意事项有哪些？
10. 线路巡检作业应当检查哪些处所？
11. 更换钢轨作业的作业程序是什么？有什么注意事项？
12. 更换辙叉作业的作业程序是什么？有什么注意事项？
13. 更换尖轨作业的作业程序是什么？有什么注意事项？

参考文献

［1］殷勇，鲁工圆．交通运输设备［M］．成都：西南交通大学出版社，2014.

［2］黎茂盛，陈聪聪．城市轨道交通运营管理［M］．长沙：中南大学出版社，2015.

［3］邱薇华，李健．城市轨道交通企业管理［M］．北京：中国铁道出版社，2011.

［4］张戎，李枫．城市轨道交通企业管理［M］．北京：中国铁道出版社，2010.

［5］于春华．城市轨道交通道岔设计、施工及维修［M］．北京：中国铁道出版社，2012.

［6］李远富．道路总体规划设计原理［M］．北京：中国铁道出版社，2011.

［7］许红．城市轨道交通规划与设计［M］．北京：北京交通大学出版社，2012.

［8］冯前懔．基于非集计模型的城市轨道交通线网规模评价［M］．北京：北京交通大学出版社，2012.

［9］秦文军，梁成文．沈阳市快速轨道交通合理规模研究［J］．城市规划 1999（9）：48-50.

［10］赵海静，纪娜．城市轨道交通行车组织［M］．北京：机械工业出版社，2014.